一段貼近民族心靈的旅程

蒙古 與 伊斯蘭中國

モンゴルと
イスラーム
的中国

楊海英 —— 著

鄭天恩 —— 譯

目錄

超越族群認知的藩離、
尋求文化理解的歸屬

文：張中復／政治大學民族學系前系主任

當二十一世紀的人們很習慣用全球化的概念來做為形塑世界觀的起點時，很少有人注意到，在歐洲大航海時代來臨前，似乎也只有中世紀時伊斯蘭與蒙古的擴張形成過區域性的全球化現象。而這兩個在大部分漢人眼中帶有異質性的文明要素，卻與中國多樣的文化與族群板塊產生了深邃的結合。可惜的是，傳統中國史學的正史觀往往對這種結合的意義視而不見。即使已窺見浮在水面上的冰山一角之下仍有那深不可測的實體，但被儒家華夷之辨浸入骨髓的優勢中心文化意識，以及深受近代國族主義的思想衝擊下，反覆形塑成為不可動搖的多民族統一國家觀。這自然就將蒙古與伊斯蘭這類具有歷史實體意涵、但卻「非我族類」的元素，在傳統中國論述中被分流、窄化與邊陲化。更重要的是，這種理所當然的偏頗，在政治與學術互為表裡的現代國史再造過程中被賦予了正當性。而網路信息和話語的氾濫，更讓這種文化的傲慢與偏見彷彿找到了「民意」所代表的社會基礎。

當中國傳統史學觀無法尋繹出對蒙古與伊斯蘭在中國的豐富內涵和正面表述，以符合當代多元性思維時，參考西方史學與日本東洋史學的觀點，便有其一定的意義。雖然橘越淮為枳，但理論對話的實

質功能往往勝過直接套用下的不足。無論是引發爭議的美國新清史，還是日本的北亞史論述，都能讓原本侷促於傳統中國史學角落中的近代蒙古與伊斯蘭，找到它們與中國互動過程中，共享文明區位與深化其影響力的中心點。換句話說，這種當代學思視野的多樣性，有助於將過去漢語世界裡被窄化和平面化的蒙古與中國伊斯蘭觀點，展現出更多豐富的內涵，並進而提升為具有多重載體意義下的整體性思維。也唯有如此，無論是偏重文獻研究的歷史學，還是民族誌導向下的人類學視野，方能顯現出更為深刻的社會反思與人文關懷。因此，從這個角度而言，楊海英教授這本《蒙古與伊斯蘭中國》漢語譯本在台灣問世，正是展現這類反思與關懷的一個難得契機。

　　作為一位長年旅日並關注蒙古議題的蒙古人類學者，楊教授一直都為詮釋蒙古人的文明主體性、並擺脫各種歷史附屬觀的研究視角而努力不懈。日本嚴謹的學術訓練與拓展出的另類視野，讓他重新反思自己過去被國族體制形塑出的少數民族身分，以及為了形塑這種身分與認同意識而對歷史的刻意隱匿。而這種隱匿及其無所不在的「正確性」，正是當權者為打壓、迫害蒙古菁英階層後所進行的善後鋪墊。他很清楚，大多數漢人都認為少數民族就是一種歷史宿命論的結果，而從未意識到一個民族實體天生就該被歸類為少數命格的謬誤。也因為是被多數主體的漢族對照出的少數「事實」，因此少數民族即使被冠以自治的名分，仍很難跳脫出國家集權主義體制炮製出的那種看似「正常」的附屬性、異質性與文化落後性。然而，面對過去被隱匿的民族苦難與被降格的歷史認知，是不能僅靠所謂客觀的學院知識，用補綴式的資料填充就能還原或提升的。本質上這先要從梳理蒙古人歷史記憶的主體性，來作為一個必要的起點。嚴格說來，重現蒙古人歷史記憶的主體性、以及對其歷史遺緒的再理解，必須從世界史的寬廣視野出發，更縝密地從包括中國在內的不同文明體中爬梳出蒙古因素所應具備的地位與影響力。

傳統中國史所側重的朝代嬗遞觀，對理解文明的延續事實上是一種割裂，彷彿蒙元對中國史的意義只是一個停格在中古世紀的一個斷代。而很少有人真正意識到，從十三世紀以降至今的八百多年來，蒙古及其遺緒在形塑歐亞大陸的不同文明時所具有的影響力，其依然保存著豐富與多樣的發展軌跡，並在當代持續展現其特有的樣貌。其中較有意義的面向之一，就是中國伊斯蘭中的蒙古因素。以宏觀的歷史格局來說，例如十三世紀蒙元統治中國時，將大量中亞與西亞的穆斯林，以色目人的身分安置於華夏社會的核心地區，這對日後形成所謂的漢語穆斯林或回族有著關鍵性的意義。又如十八世紀中葉，乾隆對衛拉特蒙古（西蒙古）中最強大的準噶爾汗國發動毀滅性的戰爭後，乘勢將位於天山南路、形式上屬於東察合台汗國後裔統治的中亞穆斯林區域納入到清朝的勢力範圍中。這個歷史轉折，讓兩百多年來中國伊斯蘭的板塊裡，出現了明顯的新疆突厥系穆斯林這個特殊的元素。

　　然而，楊教授在面對中國伊斯蘭中的蒙古因素這個資料浩繁、視野獨特的主題時，卻不採取傳統大歷史書寫的格局，反而以另類且寓意深遠的脈絡來加以鋪陳。在本書一開始，就提及張承志這位當代知名的回族作家。這是因為張先生的出身背景與早期身為內蒙古「插隊知青」而結下的蒙古情緣，以及之後重新認同穆斯林身分下所展現的創作動力和文化情懷，正好為蒙古與伊斯蘭中國的論述提供了可貴的連結張力。但值得注意的是，張承志醞釀出他特有的蒙古情懷時，還只是一個被賦予回族身分標籤的年輕人，這個情懷甚至讓他曾立志成為一個專業的蒙古學學者。然而，一次偶然的機會，他在新疆初次接觸到伊斯蘭蘇非主義教團哲合忍耶時，他才明瞭：堅實的信仰與誠實面對歷史所帶來的族、教意識，乃是作為一個人源於心靈深處最起碼的尊嚴。而堅持這種尊嚴，正是擺脫以往那種被建構成看似主體、但實質上是徹底附屬與制約化的「民族身分」的有力啟動點。

　　我想，張承志讓楊教授產生學術共鳴的契機，並不單是這種蒙古

－伊斯蘭的結緣關係，而是兩人都歷經了因現實環境改變所引發的某種撼動力——產生自我覺醒、賦予自己族群認同新的根基性意義、在回歸「生存方式」認知下，尋回來自心靈呼喚的原點。上世紀八〇年代末，楊教授赴笈日本，來到開放且發達的新環境後「安身」，讓他開始重新梳理、闡釋蒙古人的主體意識，並將之具體展現為「立命」的學術之道，在心靈和精神上，這確實與張承志經歷徹底翻轉式反思並尋回創作源泉之途頗為類似。在這一轉折的過程中，即使楊教授在某些國族意識上未必與張承志同道，但在新選擇下決定「以筆為旗」，為自身重拾的信念而義無反顧的堅持，兩人確實是殊途而同歸。

另一方面，楊教授在書中再次以自身的反思，導引出蒙古與近代中國伊斯蘭間一段較少被關注的歷史，那就是清末同治年間陝甘回民抗清運動（回變、回亂）對於他的故鄉鄂爾多斯所產生的衝擊，以及當代蒙古人對此歷史記憶如何再現的意義。在這場影響西北穆斯林社會甚鉅的動盪中，以回漢人群為主的參與者，都遭逢到戰亂所帶來的深度苦難。在傳統成王敗寇與當代回民起義多種史觀的驅使下，回－漢、加害者－受害者，都在不同的歷史對位中被安置；但對置身於回-漢地理與族群之間的鄂爾多斯蒙古人，「回亂」引發的創痛卻在這歷史對位中被明顯忽略。楊教授所列舉的當代《蒙古族通史》（1991）與《伊克昭盟志》（1997），就指出這種忽略與論述不足的確實性。但他真正要提到的是，以編年體與口述史為依歸、他的家鄉烏審旗蒙古民間學者查干東所寫的《烏審旗歷史》（1982）中，同治回變給當地蒙古人帶來的苦難經歷，至今仍如此鮮活地保留在民間的記憶深處。這適時的揭示和補強，正說明以往這種回-漢歷史對位的格局必須加以修正。

因為對漢人來說，鎮壓民變的清代官府所留下的奏摺與文牘，以及日後以此編纂集成的《方略》、《紀略》與《年譜》等材料，就是

信史的根源。民國初期西北所編纂的縣志中，就直接將這些官書內容傳抄援引，合理化為民間對回民認知與「回亂」屬性的歷史總結。而對被鎮壓並經報復性「善後」處置的回民來說，官府與漢人眼中的「逆首」馬化龍，正是哲合忍耶蘇非派第五輩尊貴的「穆勒什德」（即導師或教主）。哲合忍耶教內的知識人早在乾隆年間，就將被官府鎮壓殉教的前輩「穆勒什德」事蹟，用阿拉伯文與波斯文的機密書寫形式，以《熱什哈爾》（珍貴的露珠）之名長存於教民的記憶裡。到了民國初年，哲派知識人繼續以此方式撰寫、記錄著包括馬化龍在內所有殉教教主們的血淚事蹟。當漢人很自然用「賊」、「匪」來稱呼馬化龍時，殊不知哲合忍耶教民們已開始用阿拉伯語「賽義德‧束海答依」（殉教者的領袖）的道號頭銜，來敬稱這位自身以及全家三百多口被清廷屠殺的尊貴導師，並且世代相傳到今日。而這種機密文獻所代表的文化深度及其保存在民間記憶中的無比韌性，讓張承志在深受感動之際，寫出他為哲合忍耶代言且膾炙人口的名著《心靈史》。

雖然查干東的《烏審旗歷史》不像《熱什哈爾》或《心靈史》這樣有名，但其展現來自民間底層歷史記憶的堅毅屬性，卻有其一致性的意義。事實上，帶有文明性的歷史認知不是非對即錯、非叛即服的二元選擇，而應該是使來自不同社會表述的更多樣史觀不要被刻意的遺忘或忽略。讓蒙古人不再成為同治回變的傳統回漢論述歷史對位中的缺席者，這正是楊教授切入蒙古與伊斯蘭中國的表述中，一個值得讓人深思的特殊觀點。

而本書的另一個特色，是楊教授回歸他做為文化人類學者的角色，切身投入田野民族誌的實證觀察，來闡述「蒙古與伊斯蘭中國」從歷史遺緒連結到當代變遷所展現的樞紐意義。

從認知體系建構的角度來說，中國伊斯蘭是個深奧的知識海溝。它構建出文化底蘊的整體性與區域展現的多元複雜性，遠超過一般人的想像。而楊教授之所以選擇西北的甘肅、寧夏與青海等地的穆斯林

社群做為田野研究的對象，不單是地理區位與他的家鄉內蒙比鄰，而是當地「回」人群社會文化屬性中明顯展現出的蒙古因素，以及兩百年來，因不同外來伊斯蘭宗教思想衝擊影響下，所形成教派多元林立的特殊格局。因此，無論是最早存在的格底木，與清初自西亞和新疆傳入的蘇非神祕主義教團（或稱為門宦）所形成的「老教」，還是清末受到阿拉伯半島新興思潮影響、且帶有現代改革主義和原教旨思想的依赫瓦尼，及其日後分離出來的賽萊非也（兩者被稱為「新教」），這種持續性的新教與老教對立、且帶有資源競爭與社會裂解的發展趨勢，讓西北地區自近代以來便成為中國伊斯蘭情境中最為複雜的一個區塊。

除此之外，甘寧青與新疆所展現的蒙古遺緒影響下的族群、社會與文化多層樣貌，及其在當代國家體制內所形塑出的新的身分認同意識，讓傳統「回」人群的範疇內分離出東鄉族、保安族與撒拉族等新的分支。因此在教派多元型態的同時，也夾雜著明顯的與蒙古遺緒互動樣貌：例如東鄉語和保安語具有明顯的蒙古語特徵，內蒙阿拉善左旗的「蒙古回回」的族群溯源，以及北庄、高趙家與崖頭等與東鄉族和保安族關係密切的蘇非門宦等。楊教授多年來對這些現象採取田野實證觀察的模式，落實接地氣的專業精神，並歸納分析不同研究論述之間的特色，有效地建構出當代理解蒙古與中國伊斯蘭互動過程中最有意義的切入點。

事實上，本書不少篇幅都展現了楊海英教授在甘寧青「走村串戶」下細微觀察的心得總結，以及身為人類學者所必須具備的反思和人文關懷。楊教授很清楚，無論是面對宗教上層人士或一般市井人物，做為教外人士，可能很難完全理解穆斯林那堅持宗教信仰與實踐意義下的深邃心靈。但被研究者最期待的，不是協助研究者去完成那種他者學術式的成果展演，而是在一種具有尊重感與信任基礎的互動下，突破文化與族群的藩籬，對其生存方式與心靈歸屬所彰顯出的

「被理解」的感受。

　　由於我個人的學術興趣與本書所關注的內容十分接近，因此書中楊教授提及並走訪過的地點、宗教場域以及相關現象我都很熟稔，所以讀起來不但相當親切，同時也很佩服他在學術專業精神下所展現的研究功力與執著。但我想這種專業的視野與關懷，可能對許多較少接觸此一議題的台灣讀者感到陌生。其實這幾年來，由於國際間關注伊斯蘭議題的持續增溫、以及台灣與東南亞伊斯蘭世界互動密切、加上新疆問題的激化等因素，使得台灣人注意伊斯蘭事務的視野也有所提升。而這種提升，必須建立在尊重歷史的文明屬性、人道主義關懷、與落實文化多樣性等基礎之上才顯得有其意義。而楊教授身為對抗極權主義、堅持蒙古主體性的蒙古人學者，這本切身研究觀察中國伊斯蘭的著作，不僅可以豐富台灣社會對伊斯蘭現象的認識，同時也可以看到，在超越族群邊界下，不論身為多數還是少數，凡是尊重各自歷史文化的獨特性，以文明平等觀來建立真正的社會包容力，是檢視一個號稱民主自由社會最起碼的標準。當前的台灣雖然一直努力想完善此一標準，但仍需要多關注像楊教授這樣勇於跨越族群文化認知的藩籬、落實兼容並蓄的思維。

　　尤其可貴的是，多次來台訪問講學的楊教授，十分喜愛台灣在民主自由氛圍下所展現出的人文氣息。他曾告訴我，由於過去在中國大陸成長的經驗，讓他對漢人的文化與社會多少帶有一些負面性的看法。但多次來台灣並深入理解後，他對過去那種漢人文化社會的觀感有了重新的認識。的確，體制看似是會形塑人性的，但集體的人性善念可以超越體制的負面性。無論時局如何地詭譎多變，這個價值觀對今後的台灣、中國大陸、蒙古人的世界、伊斯蘭的「頓亞」……等等而言，確實有其特殊的意義。我想這也是本書帶給包括台灣在內所有漢語世界讀者們另一個值得珍惜的啟發。

前言

　　本書是我在現代中國的內蒙古自治區（鄂爾多斯市、阿拉善盟）、寧夏回族自治區、甘肅省以及青海省，進行為時三年田野調查的彙總成果。這些地區被中國稱為「中國西北部」，面積約一百五十五萬平方公里，上面住著將近四千萬的各族居民。現代中國信仰伊斯蘭的十個民族，全都居住在這裡；毫無疑問，穆斯林就是西北中國的主人翁。因此，我想稱呼這塊「中國西北地區」為「伊斯蘭中國」，而要談到「伊斯蘭中國」，就不能不談蒙古。

　　在本書中，我會以蒙古的視角為出發點，也就是從蒙古高原最南端的鄂爾多斯高原，眺望甘肅、寧夏、乃至青海這一整片「伊斯蘭中國」。

　　我希望透過這樣的視角，能夠在某個層面上呈現出蒙古是以怎樣的形式和中國——特別是「伊斯蘭中國」——產生關聯。蒙古一直和這些地區以及當地的歷史，有著深刻的聯繫。作為實際調查的一部分，我雖然是從北京飛抵甘肅，再經過青海，但這純粹是出於交通方便所採取的行動，對於我從蒙古高原視角觀察「伊斯蘭中國」這點，並沒有任何的改變。

隨著清朝瓦解，在蒙古高原成立了蒙古國（原本的蒙古人民共和國）；而蒙古國以南的內蒙古地區，被中國占領為附屬的自治區。因此，相較於蒙古國，內蒙古自治區的蒙古人應該更能掌握「伊斯蘭中國」的第一手情報。畢竟，就歷史上而言，在這塊地區居住的是講蒙古系語言的夥伴，而且蒙古人前往青藏高原進行聖地巡禮時，也會通過這塊地區。

　　中國國內蒙古自治區的蒙古人，是基於什麼原因、又是因為誰，而被認定為中國的國民？他們的故鄉又是如何被認定為中華人民共和國的國土？我們絕不能忘記，這個深刻的問題，其實全都和「伊斯蘭中國」的居民，特別是穆斯林之間有關。

　　日本人將中國西北部分為河西走廊、內蒙古西部沙漠地區、絲路青海道。從掌握各地區分布的意義上，這是正確的。

　　明朝建築的萬里長城，其西端是嘉峪關。嘉峪關以西的地方，歷代漢人都以塞外、西域、草地、荒漠形容之，對其並沒有太深的關心。雖然有時會有懷抱雄心壯志的皇帝，派遣兵力前往長城以北經營，但大部分都只維持短時間便宣告夭折。這是從漢人視角來看的中國西北部歷史。

　　但另一方面，從我們遊牧民族的角度來看，所謂塞外其實是優良的草原地帶。位處其東北的賀蘭山與聳立在西南方的祁連山、阿爾金山分布著森林，廣大的河谷是最適合度過夏天的地方。在賀蘭山與祁連山、阿爾金山之間連綿不斷的平地草原，則是春秋乃至於越冬放牧的地點。從這些地方稍微往南，有很多農耕和都市市民交易的場所。因此就生活而言，它其實相當便利。

　　這個地區還積極接納在漠北蒙古高原的霸者之爭中落敗的人們。因此，以匈奴為首，月氏、突厥、吐谷渾、乃至蒙古等各式各樣的「落難武士」，都會在這裡建立起小型的遊牧政權，為漠北本土與中華世界雙方的交涉而奔走，結果形成了眾多的民族集團。不只是漠北，

它也常常接納來自中央歐亞的集團。來自各地的人們帶來豐富多元的宗教，包括薩滿教、藏傳佛教與伊斯蘭教，都在這裡開花結果。

滿洲人的清朝用來統治這塊土地的方法非常有效率。他們透過所謂的朝貢體系，巧妙地將這塊稱為「西北弦月」的伊斯蘭地區納入管轄。可是，儘管滿洲人的統治相當合理，但在清末發生在「伊斯蘭與漢」之間的齟齬，還是從體內侵蝕了帝國，並導致它的衰弱。說到底，「伊斯蘭對漢」的衝突並非導因於清朝，而是大元王朝留下的遺產——畢竟在元朝時代，穆斯林是位居漢人之上的統治階層。

隨著西歐列強進入亞洲，居住在漠北與青藏高原、原本與滿洲人同盟的蒙古人與西藏人在民國時期陸續發表獨立宣言；與此同時，原本對立的「伊斯蘭與漢」則順勢崛起。「伊斯蘭與漢」的關係時而對立，時而合作去對抗滿洲人的同盟者，結果就是導致原本逸脫自立的各集團最終成為中華人民共和國的一員，只能以最低限度、文化上的自治來自我滿足。

中華人民共和國建國後不久，人們察覺到共產中國的殘酷真實，於是各集團開始以自己的意志展開反抗。一九五〇年代，當地爆發了長期的武裝騷動。中國稱之為「叛亂」，最有名的就是一九五八年的「西藏叛亂」。騷動事件遭到毫不留情的鎮壓，藏人被迫接受再教育，並經歷長達十年的「文化大革命」。在當地人嘗盡辛酸苦難之際，他們的故鄉被蓋起了核子實驗場與飛彈基地。中國國威的發揚，建立在強迫少數民族犧牲的代價之上，這正是社會主義民族國家 * 所走過的歷史。

現今的世界，正被捲入大國主導的全球化與「反恐」潮流之中。對少數民族而言，至少在現在這個時點，這兩者對他們都是絕對不利

---

* 民族國家：原書原文為「國民國家」（日文漢字：「国民国家」），本書將統一使用「民族國家」一詞對應相關語境。

的。儘管全球化浮現出豐饒的夢想，但同時也不斷汲取少數民族土地上產出的資源；至於「反恐」，則多少伴隨著任憑自己主張，將恐怖分子擴大解釋的危險性。對我們少數民族來說，不管怎麼看，這都是一個相當艱難的世道。

不管在中國西北部多偏僻的土地（如果還真有這樣的地方存在的話），都可以看到日本 NGO 與 NPO 團體的活動。對日本而言，這絕不是一個遙遠的世界。因此，本書希望在了解當地人們信仰什麼、彼此間締結了怎樣的關係、相互又抱持著怎樣的認知這點上，能提供大家一點思考的空間。

蒙古國

內蒙古自治區

阿拉善盟

•呼和巴什格（狼山）
•五原縣

額濟納河（黑河）

胡同人居住地•

阿拉善盟

黃河

鄂爾多斯市

吉蘭泰鹽湖•

張掖市•

•成吉思汗祭殿

祁連山脈

長城

阿拉善山

•鄂托克旗

巴彥浩特市

•祁連縣

烏審旗•

賀蘭山

阿拉善左旗

銀川市

榆林市•

青海省

武威市•

長城

海北藏族
自治州

寧夏回族自治區

青海湖

•西寧市

黃河

•同心縣

海原縣

化隆回族自治縣•

•延安市

循化撒拉族自治縣•

蘭州市•

西吉縣

同仁縣•

固原市•

大河家 臨夏•

六盤山•

陝西省

黃南藏族自治州•

洮河

涇河

甘肅省

•西安市

四川省

中國伊斯蘭關係地圖

第一部

蒙古的近現代伊斯蘭

第一章

從蒙古視角出發的
伊斯蘭研究

伊斯蘭研究，是現代社會中最為緊要的課題之一。這意味著我們所要關注的，不是「絕對單一化的穆斯林社會」，而是「富有多樣性的伊斯蘭社會」。作為這種多樣性的一環，解明蒙古與伊斯蘭的關係乃是不可或缺之事。會這樣說，正是因為歐亞大陸的伊斯蘭世界化，以及東亞整個穆斯林集團的誕生，都是蒙古帝國統治的結果。

本書將透過呈現蒙古民族內部的多樣性，以及我個人身為蒙古人的一員所呈現出來的個體多樣性，來討論蒙古與伊斯蘭的關係。藉由這種討論，我們應當可以看到截然不同的伊斯蘭社會，以及另一種「伊斯蘭對蒙古」的樣貌。

一、個人的政治經歷

◎蒙古人模糊的伊斯蘭觀

我是出身中國內蒙古自治區鄂爾多斯地區的蒙古人。在蒙古人的社會中，熱愛歷史、透過英雄敘事詩傳述過往，都是相當古老的傳統；

不論男女老少，大家都熱愛歷史的話題。

　　蒙古人在講述自己的歷史時，十九世紀六〇年代經歷的回亂，是相當重要、也無法被遺忘的。回亂也被稱為「西北穆斯林大叛亂」。或許是因為回亂對鄂爾多斯蒙古人的精神衝擊實在太大，我從年幼時代開始，便常看見老人以沉痛的表情，回憶穆斯林的行為。

　　蒙古人稱清朝末期闖入內蒙古的回民叛軍為「穆‧呼拉蓋」，意思是「惡劣的盜賊」。當人們回顧「穆‧呼拉蓋」歷史的時候，通常會舉出以下三點：

一、對蒙古人遷徙歷史的傳述。回民叛軍在一八六二年（同治元年）突破長城要塞，進入鄂爾多斯南部。受到這次入侵影響，在長城稍北處，也就是鄂爾多斯高原南部、西部遊牧的蒙古人，大舉朝高原的北部與東北部避難。在逃難的過程中，誰被殺、又是在哪裡被殺，都是人們忘不了的記憶，我們家族也不例外。即使當回亂沉寂下來，蒙古人再也沒有回到故鄉；回亂所留下的影響，就是蒙古人失落的故鄉被無數漢人難民所占領。漢人難民就這樣定居在鄂爾多斯南部，直到現在。

二、對異教根深蒂固的恐懼感。自古以來，蒙古人就以對各種宗教的寬容而著稱。他們不干涉別人的信仰，反過來說，也不想要自己的信仰被人干涉。但是，建造在鄂爾多斯地區、形形色色的藏傳佛教寺院，幾乎無一例外，都有被回民叛軍破壞過的歷史。位在草原深處的我家附近，原本有兩座聳立的佛塔，但遭到經過門前的叛亂軍破壞而倒塌。小時候我經常去佛塔的殘跡遊玩，祖母總是一邊喃喃念著「根本就是惡盜的行為」，一邊撿起磚瓦往上堆疊。

三、儘管這是十九世紀末發生的事，但到了現代，仍然為蒙回兩

內蒙古自治區呼和浩特市內的伊斯蘭廣場
表示在蒙古人的自治區中，存在著穆斯林社群。

呼和浩特市內的穆斯林糕餅店
店門口的招牌是以蒙古語和中國語雙語寫成。

民族的關係籠上沉重的陰影。清朝瓦解後，鄂爾多斯西部長時間受到寧夏的回民軍人——馬福祥與馬鴻逵父子所統治，這對父子屢屢捕殺鄂爾多斯蒙古人的菁英；因此，在蒙古人的眼中，馬氏一族此舉就像是在對同治年間協助鎮壓回亂的蒙古人進行復仇。

以上所舉的三項「歷史記憶」，在我孩提時就不曉得聽了多少次。人們總是會指著具體的場所，比方說寺院、佛塔、乃至於戰場等留有「歷史」的遺跡，來回顧當時的情況。當然，傳述的內容也會因為「記憶場所」的存在而有所強化。

◎遭到回民復仇的氏族之祖

在我的故鄉鄂爾多斯有個叫做巴噶塔特、人數不滿十戶的小氏族。他們常會指著氏族父祖長眠的墳墓，說「裡面的遺骨是沒有頭的」。

這個巴噶塔特氏族，也被稱為烏里亞爾將軍——意思是「召喚來的將軍」——的子孫。也就是說，他們這一族原本並不是鄂爾多斯蒙

古人，祖先是從東北部蒙古某處前來、鎮壓回民叛軍的「兩位召來的將軍」。

　　這「兩位召來的將軍」是一對兄弟，他們隨著鄂爾多斯地區烏審旗的蒙古軍轉戰各地（見下圖）。率領烏審旗蒙古軍的，是一位名叫巴勒珠爾公的貴族；而蒙古的貴族階層，都是由成吉思汗的直系子孫所組成。

　　回民叛軍占據了烏審旗西部的蘇斯海平原。從隆起的沙丘往下看，可以看到叛軍「十八營」的嚴整陣列，所謂的「營」就是軍營的

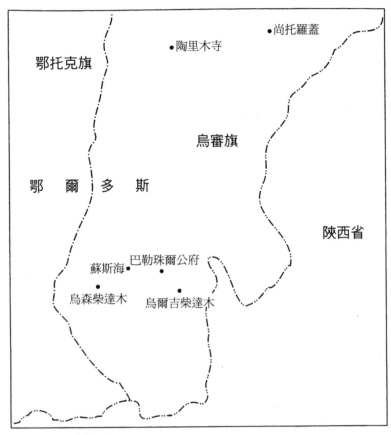

回亂時的鄂爾多斯西部

意思。同治年間，陝西省的回民叛軍以「十八大營」之名而廣為人知，就連鄂爾多斯蒙古人都口耳相傳「十八營」，恰恰反映了這個史實。

「兩位召來的將軍」與貴族巴勒珠爾公的蒙古軍攻擊回民的「十八營」，並一路追擊他們的殘黨到烏爾吉柴達木平原上。這兩名兄弟勇猛作戰，立下了斬首叛軍指揮官的功績。

可是一年後的某個夜晚，不知從哪裡來了好幾名騎馬的回民男子，襲擊了「召來的將軍」的帳幕，斬下這對兄弟的首級之後便揚長而去。據說，他們是為了報指揮官遭殺害的仇而來。

「召來將軍」的遺孤後來被巴勒珠爾公交給手下心腹養育。在這些心腹當中，也有我的祖父；如今不滿十戶的巴噶塔特氏族，就是那些遺孤的子孫。

◎文學少年與「喪父作家」

事實上，我也曾經有過身為文學少年的時期。在那個時候，我特別喜愛作家張承志的作品。他所撰寫、描述中國北部與內蒙古大草原的作品——如《北方的河》與《黑駿馬》，對我產生了很大的影響。順道一提，《北方的河》有被翻譯成日語；《黑駿馬》則被改編成電影[*]，並廣為人知。

張承志是所謂的「紅衛兵世代」，他在一九六〇年代文化大革命期間，被下放到內蒙古。至於我，則不曾趕上紅衛兵的世代，我所經歷的文化大革命已是後半段時期。雖然我們在世代與經歷上有著明顯差異，但他身為紅衛兵、閃耀光輝的時代，和我的少年時代是彼此相連的。除此之外，他在書中所描繪的世界，幾乎就是我故鄉的翻版，

---

[*]　《黑駿馬》：小說改編電影後，中文片名改為《愛在草原的天空》，英文片名為「A Mongolian Tale」。

所以我對他崇拜至極。張承志在《北方的河》提到的「河」就是黃河，是我曾嬉遊其間的場所；而他筆下的「大漠流沙」，正是從我家附近橫越而過。在他作品中的舞台，幾乎就是我生活的日常。

可是，我一直不知道，張承志其實是回族，也就是一名穆斯林。

張承志的作品對穆斯林社會產生了巨大衝擊。在現今的中國，還出現了「張承志學」或「穆斯林文學研究」這樣嶄新的研究領域。研究張承志的專家馬麗容，發表了以下的評論[1]：

> 「河」是《北方的河》中重要的象徵性存在。張承志透過「北方的河」，呈現出喪父之子對「心中父親」的熱愛、崇拜與追隨。簡言之，黃河，就是這樣一個「孩子」的父親。宛若父親的黃河，給予「孩子」充分的啟發與理解，還有鼓勵與溫柔的撫慰。

宛若「喪父之子」的張承志，終於發現了自己「真正的父親」。他的「真正父親」，就是伊斯蘭。當他以「孩子的熱切視線」凝視著「真正父親」之際，染滿血與淚的聖者陵墓、充滿殺戮與苦難經歷的「心與魂的近現代史」，清晰地出現在他眼前。於是，當文化大革命結束後，張承志便從紅衛兵的世界，回歸到伊斯蘭之中。某位穆斯林學者，作了以下的比喻：

> 「所謂回族，就是先天喪父的民族。」[2]

原本居住在中亞的穆斯林，在蒙古帝國時代遷徙到東方。他們在新的移居地，跟當地的女性進行通婚。不久後，他們逐漸忘卻了波斯語、突厥語、阿拉伯語這些母語，唯獨伊斯蘭信仰始終不曾放棄。就這層意義上來看，這位穆斯林出身的研究者說出「回族就是先天喪父的民族」，確是卓見。

和這樣的回族相比，在身為蒙古人的我心中，則始終有著牢牢紮根在草原大地上的「父親」。因此，對於遠離下放的綠色大草原，投身貧窮「伊斯蘭黃土高原」的作家，我非得設法理解不可。

　　年輕的張承志在嚴酷的政治環境中，從大都市北京被下放到內蒙古牧場；在那裡溫暖接受他的，是蒙古人的母親（額吉，蒙古語音譯：eji）。張承志自認，母親教給他「宛若草原般廣闊的視野」，還有「寬容的人生觀」；即使當他離開草原，深深沉浸在伊斯蘭世界時，他也和母親保持了長達二十八年的交流。

　　「就血緣問題來說，我不是蒙古人；但我是受到蒙古遊牧文明改造的人，這是另一種有力的緣分。」

　　張承志如此回想著[3]。他之所以會踏上探尋「喪失父親」的旅程，恐怕和蒙古母親的存在有著相當大的關連！

二、民族間的關係與蒙古內部的多樣性

◎原鄉的有無與民族的地位

　　十九世紀下半葉的回民叛亂，將清朝西北部、甚至廣大的中亞，全都捲入其中。在這之前，率領清朝精銳軍團、出身東部蒙古的僧格林沁親王騎兵隊，光是鎮壓太平天國叛亂，就已經耗盡了心力；因此動員來鎮壓回民叛軍的，主要是鄂爾多斯和阿拉善等地的地方軍。儘管如此，蒙古還是表現出「與滿洲人站在同一陣線」的姿態。

　　說到底，同治年間回亂的發端，其實是始自漢回之間的衝突。不管清這個王朝的中華化有多麼沒有極限、也不管無法妥善處理衝突的清朝地方官吏有多麼無能，導致衝突的根本原因絕非「伊斯蘭對滿洲」，和蒙古也無啥關係。回亂的領導者如馬占鰲等人，其實也相當明白這一點，因此他們總是一邊抵抗，一邊尋求歸順之道。他們的目

標，是透過歸順滿洲人，而將伊斯蘭社會安穩下來。不只如此，他們在歸順之後，對滿洲人竭盡忠誠的態度完全不輸給蒙古人。一八九四年日清戰爭爆發時，還搖身一變成為朝廷的穆斯林軍人，為了拯救清朝的「國難」而鼎力相助；當八國聯軍以義和團之亂為導火線展開干涉，西太后與光緒皇帝狼狽逃離皇城北京時，在西安守護他們的，也是西北的穆斯林軍人。這時候，穆斯林軍人應該已經和身為滿洲人盟友的蒙古人，贏得同等的信賴了吧！

聰明的滿洲人想方設法培養穆斯林對清朝的好感；因此當一九一一年，漢人孫文等企圖顛覆清王朝時，他們在西北穆斯林這邊沒有辦法得到積極的支持。對於從明朝開始就飽受大漢民族主義傷害的穆斯林來說，面對孫文高喊的「驅逐韃虜、恢復中華」口號，他們只能暫且靜觀，看對方葫蘆裡賣什麼藥。簡單說，對於自己究竟是被列入「韃虜」的範疇中、還是被算進「中華」的一部分，顯然有仔細觀察的必要。

孫文和他的後繼者們，並沒有賦予穆斯林諸如「信仰伊斯蘭的漢

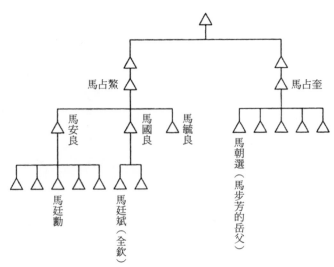

之後被稱為「甘馬」的馬占鰲家族譜系圖

族」、「信奉伊斯蘭的宗族」之類更高層次的名譽；相反地，他們則是打出方針，承認穆斯林在西北地區構築起來的勢力據點與既得利益。馬占鰲等人的子孫（見左頁譜系圖）、也就是西北回亂叛軍領袖的第二、第三代，已經把父祖輩透過叛亂所獲得的西北部看成了故鄉，拚了命也要維持這個勢力範圍。儘管如此，他們卻不像蒙古人和西藏人，擁有自古以來的原鄉。

擁有像蒙古高原與青藏高原這種「母親般故鄉」的民族，會以母國為據點，尋求民族的自立；相對於此，中華民國則是試圖繼承清朝的遺產，並給予他們一定範圍內的自治權利。兩者之間認知的鴻溝，無法輕易彌補起來。在這個時期，擔任中華民國的先鋒、負責扼殺蒙古人與西藏人自立的，就是穆斯林軍人（參照第三章）。穆斯林軍人搖身一變，成為中華民國的功臣；蒙古人和西藏人則被貶為「分離獨立分子」。雖然只是一部分人，不過今天居住在中華人民共和國的穆斯林知識分子，確實開始要求對過去一度被稱為「回民軍閥」的伊斯蘭社會領袖——比方說寧夏的馬福祥與青海的馬步芳等——在中華民國時期的功績，進行重新評價。相對於此，蒙古人與西藏人則完全看不到深愛「祖國中國」的蹤影。

從十九世紀下半葉起持續的叛亂、再加上中華民國時期的戰亂，在這種權力真空的狀態中，穆斯林軍人化身為代表伊斯蘭社會利益的精銳集團，對回族這個民族認同的形成，提供了很大的助力。他們藉著將蒙古人與西藏人貶為中國二等公民的功績，將宛若「準原鄉」的西北地區掌握在手中。可是，就政治上而言，他們還是跟蒙古人一樣，沒有被賦予優於二

居住在內蒙古自治區的回族女性

等公民的地位。

◎對追求單一蒙古的反省

身為蒙古人的我之所以會關注伊斯蘭社會，原因之一是對於蒙古被單一化的傾向，感到有反省的必要。畢竟，蒙古本身一直是個富有多樣性的集團。

在歷史上，北亞、中亞遊牧民集團的「民族認同」，其實不像今日這樣強烈。當匈奴強大起來，所有的遊牧民族就都自稱匈奴；其後，突厥興起，這些馬上的男兒又集結在突厥的軍旗下。對十三世紀蒙古帝國誕生後，草原遊牧民的改換門庭，波斯史家有著以下的描述[4]：

> 現在稱為蒙古的突厥各部族，在古代其實都有自己專屬的部族名稱……（中略）可是，隨著成吉思汗及其部族的興盛，過去的突厥各部族眼見成吉思汗自稱「蒙古人」，也就跟著稱自己為「蒙古」了……

就像這樣，蒙古這個名稱，也只是在歷史之流中塑造出來的產物；而「蒙古」這個詞成為民族的名稱，則是要到更晚的時代了。

現在，蒙古民族分別居住在蒙古國、中華人民共和國、俄羅斯境內。在這個被統稱為「蒙古族」的集團內部，其實有著形形色色的種族團體。相較於蒙古族中將自己的歷史與成吉思汗或遊牧等要素相互結合的壓倒性多數派，其他各種族團體則分別具備自己獨特的歷史認知。伊斯蘭，便是這種獨特的認知要素之一。

比方說，在蒙古國西部，有一個名為「胡同人」的集團。他們原本是突厥裔，但和蒙古人共同生活了相當長的一段歲月，因此忘記了突厥系的母語，唯一留存下來的，就只有伊斯蘭信仰而已。除了蒙古

居住在蒙古國西部的胡同人　　　　具伊斯蘭風格的蒙古國西部胡同人墓地

國西部，胡同人也居住在內蒙古自治區西部的阿拉善地區。本書將會從內蒙古自治區胡同人的自我認知出發，針對現在不管自己或外界，都被認定為「蒙古族」的這群人的實際狀態，進行相關報告（參照第三章）。

在中國境內有五十五個少數民族（現為五十六個），這些民族的名稱大多是中華人民共和國成立之後，在國家進行「民族識別」的任務下，由負責任務的研究者與政府幹部所賦予。中國採取的策略是，與其突然把居住邊疆的不同民族集團統一變成「中國人」，倒不如先給他們「某某族」的民族名稱，再慢慢讓他們成為中華人民共和國的一員。歷史上與中央朝廷距離遙遠的各集團也是如此，比起突然將他們歸類為「中國人」，先給予他們「民族」之名、讓他們追加承認某種認同，反而更容易被接受。

在民族形成的過程中，國家扮演很重要的角色。不管是僅存在於某國之內的民族也好、或是超越國家分布的民族也好，都會透過某種「想像的共同體」來掌握自己民族的強烈傾向[5]。可是，若從「想像」的視角出發，對民族進行研究，很有可能會潛藏某種政治危險性，從而對「民族」形成的歷史進程與當事人自身的認識進行否定。

最近，中國內蒙古自治區出身的蒙古人類學者新吉樂圖（Shinjilt Chimedyn），提到了「西藏化的蒙古人」——也就是居住在青海省

的蒙古族。這群人文化歸屬是西藏、民族歸屬是蒙古：對西藏來說，他們是民族上的他者；對蒙古來說，他們是文化上的他者。針對這種蒙古族內部的多樣性，新吉樂圖曾做出以下的論述[6]：

> 從國際視野來看蒙古人多樣性的時候，幾乎指的都是居住在蒙古國國境外的蒙古人。但在中國內部談到蒙古人多樣性的時候，則主要指向內蒙古自治區以外的蒙古族居民。

研究者自己在談論「蒙古的多樣性」同時，也暗暗追求著「單一的蒙古」，結果導致所謂「多樣性」，也陷入了單一框架中[7]。從民族內部的多樣性來看，所謂「民族問題」或「民族文化」，其實全都應該當成現在進行式來加以理解。

本書的對象，是中國國內操持蒙古語系的各集團。正如新吉樂圖所指出的，如果和蒙古國進行對比，那內蒙古的蒙古人也會被納入「多樣性」的框架，因此唯有將主要目光放在內蒙古自治區上，才能看出「真正的蒙古」。若是借用中國政府的官方見解，內蒙古自治區內的蒙古族是所謂的「主體民族」──但不管再怎麼說明，這個「主體」也不會變成主人翁。

像我這樣出身內蒙古的蒙古人，具備著民族的多重人格。接下來，我將透過與同樣具備多層次的「主體民族」人們的互動交流，介紹他們是如何看待自己所屬的集團以及與其他民族之間的關係。同時，我也想藉著身為蒙古人的身分，和同樣操持蒙古系語言的他們之間的溝通來呈現出中國西北伊斯蘭社會多樣性的一面。

第二章

蒙古人眼中的
「西北穆斯林大叛亂」

一、為誰而寫的歷史？

◎蒙古人與穆斯林，相異的政治立場

　　一八六二年（清朝同治元年）春天，在陝西省中部渭水盆地的某個村落中，爆發了伊斯蘭回民所組織的民間武裝集團與漢人集團之間的衝突。漢人發動稱之為「洗回」的屠殺；回民則以受「洗回」逼迫為由，煽動群眾起事。衝突最後演變成叛亂，這場叛亂瞬間蔓延到包含新疆在內的整個清朝西北地區；換言之，就是波及到我們蒙古人現今稱為「伊斯蘭中國」的地區。

　　叛亂開始之初，在我故鄉鄂爾多斯高原上的蒙古各部，比其他地方都更早捲入戰禍之中。壯年男子奔赴戰場，老人小孩紛紛避難。對於這段過往，蒙古人至今仍歷歷在目般不斷傳述著。和回亂有關的蒙古人，在身為被害者的同時，也算是「加害者」的一員；之所以如此，是因為蒙古身為統治清朝的滿洲人盟友，因此從穆斯林的角度來看，至少也是屬於「鎮壓者」的行列。

事實上，清朝政府並沒有辦法發動昔日強悍的滿洲、蒙古鐵騎來鎮壓這場叛亂；因為清朝在先前的太平天國之亂中，已經陷入疲敝的狀態。這時候登場的，是像左宗棠這樣的漢人能者。被稱為「中興名臣」的左宗棠，一方面展開以「善後」之名包裝的無情屠殺；另一方面也設法分化回民內部，從回民陣營中找出願為清朝效力的人士。就後者而言，馬占鰲（一八三〇─一八八六，人物系譜關係參照頁〇三〇）就是代表性的人物之一。馬占鰲為了保存穆斯林勢力而積極行動，甚至對一起參加叛亂的部分同伴揮舞屠刀，結果在清朝的西北部，誕生了由穆斯林軍人所率領的強大集團。原本只是緩慢凝聚的回民，因為叛亂與鎮壓的經歷，反而堅定地團結在一起。回亂對回民來說，無疑是一條凝聚認同的道路。

　　叛亂後的穆斯林軍人，在清朝政府內部獲得了與蒙古幾近同等的政治地位。

　　不久之後，清朝瓦解。大家都無異議認為，西北回亂是促使滿洲人王朝衰弱的原因之一。蒙古人趁著清朝滅亡的契機，開始為了完全獨立而奔走。可是隨著時間流逝，原本暫作壁上觀的穆斯林軍人轉為中華民國效忠，扮演起以武力抑制蒙古人獨立運動的角色──也就是說，為一直以來壓抑他們的漢人效犬馬之勞。

　　到底為什麼蒙古與穆斯林的政治立場，會如此迥然相異？

　　要探尋這點，有必要回顧清朝時代的回亂，對蒙古人究竟代表著什麼意義。

◎從外部展開的觀點──蒙古史還是中國史？

　　在談論歷史時，首先必須明確自己的觀點。

　　一九四九年，受到美國人類學者提出的涵化論＊與同化論＊＊影響，歷史學者魏復古（Karl August Wittfogel）以契丹人的遼王朝為例，提

出了「征服王朝理論」***。此後，這個理論在日本歷史學界引發了形形色色的議論；也有人將征服王朝理論投影到日本歷史上，提出了「騎馬民族征服王朝說」。

在各種說法中，包含蒙古在內的北亞各民族歷史，其歷史究竟是獨立存在，還是應該算成中國史的一部分，成了討論不休的焦點之一。這種議論不只存在於學界，也和民族關係與民族政策彼此關聯。我稱這樣的理解方式是「從外部展開的觀點」。

一九五一年，村上正二撰寫了一篇名為〈蒙古史研究之動向〉[1]的論文。簡單歸納他的主張，大致如下。

「蒙古史研究的基本課題」之一，就是北方的遊牧社會對南方農耕社會樹立統治權，也就是所謂征服王朝的問題。要究明這個問題，首先就必須解明北方遊牧社會的內涵，也就是「遊牧是什麼」。一直以來，「狩獵—遊牧—農耕」這樣的發展階段說是許多人深信不移的，但是不管遊牧社會或農耕社會，都不是對應歷史發展階段、立基於生產技術面的產物；相反地，它們是包含全體的統合概念，也就是社會類型的概念。因此在解釋亞洲全體社會發展的特異性時，類型概念的設定會相當有效果。

村上正二把北亞的遊牧社會二分為「古代的遊牧社會」和「中世的遊牧社會」，以此來討論遊牧社會歷史變遷的進程。他分析說，古代遊牧社會因為保持氏族共同體的舊貌，因此相當脆弱；但中世遊

---

* 涵化論：Acculturation，或稱「文化適應論」，是指因多種不同文化相互接觸，從而導致的文化變動與心理變化的歷程。文化涵化可能是單向的，也可能是交互影響。在文化涵化中，受影響之一方的反應有樂意而自然地接受，也有迫不得已地接受，主動調適地吸收或排斥抗拒。

** 同化論：Cultural assimilation，或稱「文化同化論」、「同化政策」。在社會學上是指個人或團體，被融入非原本，但具社會支配地位的民族傳統文化的過程。

*** 征服王朝理論：意指異族在中國建立的國家與朝代，該王朝吸收漢文化但刻意保持自身文化。

牧社會將氏族加以解體重編，因此相當堅固。他又舉出，蒙古遊牧社會在進入明清時代後邁入安定期、甚至是衰頹期，以致「對中國社會不再構成威脅」這一特徵，並強調清代蒙古史研究的重要性。按照他的理論，遊牧國家和中國王朝對立時會形成威脅，但被中國納入內部時，就會產生涵化作用。

在這之後，清代的蒙古史研究又有著怎樣的發展，在此就略而不提，但對征服王朝論的關心，則是歷久不衰。一九七三年，吉田順一針對作為戰後日本北亞史學界主要研究課題的征服王朝與北亞歷史發展，作了如下段的總結[2]。

吉田順一認為，村上正二等日本歷史研究者「看見了魏復古理論中完全不曾注意到的傾向，也就是把征服王朝納入北亞史的發展過程中加以掌握，並將之理解成此等發展的某種歸結」。他更進一步說，無庸置疑地，日本的研究者讓吸收人類學者涵化論與同化論、並加以適用的魏復古理論妥當性得以深化。魏復古關注在異民族掌控下的中國社會文化變貌，卻沒有想到征服王朝的出現是北亞遊牧社會發展的結果；但日本研究者卻能夠將征服王朝的出現，定位在北亞史的發展進程之中。

吉田順一力陳，目前對於最終發展成征服王朝的遊牧社會內部構造仍未解明，有必要進行更深一層的研究。因此，他一邊統合戰前日本人對遊牧社會的相關調查，一邊積極對遊牧社會的實際狀況展開研究。

話說回來，對於和滿洲人攜手建立清朝的蒙古，近年的歷史研究者又是怎麼看待的呢？這個問題往往和清朝時代的蒙古史究竟該視為「蒙古史」、還是該定位為「身為中國歷代王朝史一環的清朝史當中的一部分」，有著密切的關聯。

杉山正明在《大蒙古的世界》（一九九二）這本著作中，針對清朝與蒙古的關係作了以下的分析[3]。

清朝的皇帝同時具有「中華帝王」和「蒙古大汗」兩重面貌。滿洲皇帝從成吉思汗的直系子孫那裡，接受了自大元王朝兀魯思以來的「傳國玉璽」，象徵同時具備蒙古大汗的地位。清朝從建國起，直到末年的太平天國之亂、捻亂、鴉片戰爭等，一直仰賴蒙古軍的戰力。從這個事實來看，清朝的歷史直到最後，都有著蒙古的身影。杉山正明之後在《遊牧民的世界史》（一九九七）與《疾馳的草原征服者》（二〇〇五）中，力陳應當從超越中國史、與世界史連動的立場和視角出發，對北亞遊牧民的歷史重新思考。另一方面，近年也有部分研究者認為，「征服王朝」的概念應該更往西擴大[4]。換言之，就是從歐亞史整體規模的立場出發，重新審視整個北亞、中亞的歷史。

　　另一方面，片岡一忠針對清朝對新疆的統治方法進行檢討，得到這樣的結論：身為征服王朝的清朝，在面臨到俄羅斯與英國等西歐列強切斷其與周邊各藩部的關聯時，意識到唯有採取將之納入漢族（中國內地）懷抱，以尋求藩部與內地一體化，才能避免失去藩部[5]。若是依循這種思考方式，則清朝末期各藩部的歷史，隨著外部勢力、特別是西歐列強的涉足，整體而言愈來愈有被納入中國史一部分的傾向。當然，隨著清朝瓦解而獨立的蒙古高原一部分，則有著完全相反的發展。

◎內在的歷史認知

　　遊牧民族的歷史究竟是北亞史發展的結果，還是應該從它與中國史的連動去加以理解？上面介紹了有關這個問題的諸多論述。然而，這些概念都不是遊牧民族自己所提出，換言之，是從外部展開的觀點。既然如此，那身為當事者之一的蒙古人，對這個問題又有著怎樣的認知呢？

　　蒙古自古以來就有口語傳述歷史、書寫歷史的傳統。在此根深蒂

內蒙古自治區首府呼和浩特市內的伊斯蘭街道
比起中華風的街景，蒙古人顯然更中意中央歐亞的風景。

固的傳統之下，蒙古人自十三世紀起便留下許多文獻資料。在眾多編年史——比方《蒙古祕史》中，多半是口述記載，全面強調王權天授的傳統宇宙觀。到了十六世紀以後，開始出現將成吉思汗家族的神聖起源與印度、西藏王室結合的著作；這種寧可向印度與西藏尋求神聖起源，卻不向中國傳統找尋的現象，相當值得注目。這些歷史著作與受到易姓革命思想影響的中國王權觀，有著顯著差異。比方說，在一六六二年成書、寫到蒙古受清朝統治為止的史書《蒙古源流》，甚至不把蒙古放在中國歷代王朝的位置當中；而像《蒙古源流》結合北亞薩滿教固有的王權天授思想和藏傳佛教，這種認知，在十六世紀以降的蒙古編年史可是蔚為主流。

在蒙古，有將歷史上的大小事用口語傳述下來的傳統。這種「口語傳述」，不是針對個別歷史事件進行傳述，而是一種明示其因果關係、由動態社會變化所構成的認知。自十三世紀蒙古擁有文字之後，「口傳」的行為，遂轉變成編年史誕生的原動力。換言之，這些編年史理所當然帶有相當大的「口傳」特徵。我想將這種「傳述歷史的行為」，定義為對歷史的內在認知。為了一窺這種歷史認知的方式，我們必須針對「歷史的口述方式」以及編年史的記述兩方面，同時進行檢討。

◎中國史化的蒙古「地方史」

　　蒙古史究竟該視為中國歷代王朝史的一部分，還是北亞自己的歷史？姑且不提這個論爭，如我前文所言，蒙古人自己寫的編年史，經常是從獨立於中國史之外的觀點來敘述。現在，蒙古族的一部分被納入中華人民共和國，形成一個自治區以及眾多的自治州、自治縣。在中國，由政府主導新寫成的「蒙古史」類型作品，和前述編年史的史觀有著很大的差異──簡單說，有盡可能把蒙古史當成「中國史的一部分」來書寫的強烈傾向。從這種新撰寫的變質「蒙古史」中，產生出一套對中國歷史的認知，以及對蒙古歷史的不同看法。

　　眾所周知，在中國，歷史被定位為展現王朝正統性的產物；每當政權交替，新王朝必定會把修史作業當成重要任務。他們會將滅亡的前王朝資料，按照對新王朝有利的方式加以編纂，從而為王朝正統該如何樹立提出證明。修史作業往往會全面性地宣揚自己比歷代王朝、特別是前王朝或前政權更為優秀之處；在現代中國，它所強調的就是社會主義建設的成果。他們把著力點放在社會主義中國的成功上，當然也會反映出當時的執政者，為了鞏固自己權力基礎而推出的種種政策。這陣子大肆哄傳的「對日史觀」，說穿了也不過是考量中國共產黨的正統性，所推出的論調罷了。

　　即使在現代中國，把修史視為重要任務的理念也沒有任何變化。從通史與地方史（志）的編纂，可以確認以下說法。

　　配合中華人民共和國成立，《中國通史簡編》於一九四九年出版。之後，具有通史性質的《中國史稿》，在郭沫若的主導下，持續進行撰寫與出版。由此我們可以簡單理解，不只是前王朝的歷史，將歷代王朝交替的潮流加以體系化的通史編纂，對中華人民共和國而言，遠比撰寫單一王朝的歷史更加重要。除了國家層級的《中國通史》以外，在各少數民族方面，也有很多以「某族通史」形式寫成的

作品。本章就要來探討《蒙古族通史》這部史書[6]。

還有另一種史書，是所謂的地方史（志）。地方史（志）的傳統相當古老，然而其編纂主旨並不因此與通史大相逕庭。關於某地的方志情報，當然比通史更加詳盡，也有很多對通史加以補足的內容。各少數民族地區的方志自然也不例外，以下我們會列舉出內蒙古鄂爾多斯地區的史書。

有趣的是，修史作業仰賴的，正是司馬遷《史記》以來的「紀傳體」體制。這種以「本紀」、「表」、「書」、「世家」、「列傳」五部分構成的史書結構，在現代的通史、地方史（志）的編纂中仍然維持不變。從這層意義上來說，超過數千種的通史與地方史（志）的編纂方針、內容架構，其實都免不了大同小異。

◎用什麼語言來書寫歷史？

現代中國修史作業的過程中，語言的使用值得關注。像中國這樣的多民族國家，要撰寫某個少數民族的歷史時，如何使用漢語以外的語言書寫，其方法就相當值得質疑。就歷史上而言，那些被定位為「東夷、西戎、南蠻、北狄」的民族，他們的記錄和漢文資料有著根本上的差異。相對於漢文資料中眾多有意歪曲、偏向對中華有利的記述，以少數民族語言書寫的文獻，根本就是另一片天地。因此，當編纂通史、地方史（志）要活用少數民族文獻的時候，如何取捨選擇，就相當值得玩味。

我們就以蒙古族為例來看。現行的《蒙古族通史》是在內蒙古社會科學院歷史研究所的主導下，以漢語為主寫成，於一九九一年出版。之後在一九九五年，民族出版社出版了這部通史的蒙古語版本，執筆者包含了漢人與蒙古人的史家。

地方史（志）的編纂也是如此，至少我可以在內蒙古自治區、新

疆維吾爾自治區確認到這點。從一九八〇年代初期到一九九〇年代中期，地方史（志）的編纂被當成國家計畫，在這兩個自治區加以推進。當時編纂的狀況是，在漢人編纂者底下，配屬大量的譯者進行作業。這些譯者負責將龐大的少數民族語言資料翻譯成漢語，而漢族的執筆者主張，翻譯出來的資料只能揀選合乎國家編纂方針的內容來使用。

新疆維吾爾自治區與內蒙古自治區出版的地方史（志）、地名圖誌等，幾乎都是用漢語寫成。當地領導人主張，因為各民族對地名的由來與解釋，以及歷史事件的見解無法統一，所以將之翻譯成少數民族語言的工作必須推遲；然而，原因並不止於此。一九八六年到一九八九年間，維吾爾人吐爾貢·阿勒瑪斯撰寫了《維吾爾人》、《維吾爾古代文學》、《匈奴簡史》等三本著作；在書中，他主張維吾爾人是匈奴的子孫、長城以北不是漢人的領土。他的著作因為不合乎馬克思主義民族觀以及社會主義史觀、涉嫌分裂祖國、宣揚泛突厥主義而遭到批判，並被列入禁書。因為遭到查禁，所以我到現在也還沒能拜讀這三本著作。

用漢語書寫的通史、地方史（志）的出版，必須接受黨、政、軍各相關機構的評判與審查，在政策上被判定為合格時，才能夠翻譯成少數民族語言。然而，就算還原成少數民族語言，這些史書也沒有引用文件資料的背景說明，因此不能充分復原資料。不只如此，當這些內容不被少數民族認同的時候，翻譯成少數民族語言的工作就會停滯不前。在內蒙古自治區、新疆維吾爾自治區，地方史（志）很少被翻譯成蒙古語、維吾爾語或哈薩克語，就是這種政治背景所導致。

◎口傳歷史的重要性

由國家主導的「某族通史」與少數民族地區地方史，都是為了中國這個國家而服務。相對於此，由少數民族自己撰寫、或是口語傳述

的歷史，則未必會意識到中國的國家正統性。

在我迄今為止的調查中，除了關注少數民族如何透過口語，傳述自己視作「歷史」的過去大小事外，也十分留意編年史的書寫方式。這些調查既然是以現今的少數民族為對象，那麼對少數民族歷史認知的觀察，自然也是一種現在進行式。嚴格來說，這種認知既是以過去的「事實」為對象，那麼現在的人們，理應不可能完全親炙過這些「事實」；然而，因為歷史與社會有其延續性，所以該社會現今的成員仍會把自己放在當事者的位置上。因此，我也把現在的蒙古人視為當事者，打算用側寫十九世紀末蒙古史的方式，來呈現出蒙古人對歷史的認知。

關於十九世紀初期到二十世紀五〇年代的蒙古歷史演變，不只留有為數眾多的資料，在史學的先行研究上，也累積了相當豐厚的資產。我所用的方法，並不是對過去的事實進行「科學、客觀」的復原，而是關心蒙古人如何「傳述過去」。換言之，我留意的是蒙古人對過去大小事所進行的設定、以及傳述的方式。

既然如此，那留意歷史或是過去大小事的口語傳述方式，其意義又何在呢？

歷史學家成田龍一在最近的作品《「歷史」是如何被傳述的？》當中，提出了以下的論點：歷史是創造出民族國家、並支撐起其架構的重要裝置。戰後的日本歷史學——比方說教育第一線使用的歷史教科書，把事件的復原當成是歷史的本質；之後則有一部分的研究者認為，事件會隨著不同的解釋而產生出不同的樣貌，因此，「歷史」說到底不過就是各自不同的「解釋」罷了[7]。

我自己的看法是，倘若單單只是對事件進行復原，絕對無法貼近當時人們的實際心理狀態。儘管如此，「歷史只是解釋」這種議論，也有讓人無法苟同之處。因此，我想做的是，重新回到原點，關注當事者如何選擇、設定、並且更進一步傳述過去的大小事件。簡單說，

就是在傳述所呈現出來的樣貌中，設法貼近當事人的心靈與生活狀態。

雖然我說要關注「十九世紀的蒙古」，但要以全蒙古為對象，還是相當困難。因此，我主要聚焦在內蒙古西部的鄂爾多斯地區及其周邊。在鄂爾多斯地區所發生的事件，絕非像中國主張的那樣，是單單放在「地方史」層級便可解決的問題。它們不只是清王朝史具體的一部分，更進一步和亞洲整體的國際情勢彼此連動。本章就要舉出其中典型的事例之一——將多民族、多宗教捲入其中的「回亂」。

二、為編織民族政策而做的歷史研究

基於以上的背景，我想在這裡介紹一下《蒙古族通史》與內蒙古地方史（志）的記述、特別是針對這些作品如何記述「回亂」來進行概觀。

在這之前，首先我必須表明一下自己的立場。

同治年間（一八六二－一八七四），回民對清朝展開的武裝鬥爭，在漢文史料中多被稱為「叛亂」或「回亂」；到了中華人民共和國成立後，則是出於社會主義意識形態的立場，將「叛亂」改成「起義」。然而，光是把「叛亂」吹捧成「起義」，是無法逼近事件本質的。

我認為，「亂」這種用法不管怎麼說，都是從當權者的角度出發來描述事情。可是，正如後面會詳述的，回族出身的作家張承志在用日語撰寫的《殉教的中國伊斯蘭》等一連串著作中，也都是使用「回亂」，所以本書基於方便，也就沿襲這樣的寫法。

◎不過是虛構的「蒙漢回各民族反清鬥爭」

同治年間爆發的回亂，很快便將清朝的西北各地捲入其中。在

《蒙古族通史》（一九九一）中，完全沒有提及同為少數民族的回民為什麼被逼迫造反的原因。之所以如此，跟清朝時期蒙古族身為統治集團「滿洲─蒙古」一員的特殊政治背景應該脫不了關係；更進一步說，也有可能是因為宗教因素所致。大概就是出於這種政治、宗教因素的緣故，在《蒙古族通史》寫為：「太平天國革命失敗後，受到回族起義的影響，蒙古族、漢族、回族團結一致，展開了長達十餘年的反清鬥爭。」可是，對於《蒙古族通史》的見解，現在一般的蒙古人，幾乎不曾抱持著與之共通的想法。

據《蒙古族通史》記載，回民叛軍闖入鄂爾多斯的時期，是在一八六七年（同治六年）。當回民領袖馬化龍率領的叛軍渡過黃河、進入鄂爾多斯，逼近東部的包頭時，受到了「蒙古族人民熱烈的支持」；所謂「蒙古、回族人民團結起來，推動反清鬥爭」，也是從這時候開始的。可是，《蒙古族通史》並沒有明確指出，它究竟是採用什麼資料來證明「蒙古族人民熱烈支持回民」。因此，這大概只是出於政策的發言吧！

和「熱烈支持」正好相反，在清代則有數不盡的資料證明，清軍和鄂爾多斯的蒙古軍聯手，鎮壓回亂軍隊。通史也引用了這些資料，簡略說明了鎮壓的來龍去脈；至於回民叛軍的屠殺、掠奪行為，則幾乎不曾提及。唯一提到的，就只有回民叛軍焚毀了鄂爾多斯地區以及附近阿拉善蒙古的王府與寺院而已。

之後，一部分回民叛軍通過東突厥斯坦，進入俄羅斯轄下的中亞，形成今日稱為「東

豎立在北京市內穆斯林聚集地的看板
看板上頭的標語書寫呼籲維持「民族間的團結」。

干」的集團。對於境內擁有大量穆斯林的現代中國而言，不管願不願意，對十九世紀末的回亂歷史，只能慎重處理；畢竟回亂造成的各種政治問題，至今仍然帶有實際影響。若光是從社會主義史觀的立場出發，將回亂定義為「起義」、加以積極肯定，顯然是不夠的；必須基於現在的民族關係處理方針，超越單純的「起義」，另外創造出「各民族團結進行反清鬥爭」的這一面向才行。這種反映政治意圖的具體策略，從《蒙古族通史》的記述中也可以得到確認。

現代中國在把回亂、太平天國之亂當成反清鬥爭處理時，會把清朝描寫成壞人；但當寫到蒙古高原各部族從清朝獨立的經過時，又會把清朝說成是祖國[8]。隨著政治方針的朝令夕改，對清朝的評價也會產生迥然相異的轉變。透過這樣的狀況，我們可以看出，通史其實是作為一種替國家政策背書的依據、為了讓國家政策正統化而編寫出來的東西而已。

◎地方史志的緊箍咒

上面我們透過對回亂的描寫、定位，來看《蒙古族通史》的性質，接下來讓我們改弦易轍，從各地編纂的地方史（志）視角出發。在這裡，我想舉內蒙古自治區伊克昭盟（鄂爾多斯）的地方史（志）——《伊克昭盟志》與《鄂托克旗志》為例。

「盟」是從清朝時代一直延續下來的行政組織，一個盟由複數的旗所構成。現代的伊克昭盟是由七個旗所構成，不過在二〇〇一年已被改制為鄂爾多斯市。《伊克昭盟志》是共計五冊的大作，從一九八〇年代初期開始編纂，一九九七年正式出版。

《伊克昭盟志》包含了「述」、「記」、「志」、「圖」、「表」、「傳」、「錄」等體裁，這暗示了它是沿襲司馬遷《史記》的傳統。這套書最前面附有一篇當時的地區最高負責人共產黨書記的序言。據

這篇序言所述，《伊克昭盟志》是在改革開放與社會主義近代化建設的基礎下誕生，是鄂爾多斯地區有史以來第一部「通史」。文中還強調，修這部志的重點，是要從唯物主義辯證法與歷史唯物主義觀點進行分析；接著更明言，撰寫史志的目的，是要為政策決定與愛國主義教育提供基礎資料與「鄉土教材」[9]。雖然文中對歷史上的人物沒有多加評論，但對實際抵抗共產黨的人，則一律冠上「敵」、「偽」頭銜，意識形態的色彩極為濃厚。

◎地方史中的「回亂」

《伊克昭盟志》中關於回亂的敘述，至少在筆法上算是相當節制。它沒有採用漢籍中滿滿的蔑稱與歧視筆法，而是盡量統一為「回民」、「回眾」、「回軍」。以下就沿用《伊克昭盟志》中的記述，對鄂爾多斯地區回亂的經過加以整理：

一八六二年（同治元年）閏八月，陝西、甘肅的回民北上，扮成難民混入綏遠（今呼和浩特市）。之後在十月時，鄂爾多斯西部的要塞花馬池遭到包圍，清朝命令鄂爾多斯、烏蘭察布盟的蒙古兵，擔任黃河沿岸的警戒工作。不久之後，附近寧夏的回民也呼應陝西、甘肅回民，阿拉善蒙古頓時陷入危險之中。清朝下令蒙古軍協助內地的官軍進行鎮壓，但一部分旗主以生病為由，不願參戰。

鄂爾多斯七旗當中，烏審旗與準格爾旗隔著長城而與陝西省接壤。因為地理關係，這兩旗在回民「起義軍」入侵時首當其衝。《伊克昭盟志》裡也記載了兩旗的旗主——巴達日胡與札那卡爾第王，在各地奮戰的過程。一八七〇年（同治九年）六月，烏審旗將領齊洛道爾吉在陶里木寺進攻陝甘回軍時不幸戰死，回民「起義軍」對鄂爾多斯的侵略大致在這時候告一段落。由於清朝與「回民起義軍」的交戰延續數年，鄂爾多斯各旗都遭到嚴重損害，草原也陷入難以恢復的荒

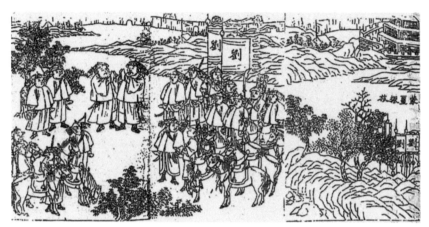

鄂爾多斯蒙古烏審旗之王——伊克昭盟盟長巴達日胡的軍陣
摘自《圖開勝跡》。

廢狀態。

接下來，讓我們看看伊克昭盟轄下的行政組織之一——鄂托克旗
政府編纂的《鄂托克旗志》。

鄂托克旗位在鄂爾多斯地區西北部，西渡黃河便會進入寧夏的回
民聚居區；正因如此，它在同治年間屢屢遭到回民叛軍的入侵。據《鄂
托克旗志》記載，陝甘回民在一八六七年（同治六年）入侵鄂托克旗。
叛軍如滾雪球般湧入花馬池、興武營、安定堡、橫山堡等要塞，「掠
奪了牧民數以千計的家畜」。第二年（一八六八年）春天，長城防禦
失守，馬化龍率領的「起義軍」進入鄂托克旗，在那裡進行了長達三
年的「掠奪」與「殺戮」。全旗所有地區幾乎都遭到回民叛軍的燒殺
擄掠，鄂托克旗的王爺只能帶著印璽逃到外地避難。

根據某個民間傳說，當時鄂托克旗的王爺帶著印璽渡過黃河，逃
進烏拉特地區。蒙古有個自古以來的禁忌，那就是王的印璽不能渡過
黃河，而鄂托克王爺打破了這個禁忌，結果此後這個旗便陷入了長期
的動亂當中。

《鄂托克旗志》和《伊克昭盟志》一樣，在描述手法上使用了「起

義軍」這種現代中國固定化的意識形態詞彙。可是，他們也沒有隱瞞「起義軍」所做出的掠奪和屠殺行為。在一般通史類書，都將農民「起義軍」描繪成正義之師的中國，這種舉出負面形象的情況極為罕見。畢竟通史類作品有強烈傾向，會使用中央政權留下的資料；相對於此，地方志則是立基於旗、盟等地方檔案館保存的資料，並參照當地的說法。於是，因為依循的資料不同，在記述上也產生了差異；且我們無法否認，這種細節處的差異，往往能夠點破通史在觀點與方針上的漏洞。

三、蒙古語編年史的表象

蒙古的一部分雖然被整合進中國，但是從民間產生編年史的傳統依舊沒有改變。接下來就讓我們看看現代的編年史，以及現在活著的人們如何回顧回亂。

◎編年史誕生的地區

鄂爾多斯蒙古人自古以來便相當熱中於撰寫歷史。一六六二年誕生的著名編年史《蒙古源流》，就是誕生在蒙古被滿洲人的後金國逐步征服的時期。蒙古有著在政治動盪期間誕生編年史的傳統，查干東（Čavandung）撰寫的《烏審旗歷史》就是近年最好的例子[10]。

查干東的《烏審旗歷史》是在一九八二年五月由「烏審旗蒙古語文辦公室」以抄本印刷的方式出版。這本書總共印刷了五百本，在鄂爾多斯西部廣為流傳，民間已出現了手抄本。

為什麼查干東的著作會流傳如此之廣呢？關於這點，就必須從查干東與蒙古近代史的深刻關聯談起。

我在鄂爾多斯進行調查的時候，曾經數度請求訪問查干東。直到

如今，儘管他早已過世，但大家還是會異口同聲地說：「若是查干東還在，應該能回答你的問題吧！」至於為什麼要問查干東呢？也有人說：「因為他是創立了鄂爾多斯蒙古近代史的人。」

現代蒙古的編年史作家查干東

首先，讓我們試著整理一下查干東這個人的背景資料。

在眾人的評論中，查干東「精通蒙古語、漢語、西藏語，是一九四〇年代烏審旗聞名的文人與軍事家」。他在一九一一（宣統三年）農曆六月十六日，誕生於烏審旗西部的烏森查旦地區（見頁〇二六），一個屬於名門合答斤的牧人家庭。合答斤部和成吉思汗家族有著共通的神話祖先，換言之，屬於所謂的「準貴族」集團。出身該部的查干東年幼時便失去了母親，師從某位親戚學會讀寫。一九三五年他二十四歲時，前往青海的塔爾寺追隨九世班禪喇嘛，加入「班禪行轅漢藏語文研究社」，從事使用藏語、漢語的相關工作。他在一九三九年，從青海省回到了故鄉內蒙古。

一般都認為查干東是為了追求「新學」而前往青海省與西藏，但事實上不止於此。一九三〇年代上半葉，以內蒙古蘇尼特右旗親王──德王（德穆楚克棟魯普）為領袖的「蒙古自治運動」日益活躍。德王在一九三三年七月於百靈廟創立自治政府的時候，九世班禪喇嘛也駐蹕當地，發揮宗教上的影響力。民間相傳，查干東就是在這時期跟隨班禪喇嘛，一同前往青海省。從這點來看，年輕時候的查干東，對德王的蒙古自治運動似乎也頗為贊同。

查干東在一九四二年因為參與「赤黨運動」的嫌疑，被駐紮在鄂爾多斯的國民黨陳長捷部隊逮捕。在之後的一九四四年到一九四九年，他指揮烏審旗的蒙古軍，最後歸順於共產黨。然而，據四〇年代

出生者的證詞，因為他長期擔任「國民黨烏審旗黨務書記」的職務，所以「歸順」共產黨陣營的路途絕非一帆風順。

在共產黨時代，查干東自一九五二年開始，在呼和浩特市的「內蒙古語文研究所」服務，但在一九六一年被解職回到烏審旗。畢竟，共產黨當然不能信任像他這樣的人。一九八二年，他進入共產黨的協力組織「烏審旗政治協商委員會」，《烏審旗歷史》就是他執筆成果的一部分，對鄂爾多斯歷史的研究有著極大的貢獻。根據情報來源指出，查干東在一九九一年因病逝世，而我始終沒能和這位著名的編年史作家見上一面。

◎沒能公開發表的現代編年史

以下引用的查干東《烏審旗歷史》，僅是一九八二年部分公開的內容而已。據查干東生前所任職的烏審旗政協的多位委員指出，一九八二年公開的版本絕非查干東撰寫的原稿；換言之，它其實是經過嚴格審閱、並加以修正後的產物，而原始手稿是不公開的。於是我又向他們請教，現在公開的《烏審旗歷史》評價如何？他們強烈認為，查干東絕不是親共的人物。在烏審旗與中國共產黨整合的過程中，查干東採取了怎樣的行動？這在他自己的著作中無法獲得確認。從這點也可以看出，這本作品相當不完整。人們雖然都期待查干東解明自身經歷眾多事件的真相，但在他的作品中完全沒有觸及，因此直到現在，他仍然被評論為「充滿謎團的人物」。但也未必如此，他或許有意外說出真相的時候，只不過有可能是政府出於自身立場，將這部分刪除了。

《烏審旗歷史》始於鄂爾多斯蒙古族承認後金國統治的一六三五年，終於反共產黨叛亂遭到鎮壓的一九五○年春天。文中雖然經常使用社會主義史觀人士喜歡的「封建」、「剝削」之類階級論解釋，

但查干東絕非一名輕率的共產主義者；我們無法確認他是不是為了公開原稿，所以才不得不這樣寫，或是加以修正。

◎編年史所描述的回亂

查干東並沒有為回亂設置特別的章節，而是在「烏審旗的歷代軍事制度」一章提及；這個章節不是為了詳述回亂，而是為了讚揚蒙古軍功而寫。以下依據查干東的記述，對回亂波及鄂爾多斯地區的情況加以整理。

首先，我必須說明一下重要的用語：查干東稱回民為「胡同」，在指涉回民叛軍的時候，則用民間約定俗成的「穆・呼拉蓋」稱之。「胡同」一詞是遊牧民自古以來對信奉伊斯蘭的定居農耕民所做的稱呼；「穆・呼拉蓋」則是惡賊、惡盜的意思。

儘管蒙古人在被納入清朝統治以後，便被編入名為「旗」的軍事組織中，但他們不被允許擁有真正意義上的武裝。烏審旗真正的軍隊首度登場，是在「穆・呼拉蓋」入侵時。為了守護草原，烏審旗的牧民組織起五百人的軍隊，由齊洛道爾吉將軍擔任指揮；民間則親暱地稱他們為「齊洛道爾吉將軍的五百壯士」。

清朝末期，各地叛亂此起彼落，其中一個領袖是甘肅金積堡的胡同人（回民）馬化龍。馬化龍在一八六七年引兵東進北京，意圖顛覆清朝，結果途中在鄂爾多斯地區北部的哈拉・霍特（今之石嘴山）一帶死亡，他的軍隊大多化為盜賊，入侵鄂爾多斯地區。其中有一名被稱為「田沒手」的首領，率領「穆・呼拉蓋」不斷燒殺擄掠。田沒手的部眾不只破壞藏傳佛教寺廟、縱火燒毀牧民的帳幕，還大量屠殺包括幼兒在內的人民，將家畜掠奪殆盡。田沒手的部眾在鄂爾多斯地區橫行長達五、六年，他們從西邊的鄂托克旗入侵，通過烏審旗往東逃竄。受命不許東渡黃河的鄂爾多斯各旗，拚了命想阻止田沒手；

在這當中,「齊洛道爾吉將軍的五百壯士」也為了追逐「穆・呼拉蓋」而轉戰各地。查干東並非從一開始就稱回民叛軍為「穆・呼拉蓋」,而是直到領導人死去、無法統馭的階段,才開始這樣稱呼他們。從這點可以看出,他是保持著相當冷靜的態度。

◎不吝讚美敵將的蒙古人

查干東在編年史中詳細敘述了兩個人的臨終情況:一位是回民叛軍的首領田沒手,另一位是五百壯士的指揮者齊洛道爾吉將軍。

人稱田沒手的這名「穆・呼拉蓋」,他的真名為何無人知曉。之前他曾經掀起叛亂,結果敗於清軍被捕送北京。為了宣示自己不會再持有武器,他切斷了自己的拇指,發誓不再起兵叛亂,於是獲得了釋放。從此以後,他在漢語中便被稱為「沒手」,「田」則是他的姓。田沒手最後在烏審旗西部的陶里木寺遭到齊洛道爾吉將軍包圍。無法張弓的田沒手展現了非凡的武藝,用馬鞭一一擊落飛來的箭矢;即使雙腳負傷、無法步行,他仍然坐在沙丘上用馬鞭揮擊箭矢,最後遭到使槍高手吉坦・霍洛刺殺。他死後,那隻少了拇指的手臂被砍下來,交給烏審旗的貴族巴勒珠爾公,之後又被巴勒珠爾公轉獻給清朝皇帝。

長期被回民叛軍占領的蒙古陶里木寺

不只編年史作家會描繪敵將的臨終狀況,鄂爾多斯蒙古人至今也對田沒手的事蹟記憶猶新。比起非難田沒手的掠奪與殺戮,蒙古人更讚揚敵將臨終的勇猛,很多人都稱他為「巴圖

魯」（蒙古語的「英雄」之意）。

中國內地會（China Inland Mission）的傳教士、二十世紀初期漫遊西北各地的芬德雷（Andrew Findlay）就對參加叛亂的穆斯林讚譽有加：「回回作為軍人，比支那人更優秀。」又說：「回回未必不擅長徒步作戰，然而他們一旦跨上馬背，就會和馬融為一體。」[11]。另一位在中國西北長大的美國人伊克維爾（R. Ekvall），也出於自身的經歷，做出以下的回想：

「回教徒是很優秀的士兵……（中略）回教徒軍隊會發揮出某種宗教的兇暴，並跨越種種困難險阻。」[12]

當田沒手的部眾被平定後，又有其他叛軍從鄂托克旗入侵烏審旗，占領陶里木寺，進而盤踞當地。陶里木寺建造在一座微微隆起的山丘上，四周環繞濕地，是易守難攻之地。回民叛軍應該也是看準這點，才會屢屢占領該地。

齊洛道爾吉將軍再次指揮蒙古軍作戰。雙方的武器以弓矢和刀為主，也有極少數的火繩槍。由於「穆・呼拉蓋」陣營是步行，而蒙古軍是騎馬，因此蒙古軍具有壓倒性的優勢。戰鬥的那天下著雨，火繩槍無法使用，攻入敵陣的齊洛道爾吉將軍卻遭到潛藏在寺院內的「穆・呼拉蓋」槍擊落馬；原來寺廟內的槍並沒有被雨淋濕，才得以發揮威力。齊洛道爾吉將軍試圖重新飛身上馬，但他的長辮子卻被馬鐙纏住，結果「穆・呼拉蓋」便趁著這個空隙，殺害了他。

按照其他民間傳說，田沒手的部眾中，也有鄂托克旗出身的蒙古女性加入。這位女性的名字不明，所以都以「鄂托克少女」稱之；射擊齊洛道爾吉將軍的，據說就是她。雖然真相滿是謎團，不過蒙古人並沒有以此為根據，而是主張「蒙古與回族團結起來，進行反清鬥爭」。

可是，蒙古女性殺害蒙古英雄這件事，確實讓英雄過世的悲劇色彩，變得更加鮮明。

齊洛道爾吉將軍過世後，由賽傑布繼續率領「五百壯士」。在賽傑布等人的奮戰下，一八七三年（同治十二年），「穆‧呼拉蓋」終於被逐出烏審旗。

以上就是查干東《烏審旗歷史》中，關於回亂記述的概要。查干東撰寫這本書時，正任職於烏審旗政協委員會，擁有閱覽檔案館資料的權限；這位編年史作家，想必參照了很多民間的傳承，而被他當成史實所寫下的東西，又被許多人傳述至今。

因為不具備太強烈的特定政治意識形態，《烏審旗歷史》受到許多人所喜愛。雖然偶爾也會出現「封建」、「剝削」之類的表現方式，但整體而言，可以說繼承了蒙古傳統的編年史特色。對蒙古人而言，清朝約三百年的歷史，是發生在身邊的親近之事，而《烏審旗歷史》在大家的理解中，就是針對這些親近之事做出的體系性記述。簡單說，查干東被蒙古人廣泛認定為「屬於我們自己的史家」。

四、回民叛亂的記憶與記錄

十九世紀回亂波及鄂爾多斯地區時的種種大小事，至今仍鮮明地殘留在人們的腦海中。

◎記憶下來的歷史

我曾向住在鄂爾多斯市烏審旗西部、一位名叫奈梅夫（一九九一年時七十五歲）的老先生，詢問有關回亂的事情。奈梅夫老先生和編年史家查干東，一樣是出

口傳回亂歷史的奈梅夫老先生

身自合答斤部。

奈梅夫老先生稱回亂為「穆‧呼拉蓋引發的戰亂」；這場「戰亂」在鄂爾多斯地區持續了八年之久。

> 胡同人（回民）其實是意志力相當堅定的人。我曾聽人說過，他們在奔赴戰場之前，會先殺掉自己的妻女，以免她們落入敵方之手。
>
> 穆‧呼拉蓋就像糞金龜一樣，突破長城一擁而入。我聽說，入侵鄂爾多斯的胡同人領袖是個女人；他們使用的武器，是一種把剪刀綁在棒頭上的利器……

奈梅夫老先生滔滔不絕地說著。前文提到的傳教士芬德雷也曾寫下這樣一段傳說 [13]：

> 回回在戰鬥前夕，會在陣營中舉行詭異且鄭重的儀式。首先由阿訇帶頭吟唱古蘭經，接著全員一同祈禱、默背信條，把戰死看成是進入天國的前提條件，用葬儀般的儀式清洗身體；這一套對提升回教徒與全世界為敵、根深蒂固的狂信精神，具有很大的效果。

雖然傳教士的文章充滿了偏見，但他所記錄下來的傳說，跟蒙古人的口傳也有部分一致；簡單說，就是回軍有著強烈的殉教意志。

「出征前會殺掉自己的妻女」，與「回民叛軍的領袖似乎是名女性」，在這兩項情報之間，便可看出矛盾所在；總體而言，這種口語傳播呈現的是，回亂對蒙古人帶來了莫大的衝擊。

奈梅夫老先生說，由於回民叛軍反覆的燒殺擄掠，包括合答斤部在內的烏審旗西部蒙古人，全都逃往鄂爾多斯中部的扎薩克旗（今

口述歷史的傳承者坤察克老先生

屬伊金霍洛旗），以及東部的準格爾旗避難。奈梅夫的父親一家，就在東部的避難處迎接了八次農曆正月。他的說法和《伊克昭盟志》所記載，回民叛軍在一八六二或六三年入侵鄂爾多斯地區，在一八七〇年被擊退的論點、或是查干東在編年史中所言，於一八六七到一八七三年間入侵，基本上是一致的。

另一位出身合答斤部的資料提供者──坤察克老先生（一九九二年時七十五歲），則是向我詳述了回民叛軍領袖田沒手的傳說。這段傳說和查干東在《烏審旗歷史》中的記述幾乎完全相同。坤察克老先生的祖父住在烏審旗那位「五百壯士」領導者齊洛道爾吉將軍家的附近，兩家有著相當親密的往來。

坤察克老先生說，殺死田沒手的不是吉坦・霍洛，而是齊洛道爾吉將軍。將軍把田沒手那隻沒了拇指的手臂砍下來，呈給烏審旗旗主巴達日胡王，以及重要貴族巴勒珠爾公，巴達日胡王和巴勒珠爾公又把這隻手臂獻給了北京的清朝皇帝。

他們報告說：「我們浴血奮戰，胯下的白馬都被染成紅色了。」

清朝皇帝發給他們金銀錢財當成獎勵；他們把這些錢財全都投注到寺廟的建設上。戰死的齊洛道爾吉將軍之子是唯一一位獲得「紅頂戴」的人物；所謂的「頂戴」是清朝官員頭上戴的帽子，不過在清朝末年，頂戴的發放已經與官職無關，而被當作空頭支票般亂發。

齊洛道爾吉將軍過世後，被埋葬在陶里木寺附近的尚托羅蓋之地（見頁〇二六）。蒙古人直到現在，仍然守護這座墳墓、並為他舉行

謹將伊克昭盟守邊境先為出力帶兵眾員

擬列其叙績具清單恭呈

御覽

乾清門行走幫辦盟長事務雙眼花翎鎮國公銜

協理台吉巴勒珠爾擬請

賞給男爵

烏紳旗藍翎二品頂帶梅楞乜楞

烏紳旗藍翎四品頂帶護衛郭勒哲休巴推爾

以上二員均擬請

賞換花翎

烏紳旗四等台吉阿勒坦瓦齊爾擬請

賞戴花翎

烏紳旗三品頂帶梅楞街達爾瑪扎布

烏紳旗四品頂帶章京巴圖濟爾噶勒

烏紳旗四品頂帶章京烏巴

鄂爾多斯扎薩克台吉旗五品頂帶章京多爾

以上四員均擬請

淸巴圖爾

以上四員均擬請

賞戴藍翎

鄂托克旗三品頂帶扎蘭綽克圖擬請

賞給二品頂帶

烏紳旗四品頂帶扎蘭喇什多爾濟

烏紳旗四品頂帶藍翎扎蘭拜勒爾

烏紳旗四品頂帶花翎護衛圖們巴推爾

鄂爾多斯扎薩克台吉旗四品頂帶巴圖郭勒
哲休

賞給三品頂帶

烏紳旗藍翎五品頂帶章京克什克巴圖

烏紳旗藍翎五品頂帶章京雞木噶爾扎布

以上四員均擬請

賞給三品頂帶

烏紳旗藍翎五品頂帶章京德勒葛爾

鄂托克旗五品頂帶章京棟當布

鄂托克旗五品頂帶章京烏我爾巴圖

鄂爾多斯扎薩克台吉旗五品頂帶章京烏我爾巴圖

以上五員均擬請

賞給四品頂帶

鄂托克旗六品頂帶驍騎校穆倫泰

留存在台灣、有關鄂爾多斯蒙古與回亂事蹟的清朝時代史料

在這份史料上，除了可以看到鎮壓叛亂而立有軍功的烏審旗巴勒珠爾公、與鄂托克旗重要
人物的名字，也可以看到他們被授予各式各樣的「頂戴」。

祭儀。事實上，回民也很鄭重守護清末叛亂中戰死的勇士之墓，關於這點會在本書第二部詳述。

　　無論是「穆・呼拉蓋就像糞金龜一樣，突破長城一擁而入；他們使用的武器，是一種把剪刀綁在棒頭上的利器」也好、或是蒙古軍「浴血奮戰，胯下的白馬都被染成紅色」也好，這種說法已經是傳述回亂時必然會出現的文句，幾乎所有的蒙古人都用這種表現手法來傳述過去。

　　坤察克老先生還為我介紹了一首歌詠齊洛道爾吉將軍的歌曲。這首曲子是由一位出身貴族、同時也是將軍親友的詩人塔米林札布所作：

　　　　在尚格特作戰之時
　　　　我輩受令、雲集麾下。
　　　　為擊退支那與回回之敵
　　　　雲集麾下。

　　　　獨自一人步行
　　　　請務必小心步伐。
　　　　一旦滑倒在地
　　　　形勢將惡化難收。
　　　　法律與制度要嚴格才好。
　　　　支那與回回要遠離才好。
　　　　……

　　在歌詞中，將「支那與回回」並列（其中，「支那」為中國人的舊稱）。過去的蒙古人對同樣操持漢語、服裝也沒有明確差異的這兩個民族，並沒有明確的區別。至於「滑倒在地」這句話，指的則是傳

說中齊洛道爾吉將軍的座騎陷入濕地當中，以至於遭叛軍所殺。將軍在數年間轉戰各地，最後甚至獻上了自己的生命，褒獎卻都只給了貴族出身的巴達日胡王與巴勒珠爾公；也因此，作者才會用「形勢將惡化難收」，惋惜將軍沒能得到回報的軍功。這首歌可以說是當時的蒙古人對回亂見解的總結。

另一方面，回民對同治年間回亂遭到鎮壓之際，蒙古人選擇與清朝同陣營的這段歷史仍帶有怨恨。一九四〇年代下半葉，寧夏馬鴻逵一族率領的回民軍隊，與以陝西省北部為據點的共產黨軍隊之間，不斷展開激戰。在共產黨軍隊當中，也有少數鄂爾多斯蒙古人。回民軍隊對待俘虜的蒙古士兵，全都割斷喉嚨加以殺害，但對同樣說漢語的漢人士兵，相對則顯得寬容。經歷過此次事件的人都認為，回民的復仇行為絕對與同治年間蒙古站在鎮壓方一事脫不了關係。

◎探險家所流傳的宗教紛爭另一面

俄羅斯著名的旅行家普利瓦熱斯基（N. Przhevalsky）在回亂方歇的一八七一年夏天，前往鄂爾多斯旅行。他溯黃河而上、前往西北之際的見聞，後來被收錄成為名著《蒙古與青海》（一九三九年）當中的一章。

旅行途中，普利瓦熱斯基幾乎沒有遇到過鄂爾多斯蒙古人；之所以如此，是因為回民叛軍經常從北邊與西邊渡過黃河，入侵鄂爾多斯，導致黃河沿岸成為極端危險之地。「處處都是荒廢的村落，還可見到遭東干人殺害的蒙古人，被狼咬得寸斷的骸骨四處散落。」[14] 留下這段記錄的普利瓦熱斯基認為，這些都是一八六九年東干人（回民叛軍）的所作所為。蒙古人逃亡之際，甚至連驅趕家畜的時間都沒有。這位旅行家在途中就遇到了失去飼主、早已野生化的家畜群。

在黃河沿岸有一座名為「夏拉茲」、意為「黃色寺廟」的藏傳

佛教名剎，旅行家親眼目睹了這座寺廟被破壞後的悽慘景象。不只全無僧侶的身影，佛像也全遭破壞，典籍散落滿地；看到這幅光景，旅行家掩不住自己的驚愕。普利瓦熱斯基推斷，夏拉茲全滅的時期也是一八六九年。

被稱為「夏拉茲」或「夏拉召」的寺廟，在鄂爾多斯地區有好幾座。因為普利瓦熱斯基是沿著黃河旅行，所以他所目擊的夏拉茲，應該是杭錦旗境內的夏拉召。據《伊克昭盟志》所述，夏拉召是在一八六九（同治八年）八月，被馬輸率領的回民叛軍所占領。

我在鄂爾多斯出生長大，進行調查研究也已有二十年以上；到目前為止，我所走訪的寺院都曾有過在同治年間遭回民叛軍破壞的歷史，無一例外。我所屬的俄尼斯部因為躲避回亂，從長城以北往無定河北邊遷徙。我們自一八六〇年代起居住的地方原本有三座寺廟，全都遭回民叛軍破壞，只剩廢墟殘留當地。雖然燒殺擄掠是戰爭帶來的副作用，但對宗教設施的破壞，除刻意所為、也沒別的說法可解套。查干東在《烏審旗歷史》中，也有寫到某間寺廟的歷史。

烏審旗西部的札利克寺，是間建築在草原深處、人煙罕至的荒涼寺廟。一八六七年，它遭到馬化龍的「穆·呼拉蓋」所破壞，齊洛道爾吉將軍率領「五百壯士」逐走「穆·呼拉蓋」後重建寺廟。工程從一八七四年開始，在第二年（一八七五）落成。重建的寺廟規模遠遠超過以往，光緒皇帝還親自賜名為「瑞雲寺」。對於奉旨興建瑞雲寺特別熱心、不惜財力的是當時烏審旗的巴達日胡王，以及貴族巴勒珠爾公。如前所述，民間傳說清朝皇帝賜給烏審旗「五百壯士」的銀兩都沒有發到士兵手中，而是被投注到寺廟建設當中。由此可以窺知，擊退叛軍之後的蒙古掌政者，眼中首要之務是重建被異教徒破壞的宗教設施，也就是說，重建宗教設施，與衝突後的認同重構是緊密相連的。

④ ② ① ④ ③

漢籍《圖開勝跡》所描繪的蒙古瑞雲寺（圖中標示③處）
這部作品本身就是為了紀念鎮壓回亂事蹟而編纂。

◎向軍神乞靈的蒙古人

成吉思汗的軍神蘇魯錠

不只藏傳佛教的寺廟遭回民叛軍破壞。鄂爾多斯蒙古數百年來維持的成吉思汗祭殿「八白宮」，以及成吉思汗的軍神蘇魯錠等代表蒙古固有信仰的設施，全都無法倖免於難。

回民叛軍意圖破壞與自己信仰不同的蒙古人的宗教與精神設施。相對於此，蒙古人則是對固有的薩滿信仰祈願，希望叛亂能夠早日平定。在這裡介紹一下，蒙古方面在一八六九年（同治八年）農曆十月五日的動作：

……伊克昭盟盟長、鄂爾多斯右翼前旗扎薩克貝子巴達日胡王，在此上呈報告。

在進行調查時，本盟的祭祀長官、擔任「庫卡」＊一職的色楞多倫布提出了以下事項：「叛逆的惡盜回子從四面八方侵入，大量破壞成吉思汗祭殿內供奉的金銀器具，將之掠奪殆盡。迪爾蓋爾桑等六、七人因此傷重不治，其他祭祀者以及一般民眾，也都各自受了輕重傷。我們的家財和謀生工具也遭到縱火掠奪，什麼都沒剩下。現在祭殿中唯一剩下的，就只有成吉思汗大帳的礎石罷

＊　蒙古語拼音：gökügü，意指擁有祭祀權的頭銜。

了。」在此將提出的狀況上呈給綏遠將軍，希望能夠獲得解決。

這是當時的伊克昭盟盟長巴達日胡王，將八白宮祭祀集團長官傳來的損害報告，轉呈給駐紮在綏遠（今呼和浩特）的清朝將軍的文件[15]。上面清楚記載了回民叛軍殺害祭祀者、掠奪祭祀器具與牧人財產的狀況。

在向綏遠將軍等人上奏的同時，鄂爾多斯蒙古也採取了以下行動。一八七〇年（同治九年）農曆八月二日的資料是這樣講的：

> ……據調查所示，西部各省的惡盜回子還沒完全討滅，仍有零星活動，不時會進入蒙古草原，為人們帶來傷害與痛苦。因此，有必要召喚成吉思汗的軍神蘇魯錠，進行血祭，以求廣布軍威，並祈願殺滅惡盜，早日恢復和平。之前在一八六八年三月，我等也曾因同樣理由，對神聖的成吉思汗與軍神蘇魯錠進行獻祭。當時，我們在聖地巴圖魯‧敦博，對神聖的軍神蘇魯錠進行血祭，各旗分別提供燉煮用的綿羊八頭與銀二十三兩、扎薩克旗提供燉煮用的綿羊十二頭與銀十二兩、軍部也提供燉煮用的綿羊二十七頭，並派遣各自的高官擔任祭祀者，共同進行祭祀祈願。這次就按照前例，由擔任轄下各盟副盟長的貝勒、貝子，傳達給各旗扎薩克；要他們和前回同樣，準備好血祭使用的燉煮綿羊、燈火用的酥油、馬奶酒，以及絲綢、毛氈的購入費用，還有馬匹的費用。今年秋天的九月二日、五日，我們要參拜成吉思汗，並對神聖的軍神蘇魯錠進行血祭。特此通告。

這份文件是由成吉思汗祭殿「八白宮」所在之處——郡王旗（今伊金霍洛旗的阿勒騰席熱鎮）的扎薩克（王）——額爾齊木畢里克（一八三七一一九〇一）向盟長巴達日胡王提出的報告；在獲得巴達

日胡王許可之後，再向各旗公告。就像公告中所明示的，鄂爾多斯七旗曾經在一八六八年三月，為了祈求叛亂結束而進行血祭；但在這之後，叛軍造成的損害益發劇烈，事態完全沒有好轉，所以決定再度舉行血祭。

軍神蘇魯錠是成吉思汗還在世時就已經在祭祀的蒙古守護神。蒙古軍每當出征的時候，都有向軍神犧牲獻祭的傳統。當回民叛軍入侵鄂爾多斯地區時，這種古老傳統仍然運作不輟。等回亂結束之後，蒙古軍將使用的槍械收進蘇魯錠神殿，並加以祭祀。因此，向遭破壞的神聖存在祈求異教徒的敗退，絕對不是什麼罕見的現象。更準確來說，在爆發紛爭之時，必定會以對手的宗教設施為目標，並對自身的神聖存在產生強烈的皈依感。就這一點來看，十九世紀在鄂爾多斯爆發的蒙回衝突，若說它給予極其強烈的宗教紛爭印象，一點也不為過。

五、蒙古與回族，迥然相異的歷史觀

以上主要是從蒙古方面的立場，來敘述回亂對十九世紀鄂爾多斯地區的影響。編年史、民間傳述，以及蒙古語文件是基本的資料。儘管文件對歷史研究者而言，是尤其貴重的資料，但編年史與民間傳述，則能夠清楚描繪出歷史當事人的生活與精神面貌；歷史當事人的子孫，也把對先人的追憶，凝縮彙整在這些編年史與民間傳述當中。

在中國，只能從馬克思主義的唯物史觀立場來解析回亂；然而也有人清楚認識到，光靠這點，是無法從真正意義上究明歷史的——張承志，就是抱有這種認識的其中一人。

回族出身的張承志不只是一名歷史研究者，也是作家。文化大革命期間，他曾有被過下放到內蒙古自治區四年的經歷，《蒙古大草原遊牧誌》（一九八六）正是他對蒙古族社會觀察理解的結晶。擁有如

此經歷的張承志長期以來一直在對自己出身的民族——回族進行思考，在這方面，他以《殉教的中國伊斯蘭——神祕主義教團哲合忍耶的歷史》（一九九三）與《回教所見的中國》（一九九三）等從內部出發，對信奉伊斯蘭教、擁有獨特歷史的回族進行研究的作品而廣受矚目[16]。由於張承志本身就是回族人，又在研究中大量使用伊斯蘭教團內部的祕傳資料，因此張承志的著作可以視為另一方當事人——回族——的歷史觀。在此，僅從他的著作中與鄂爾多斯蒙古歷史交錯、有關同治年間回亂的部分，對歷史觀加以檢討。

◎信仰伊斯蘭的中國人歷史

同治年間掀起大叛亂的西北回民，其中一部分是神祕主義的信奉者——哲合忍耶派。他們被稱為回民、回回、回教徒，是操持漢語、被中國文化薰陶長大的穆斯林；因此，張承志強烈主張，哲合忍耶派的歷史，實際上就是信仰伊斯蘭中國人的殉教史。

關於《殉教的中國伊斯蘭》所採的敘述方法、特別是資料使用方式，張承志作了以下的敘述[17]：

一九四九年以降的中國，視叛亂為「起義」，變成了馬克思主義史學的中心基調之一，產生出無數關於「西北回民起義」的研究，但這些研究大半都是受清朝的官方資料所影響，從而深陷漢文文獻的泥淖當中[18]，結果就是「回民的思想」遭到抹殺。張承志立場鮮明，他主張「正確的方法論」就在「虔信的教徒保持下來的生存方式當中」。

張承志指出，作為被保存在「生存方式」中的「正確方法論」之一，就是回民內部有著獨特的「歷史記事」，這正是利用哲合忍耶學者創造的方法：用夾雜著漢語的阿拉伯語把宗教上最重要的事項記下來，當成「經典」加以祕藏，並祕密流傳。比起事實真相的對錯與否，關於奇蹟的記錄更加優先。這樣的資料雖然對外部世界封閉，但它們

「在作為宗教著作的同時，也是歷史和文學作品」。

依據這種資料寫成的著作，會產生很多的問題：蘇非教團內部撰寫的歷史，就是絕對的靈魂歷史嗎？站在民眾這一邊，就能明白歷史的真相嗎？張承志捫心自問，並坦白吐露：「我確實是選擇了和哲合忍耶教徒相近的方法。」

◎回族也是中華民族的英雄

張承志首先說，十九世紀各地陸續掀起的各民族叛亂是「承天命而起」，回民也參與了這場「革命」。在這當中，哲合忍耶的領導者馬化龍就被他定位成「足以加入十九世紀中華民族英雄之林」的人物。

張承志也承認，相對於帶來大規模流血與殺戮的「同治回亂」，這是一種極端對立的評價。儘管如此，他還是抱持著「回族是信奉伊斯蘭教的殉教中國人，他們的領袖是中華民族英雄」的歷史觀。

將回族看成「抱持殉教精神中國人」的張承志，將目光放到了馬化龍與其領導下的同治年間哲合忍耶之行動上。他的論述大致如下：

寧夏北部的金積堡是哲合忍耶的根據地，在那裡有作為蘇非派傳教中心的道堂，馬化龍則是第五任導師（阿拉伯語：murshid）。自一八六三年起，金積堡便被捲入叛亂中，到了一八六九年，更被西北各地所有回民軍視為象徵性的存在。透過對最激烈抵抗清朝的陝西回民進行援助，馬化龍的哲合忍耶成了回民的盟主。

強調「生存方式歷史」的張承志，特別著筆在馬化龍對回民與清軍戰爭的悲觀態度。他引用清朝的記錄《平定關隴紀略》，指出馬化龍用一千五百多匹駱駝運送糧食，提供彈藥與戰馬，這些都是馬化龍在歸化（今呼和浩特）購入的。但事實上，恐怕有很多駱駝和馬匹都是從附近的鄂爾多斯與阿拉善掠奪而來的吧！

張承志用以下的筆觸，描繪了陷入清軍包圍網的哲合忍耶心境[19]：

> 殉教的情感，首先在導師馬化龍心中、接著在他的門徒（murid）之間不斷高漲。哲合忍耶的宗教情感是讓歷史一再重演的特殊要件。要了解馬化龍，首先就必須理解這種精神。

張承志特別強調殉教的精神。於是，為了拯救無數叛亂者的性命，「馬化龍下定決心，把自己的家族當成古爾邦節*的羔羊」，於一八七○年（同治九年）十一月十六日自縛走出金積堡，進入清軍的營陣。第二年（一八七一年）正月十三日，他在吳忠遭到凌遲之刑，也就是身體被一片片切下的刑罰，享年六十歲。主宰哲合忍耶派長達二十一年的馬化龍選擇自我犧牲、原諒仇敵的報復，從而實現了殉教精神。至今在與馬化龍有淵源的地方，仍建有聖者墓。

◎「理想的中國人」與「化外的蒙古人」

上面引用的《殉教的中國伊斯蘭》，是張承志在一九九一年用漢語出版的《心靈史》之日語編譯版。負責編譯的梅村坦先生，作了以下解說[20]：

> 作者要講的，並不是伊斯蘭本身，甚至也不是試圖解釋特殊的「中國伊斯蘭」。雖然他描述的是極其侷限的哲合忍耶歷史，但其實和談論中國整體，幾乎可以稱得上是同義。這是深信中國、

---

* 古爾邦節：宰牲節、大節，與「開齋節」並稱為伊斯蘭教的兩大節日。「古爾邦」意為「犧牲」、「獻身」。

熱愛中國、誕生在獨一無二的中國，並將人生的一切全部奉獻給它的作者基於歷史事實、竭盡畢生卻悲痛的自我認知作業與歷史敘述。

我們可以斷定，哲合忍耶與張承志的相遇並非偶然，是張承志精神史到達的極點——也就是將歷史敘述與自我認知對等化，從而到達極致。

張承志的歷史觀在馬克思主義唯物史觀所欠缺的思想與精神上，堪稱有著飛躍性的發展。在立足於階級鬥爭與革命論的過往議論中，不管怎樣讚美回亂是「農民起義」，也絕不會提到關於叛亂前他們是如何忍耐、用怎樣的犧牲精神抵抗鎮壓，又是怎樣奔赴殉教的宗教理念。正因如此，在重複著枯燥無味論述的中國歷史學界中，張承志的「生存方式歷史」帶來了極大衝擊。從這點來看，從被調查者的視角出發、以分析方式編纂民族誌的人類學，其做法與「生存方式的歷史」或許也有相通之處。

「生存方式的歷史」與復原事實的歷史，究竟何者會被該社會的成員長期繼承下來呢？事實的復原儘管是對資料進行「客觀、科學」分析的絕對要求，但它未必是該社會所有成員同樣堅持的事物。相對於此，「生存方式的歷史」則有很大的可能會透過口語傳述而被承繼下來。在鄂爾多斯蒙古這裡，從蒙古族視角調查回亂歷史的我，和張承志記述的回族精神史產生共鳴，原因也正在於此。

可是，從蒙古視角所見的「回亂」與張承志的描述，也有著根本的差異。張承志在敘述回族的歷史形成與分布時，做了以下的主張：在元朝滅亡時，蒙古人火速從中原撤退、逃回蒙古高原，但他們從西亞與中亞帶來的穆斯林卻只能在中國這塊移居地定居下來，形成了「新的中國人」。同治年間回民掀起叛亂之際，因為他們將刀鋒指向清朝統治者，所以和蒙古人之間自然會產生對立。換言之，回族的形

成儘管與蒙古歷史有所關連，但因為之後蒙古人在清朝時代再度成為統治者的盟友，所以兩者之間產生了決定性的差異。

張承志將因歷史而形成的回族定義為「中國人穆斯林」。在現代中國，回族即使面臨壓抑，還是勇敢反抗；但就算這樣，回族也沒有放棄身為中國人的意識。因此，張承志在賦予殉教的回族「中國人」定位的同時，也批評漢族「儘管擁有優秀的傳統、思想與文化，卻也有著若無其事放棄理想與信仰的不誠實傾向」。從這種主張來看，張承志應該是把回族看成了「超越漢族的中國人」，甚至是比漢族更能保存中國文化精粹的「理想的中國人」吧！

既然如此，那蒙古的情況又是如何？

元朝在中原垮台後，蒙古人繼續以「北元」和漢族的明朝對立。清朝時，他們作為統治者的盟友，在某種程度上再次統御漢族。當清朝瓦解後，蒙古各部為了獨立而奔走；沒能趕上獨立的地區，其人民則從一九三〇年代開始，借助日本之力展開自治運動。因此，蒙古從不曾如回族般，停留在所謂「中國」的範疇之內，這就是他們和回族最大且唯一的不同吧！

如上所述，從對中國的觀點來比較回族與蒙古，便會浮現出「理想的中國人」與「化外的蒙古人」這樣的意象差異。

六、中華與世界遊牧民的乖離

以上從相異的視角，敘述了「回亂」這個跨越複數民族的同樣過往。具體來說，是從《蒙古族通史》與《伊克昭盟志》等地方史志的記述、編年史與民間傳述的立場，最後再以回族自身的觀點進行比較。

在中國，通史會被列入「正史」之林，而由特定個人執筆、不曾公開出版的作品，則會被視為「野史」。即便得以公開出版，只要與

當今政府公認的社會主義史觀不一致，還是會被貶為「野史」——張承志的作品也不例外。在民間傳述方面，就算思想管制鋪天蓋地而來，也有政府鞭長莫及之處。因此，民間傳述的內容與正史天差地遠，本就是理所當然。

◎「北方民族」屬於中國嗎？

在本章尾聲，我想在這一節適度表現如下觀點。

北亞遊牧社會發展的結果，就是導致征服王朝出現——這是日本的歷史研究者如吉田順一等人所得出的結論。既然如此，北亞各民族獨特的歷史與現今中國的國家政策間如何形成衝突，為何會有這樣的發展？為了解明這點，以遊牧民社會架構為對象的各種研究，在近年陸陸續續發表出來。這是因為隨著中國實施改革開放路線，以及蒙古國的民主化，讓前往當地調查成為可能，新的成果也因此一一呈現。

包括征服王朝的出現在內，北亞遊牧民其實建構了自己獨特的歷史；這樣的視角與民族國家的民族政策之間，本身就有著衝突的一面。相反地，若是站在中國的立場，那些以「異民族統治下的中國社會文化遞嬗」為重心的研究，當然會大受中國歡迎。畢竟透過這種方式，中國可以將中國社會的文化遞嬗，以「多民族融合論」的方式加以定義，從而強調少數民族的漢化。

一九九七年，內蒙古博物館的文物跨海前來日本展示，我負責執筆部分的展示目錄，結果我提及的古代遊牧民、匈奴與突厥等項目，全都遭到中國方面竄改。中國方面將匈奴與突厥改寫成「中國古代的北方民族匈奴與突厥」。眾所周知，匈奴和突厥的活動範圍，遠遠超越了北亞和中亞區域。現在中國的官方歷史一直以來就與漢族史家不同，不只是把與匈奴、突厥對抗的漢族王朝視為中國的前身，還把活動範圍超越漢文化領域的匈奴和突厥，強行解釋成「中國的北方民

族」，這當然是為了民族政策之故——說得更精確一點，是為了把居住在內蒙古與新疆維吾爾自治區的蒙古、突厥系各集團留在現代中國之中的政策。

在這層意義下，通史反映了當代的政治政策。任何一個民族的通史，都是為現在的民族政策而服務，即便這個民族像蒙古一樣遠遠超出「中國」這個框架，也是如此。

強調階級鬥爭的馬克思主義史觀，其最終目標是要指出社會主義中國的正統性。所謂「人民的歷史」與「階級鬥爭的歷史」，和單純復原過往事件，不消說自是天差地遠。由政府主導、被視為正史的通史，儘管可以看出王朝間的連貫性，但其中對「生存方式」的哲學卻付之闕如。地方史志與通史有點不同，它可以感受到些許地方氣息，在意識形態層面也可以看到超脫政治之處。另一方面，民間傳述則反映了自然而然扛起傳承責任的旗手們的精神生活，這與基於教團內部宗教資料的「生存方式歷史」，在本質上可以視為幾無差異的同類之物。

◎結果，蒙古還是無法成為「中華的英雄」

對於內部視角、亦即從歷史當事者出發的視角，我們能抱持怎樣的期待呢？從民間傳述誕生、依循固有編年史規則的查干東《烏審旗歷史》，具備有與蒙古族認同連動、且處於現在式的機能。張承志的「生存方式歷史」，則為現在活著的人們提供了一個突破口。它觀察現在回族的生活，記錄現在回族對過去「叛亂」的理解——不，比起這點，更重要的或許是作者自己出於穆斯林的自覺，試圖重現「生存方式歷史」這件事吧！

張承志的「生存方式歷史」與蒙古的編年史記述方法之間，橫亙著極大的認知差異。張承志稱回族為「殉教的中國人穆斯林」，換言

之就是把他們描繪成多彩多姿的中國人、甚至是理想的中國人樣貌。他在中華的多元性內，觀察自己安身立命的場所，因此會把回亂領袖馬化龍冠上「中華民族英雄」的頭銜並力陳其是，自是理所當然。與之相反，蒙古的編年史則是徹頭徹尾與中國史保持距離。對於自己到底算不算中華民族的一員，蒙古族與回族的態度迥然相異——而這也是從「內部視角」會得出的認知狀況之一吧！

我並沒有把「生存方式的歷史」和唯心主義史觀畫上等號。我贊同「生存方式的歷史」能夠讓人更坦率、也更貼近地理解人性。「歷史就是檢驗事實，並加以重新建構」，這是東西方史學共通的認知。但是在檢驗事實、重新建構之前，是否得先抹殺「生存方式」這樣的精神性？這是身為人類學門徒的我深感疑慮之處。若是把歷史學苦苦追求的「事實」、也就是「過去的大小事」，和人類學所重視的「生存方式」結合起來，或許就能產生出一種連結過去與現在的精神吧！因此，人類學者有必要在「事實」當中，還原出當事者的「生存方式」才行。

我承襲當事者的認知，展現了十九世紀末蒙古史的某個面向如何被加以傳述。這種「口傳歷史」的行為，是當事人在漫長生活中培養出來、並維持一貫連續性的產物。在接下來的日子裡，我應該也會以他們的傳述與認知為中心，繼續調查相關大小事。

第三章

蒙古穆斯林的今昔

　　阿拉善盟，位在現今內蒙古自治區的最西端。阿拉善（阿拉克善）意即「五彩斑斕之山」，是遊牧民自古以來對賀蘭山的稱呼。與蒙古高原以及西邊的阿爾泰山類似，賀蘭山中到處分布著森林與廣闊的草原；在它的北側，則有一眼望不到盡頭的戈壁草原無限延伸，與蒙古高原南部的戈壁地帶連成一氣。

　　阿拉善盟的總面積為二十七萬平方公里；在這片年降雨量約一百毫米的大地上，居住著大約四萬五千名蒙古人。雖然這是一片完全不適合農耕的土地，仍有十五萬左右的漢人定居於此。儘管蒙古人在人口層面上是少數派，政府還是稱他們為「主體民族」——只是，這個「主體」絕對不意味著「主人翁」。

◎父祖的故鄉，現在是衛星基地

　　對前往現在阿拉善地區旅行的人來說，在見到眾多遊牧民之餘，想必也會感嘆：「他們怎麼會居住在這麼貧瘠的土地上呢？」確實，現在的蒙古人被迫居住在極端惡劣的環境下；然而，他們甚至連這樣

惡劣的環境都無法確保，還得被迫遷徙到其他的地方。中國稱這種強制移居為「生態移民」；這種說法表面上是為了保護生態系統而採取的移民政策，實際上則是為了隱蔽強權橫行而做的巧妙詭辯。

那麼，為什麼蒙古人會在這種嚴酷的地方生活呢？

其實，阿拉善地區是有豐饒放牧地的。

從祁連山脈往北流的額濟納河（黑河）流域，在歷史上一直是片豐美的草原；特別是從西夏到蒙古帝國時代，這一帶更是繁榮至極。之後，明朝曾經一度占領額濟納河流域，從那時開始，這塊土地便逐漸步上衰退之路；但就算如此，它仍然足以供應蒙古人放牧所需。

一九五七年底開始，整個情況為之一變。水草最為豐美的巴顏博格特山（意為「豐饒的聖山」）四周的廣大草原，被中華人民共和國選定為飛彈基地，當地所有的蒙古人全遭強制徙居。在這之前，整個中國已經深陷「人民公社」的急進公有化熱潮當中，西北各地陸續有民族起來叛亂，卻遭到毫不留情的鎮壓。面對這種情況，牧人也只能遵從遷徙的命令。之後，阿拉善的蒙古人就再也沒有回到故鄉巴顏博格特；被趕出「豐饒聖山」的他們，成了名副其實的「沙漠流浪者」。

巴顏博格特山中的衛星基地，現在被稱為「酒泉衛星基地」。其實這個地方與歷史上被當成漢朝對匈奴作戰前線基地之一的酒泉相當遙遠，但為了對軍事設施進行偽裝，漢人於是突發奇想，搬出了這個令人會心一笑的取名典故——說得更明白一點，他們打從一開始大概就沒在管少數民族的語言，也就是「巴顏博格特」之類的發音。

中國從酒泉衛星基地，將載人太空船發射升空；但在宣揚國威的背後，我們必須直視蒙古人遭到隱沒、充滿血和淚的歷史。

就在這片阿拉善的大地上，住著一群信仰伊斯蘭的蒙古人——胡同人。

一、透過生活方式傳述的蒙古穆斯林歷史

在開始介紹居住於阿拉善地區的蒙古族穆斯林、也就是所謂「胡同人」的社會與宗教生活之前，有必要先簡單提及他們生存其間的近現代史。在這裡，我想試著呈現包括胡同人在內、各種關於「生存方式」的歷史。透過這種呈現，來一窺阿拉善蒙古近現代史的一端。

◎末代王爺是末代皇帝的親戚

時間是一九六八年五月上旬某一天。

位在阿拉善地區東方、巴彥淖爾盟的巴彥高勒（今屬磴口縣），這個黃河沿岸的小鎮，此刻正值春回大地之際。在文化大革命的高潮中，陷入狂亂的人們（大半是共產黨員），向一對年約六十左右、被筆直綁在卡車上的夫妻不斷投擲石塊與穢物；然而就算如此，這對夫妻依舊凜然直立，優雅的臉上露出堅不可侵的神情。這是何等的意志力啊！大概是這種幾近神聖的表情更加刺激了紅衛兵與共產黨員，每天晚上在名為「批鬥大會」的會場，這對老夫妻都遭到毫不留情的暴力相向。

這種暴力日復一日、無休無止。最終，男人在批鬥大會的會場上被活活打死，那時是一九六八年十一月十九日。在嚴寒中被殺害的男人，是阿拉善左旗最後的王爺——達理扎雅，時年六十四歲。

隔年（一九六九年）十一月十九日，相當巧合地，在達理扎雅逝世一周年這天，他的夫人也在北京隨之而去。夫人的名字是愛新覺羅・韞慧（漢名金允誠）。愛新覺羅是大清帝國皇家一族的姓氏，韞慧是以「末代皇帝」著稱的愛新覺羅・溥儀的堂妹。皇室女性與蒙古王爺的搭配，在清朝會是相當理想的政治婚姻，然而他們是在一九二五年成婚；不管是俊男美女相匹配也好，還是就算清朝瓦解、

阿拉善蒙古的末代王爺達理扎雅與他的王妃
摘自《內蒙古近現代王公錄》。

蒙古人也依舊認同清朝權威也好，總之這對夫妻的婚姻，在當時的中華民國一時蔚為話題。

達理扎雅年少的時候在北京長大，當父親過世後，他便帶著夫人離開華麗的首都，返回阿拉善草原，推動阿拉善旗的政治改革。雖然他本人是虔誠的藏傳佛教信徒，不過心腹中有很多蒙古穆斯林。

在阿拉善南邊、跨過賀蘭山之處，有著強大的伊斯蘭世界；在那裡，人稱「土皇帝」的馬福祥、馬鴻逵父子經常想把手伸入阿拉善地區。在中華民國時代，阿拉善就是被畫在馬氏家族控制的寧夏省管轄之中。

中日戰爭期間的一九三六年七月與九月，日軍打出「板垣征四郎構想」，在阿拉善地區設置兩個特務機構，不只對蒙古人、也對回民進行情報戰；日軍的目標是視情況建立一個以穆斯林軍人為主的傀儡政權──「回教共和國」。日軍特務與寧夏的馬鴻逵就此展開交涉，但此事卻被南京政府的蔣介石獲知；當時已經逃往中國西北的中國共

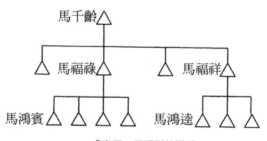
「寧馬」馬福祥的譜系

產黨也以此大作宣傳，說馬鴻逵與日軍互通聲氣。

　　不管達理扎雅或馬鴻逵，都需要與共產黨或日軍等各方勢力靈活往來，因此沒有什麼道理過度苛求他們；但是，當時逃往寧夏南部與陝西省北部的中國共產黨深感這是天賜良機，於是藉詞指出馬鴻逵和日軍合作。完全不「抗日」的中國共產黨攻擊他人「通日」，說穿了也只是要強化自己的政治立場罷了。

　　在共產黨的宣傳攻勢下，馬鴻逵慌了手腳。為了證明自己的清白，他竭力辯稱招攬日軍特務的是阿拉善蒙古人。一九三八年二月二十四日深夜，馬鴻逵派出三個騎兵團，包圍阿拉善政府的所在地定遠營。馬鴻逵把「有投降日本之虞」的罪名扣到阿拉善王達理扎雅頭上，將他綁到了寧夏首府銀川。由於達理扎雅的夫人韞慧出身清朝皇室，又是日軍擁立的滿洲國皇帝溥儀的堂妹，在這層特殊的關係下，達理扎雅並不被當時的政界所信賴。有一種說法認為，鼓動馬鴻逵的，是中國共產黨的周恩來，考慮到周是位長於權謀術數的人物，這種說法的可能性很大。

　　達理扎雅與他的家人之後又被轉送到西北深處的蘭州，過了將近七年的監禁生活；在中日戰爭結束之後才得以回到阿拉善。像馬鴻逵

呈現阿拉善蒙古王達理扎雅監禁生活的文件
此文件目前留存在台灣。

這樣的穆斯林軍人為了表示自身清白，往往不惜出賣蒙古人，這就是一個相當典型的例子。

當馬鴻逵於一九四九年逃往台灣之際，達理扎雅王選擇和故鄉的蒙古人一起留下，靜觀中國共產黨的政策。事實上，達理扎雅若真要做的話，應該還有其他道路可選；比方說逃往北邊的蒙古人民共和國，就是一條簡單可行的路。

對於和多數牧人一起留在故鄉的達理扎雅王，中國政府給予他內蒙古自治區政府副主席、巴彥淖爾盟盟長等不具實權的頭銜；之後在毛澤東基於「持續革命論」發動文化大革命時，達理扎雅遂遭到殺害。

「達理扎雅王將廣大的阿拉善帶進中華人民共和國的領土，結果卻遭到殺害，他自己恐怕也意料不到吧！」

一位阿拉善的老人這樣說道。

◎直到最後都熱愛故鄉的男人──安珠大人

在阿拉善蒙古，有位人稱「安珠（一作安九）大人」的知名英雄，他的本名叫做阿穆爾賈拉噶爾，有一說他其實是「党項人」。「党項」（唐兀）是蒙古人對藏人的稱呼。安珠大人是阿拉善王的心腹，在清朝到中華民國這段期間，他積極活躍於阿拉善蒙古的政治舞台；他有著多重的面貌，比方說阿拉善地區因為靠近寧夏，經常受到寧夏的馬福祥、馬鴻逵父子粗暴干涉，但安珠大人卻與馬福祥頗為親近。

就身為蒙古人的我來看，安珠大人的政治立場也有頗為不可解的一面。

一九一一年清朝瓦解後，蒙古高原各部共推活佛哲布尊丹巴・呼圖克圖為領袖，發表獨立宣言，內蒙古各部對此拚了命地加以響應。出身鄂爾多斯蒙古的旺丹尼瑪受活佛哲布尊丹巴・呼圖克圖的指示，

率領蒙古軍在黃河兩岸到戈壁沙漠間展開作戰，他的目的是要在內外蒙古間打進一根楔子，進而將中華民國的「征蒙軍」從故鄉驅趕出去。因此，對中華民國而言，旺丹尼瑪是個明顯十分危險的存在。假使讓他擴大勢力，內蒙古很有可能會跟蒙古國合作。

為了南蒙古的獨立，持續展開鬥爭的旺丹尼瑪

　　這時自告奮勇、打算解決獨立派的旺丹尼瑪的人，就是回民領袖──寧夏的馬福祥。一九一三年，馬福祥透過安珠大人，請求與當時駐屯在呼和巴什格（漢語稱為狼山）的旺丹尼瑪會晤。旺丹尼瑪心中有個宏偉的構想，那就是不只內蒙古地區應該獨立，就連包含寧夏在內的伊斯蘭地區也該獨立自主，因此對於馬福祥的請求會面，他爽快地一口應允。

　　在安珠大人的居中協調下，旺丹尼瑪只帶了少數衛兵來到黃河北岸五原城附近、由馬福祥準備好的豪華船隻，可見他是完全信任安珠大人這位阿拉善的英雄。可是，馬福祥根本沒有任何自立的念頭，他以武力綁架了旺丹尼瑪，把旺丹尼瑪引渡給北京的段祺瑞政府。馬福祥因此獲授勳位，並得以將對內蒙古的干涉正當化。一九二一年，馬福祥晉升內蒙古的綏遠（今呼和浩特）都統。在接下來的好一段時間，內蒙古西部持續受到回民軍閥馬福祥的蹂躪。

　　至於讓阿拉善胡同人無法忘懷的安珠大人，其實是個與回民軍閥攜手合作的人物。或者說，他只考慮阿拉善一地的偏狹利益，而忽視了讓全體蒙古族自立的遠大目標吧！

◎回民出身的胡同人功臣

在穆斯林的胡同人中，有一位同時也是阿拉善蒙古功臣，名叫楊富存（一九〇六—？）。

楊富存的祖父楊朴是寧夏出身的回民，流浪到阿拉善地區時和蒙古女性結婚，從此便定居下來。楊富存年幼就很聰穎，長於軍事；他曾經率領阿拉善蒙古軍屢次擊退漢人賊匪的襲擊，深受當地政府與牧人的信賴。

阿拉善東部有個叫做沙金托海的地方，漢語稱為三盛公。這個地方從十九世紀下半葉起，就被來自比利時的天主教會勢力涉足其間。

一九〇〇年義和團之亂爆發時，阿拉善蒙古與鄂爾多斯蒙古聯手襲擊教會；當時領軍的，就是前面提到的安珠大人。後來這場襲擊被判有罪，必須支付賠償金給教會，但阿拉善付不出銀兩，於是將沙金托海一帶的土地割讓給教會，為期六十年。

進入一九三〇年代後，隨著民族意識高漲，阿拉善當地人民屢屢要求教會歸還割讓地區。一九四六年，這些土地終於全部歸還阿拉善，當時帶頭與教會對抗的，就是胡同人楊富存。

將義和團騷亂定義為革命，反映當時所謂「紅燈照」團體的中國共產黨戲劇
本來的「扶清滅洋」口號被竄改成了「反清滅洋」。作者收藏。

當阿拉善的達理扎雅王被馬鴻逵綁架監禁，蒙古人的故鄉被回民軍閥蹂躪時，唯一持續抵抗的，就只剩下楊富存率領的一團人。直到日中戰爭結束、達理扎雅王回歸本旗為止，楊富存都持續奮戰。

楊富存後來追隨達理扎雅王

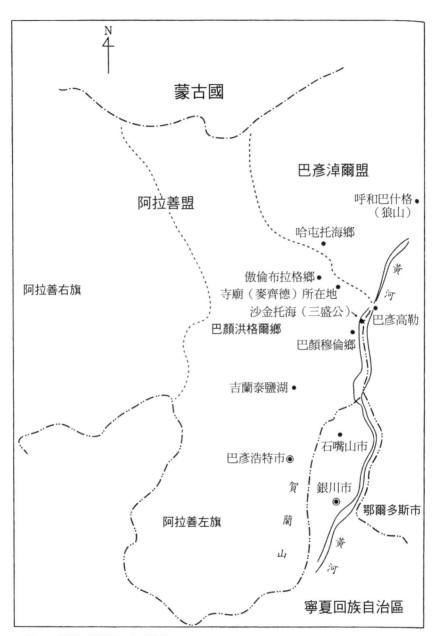

內蒙古自治區西部胡同人的居住區

歸順中國共產黨，但在文化大革命期間的一九七〇年被迫害致死[1]。至於他竭誠效忠的達理扎雅王，則是在更早的兩年前（一九六八年），就已在中國共產黨主持的批鬥大會上被活活打死。

出身在阿拉善蒙古的傳統世家、為民族奔走的這些人，他們的命運總是掌握在強勢的他者的手中。

二、蒙古穆斯林的由來

◎「蒙古回回」之名

「胡同」，原本是遊牧民對中亞綠洲地帶定居農耕民的稱呼；不過，在蒙古人之中，也有一群人被稱作「胡同」，他們居住在蒙古國西部烏布蘇省，一般認為是追隨準噶爾汗國大汗噶爾丹·博碩克圖的突厥人後裔。從十八世紀上半葉起，他們就被人發現定居在現今的烏布蘇省；由於信奉伊斯蘭教，他們在蒙古國內被稱為「胡同·雅斯坦」（Hoton Yastan）[2]，意指具有特定文化的族群團體。

在內蒙古的阿拉善地區也有信奉伊斯蘭的蒙古人居住。最初向世界傳遞這個消息的，是俄羅斯的大探險家普利瓦熱斯基，他在一八七一年秋年從鄂爾多斯進入阿拉善時，曾經在巴彥高勒（今屬磴口縣）雇用過一位蒙古人翻譯；那位翻譯對他說：「我雖是蒙古人，但信奉回教。」

進入二十世紀後，最早報導阿拉善盟胡同人消息的是天津《大公報》特約通信員范長江。一九三五年，

蒙古國西部的胡同人
攝於一九九三年。

范長江毅然前往中國西部旅行考察；當他離開石嘴山、朝著巴彥高勒與黃河北岸東進的途中，在河捌子遇到了胡同人。他的觀察如下[3]：

　　……在前行十里的路旁，我看到一間蒙古人的牧羊小屋，於是翻身下馬，進入這間簡陋的蒙古包喝茶。我在那裡見到的人鼻樑高聳、眼眸帶點灰色，與一般的蒙古人明顯不同；之後我才知道，他們被稱為「回回蒙古」或「蒙古回回」，是一支相當特別的民族。他們現在住蒙古包、說蒙古話、穿蒙古服、過著蒙古的遊牧生活，政治上也屬於阿拉善旗管轄，但他們並不信奉喇嘛教，而是信仰回教，甚至會從非常遙遠的地方請回教的教主來為他們朗誦經典。據他們自己所說，他們的祖先是哈密人，從哈密移居到阿拉善這裡；因此大體上來說，他們是屬於新疆東突人（纏回）的一派。雖然他們在血統與生活上都已經和蒙古人同化，但宗教方面仍保存著過往的傳統。他們現在大概有三百多戶人家，散居在磴口西北一帶。

　　雖然是一段簡短的敘述，但范長江已經簡明扼要傳達了胡同人這個「特別民族」當時的狀況：

一、被稱為「回回蒙古」或「蒙古回回」的他們，不管在言語或生活層面上，都持續趨向蒙古化。

二、儘管持續蒙古化，但他們仍然維持著伊斯蘭信仰，還會不辭千里地從遠方聘請宗教領袖前來。只是，這裡的「遠方」究竟是指何處、請來的又是怎樣的宗教領袖，則是一切不明。

三、他們的祖先原本是哈密突厥人的分支；范長江使用的「纏回」一詞，是用來指涉新疆突厥系穆斯林的異稱。

◎胡同人是突厥系出身嗎？

在一九四四年由陳國鈞發表的〈阿拉善旗經濟狀況〉一文中，住在阿拉善的胡同人被稱為「回人」；他們的祖先是被蒙古人俘虜的哈薩克人，合計約有兩百餘戶。一九五六年十月到一九五八年八月間，內蒙古少數民族社會歷史調查組的蒙古族小組前往阿拉善旗進行調查，其結果在一九八六年正式刊載；在報告中的「阿拉善旗沿革」一節裡，有一段關於居住在阿拉善旗沙金托海地區「哈薩克人」的記述，其內容大致如下[4]：

> 當阿拉善王與準噶爾汗國的噶爾丹交戰之際，哈密王曾經在兩者之間進行斡旋。戰爭結束後，哈密王麾下的維吾爾人與烏茲別克人，陸陸續續抵達阿拉善旗。一開始只有七個人過來，他們拿著哈密王給的護照，前來阿拉善販賣葡萄。這些前來的人分屬四姓（四個氏族）：烏茲別克人因為來自安集延，故以安為姓；巴爾虎人姓胡，卡拉卡斯人姓何，賽伊蘭人姓謝，吉爾吉斯人姓段，其他還有維吾爾人，不過姓氏不明。他們最早居住在（阿拉善旗內的）庫布爾、沙金托海、巴爾努等地，原本不是旗下屬民，不過後來在哈密王與客居北京的阿拉善王協商之後，就成了阿拉善的屬民。據烏茲別克出身的巴揚奧齊爾所言，「我的曾祖父在蛇年出生，要是現今仍然在世，應該有一百一十二歲了吧！我們是在曾祖父再往上追溯五、六代的時候，從新疆移居過來的。曾祖父還會說維吾爾語，但祖父已經不會說這種話了。」他們現在仍然信奉伊斯蘭，有自己的寺院與阿訇（教長）；巴揚奧齊爾本身就是一名阿訇。

根據以上的記述，胡同人的一大特徵就是他們自稱「哈薩克

人」。儘管說是「哈薩克人」，但內在其實是烏茲別克和維吾爾等種族；換言之，他們口中的「哈薩克」，大概是用來表達「突厥系」的微妙同義語。他們是在阿拉善王與準噶爾汗國的戰爭結束之後，從哈密移居到阿拉善。在《蒙古回部王公表傳》中，確實有記載阿拉善蒙古初期的三位扎薩克，從康熙年間到乾隆年間，屢屢協助清軍和準噶爾汗國展開作戰[5]。

以上關於胡同人的各項報告，共通之處如下：他們的祖先是從哈密移居到阿拉善的突厥系後裔，移居之後隨著歲月流逝，與蒙古人不斷進行混血；但即使如此，他們的子孫仍然維持伊斯蘭信仰[6]。或許正因如此，胡同人遂以「蒙古族中的穆斯林」之姿，受到中國伊斯蘭研究者矚目。比方說回族出身的阿布・尤素甫・馬通，就直截了當指出胡同人原本是「維吾爾族」[7]。但另一方面，也有人主張胡同人不是突厥後裔，而是部分蒙古人在察合台汗國或帖木兒帝國時期改宗伊斯蘭所產生的結果[8]。

另一方面，如同前面介紹的，在胡同人社群中，也有少數寧夏地區的回民加入。前文提及、廣受阿拉善蒙古人讚頌的楊富存，就是其中一員。

三、胡同人的現狀

二〇〇二年八月到九月間，我來到阿拉善盟進行田野調查。我從盟政府所在的巴彥浩特市開始，對居住在阿拉善左旗的胡同人，以及胡同人中擔任伊斯蘭導師（伊瑪目）的東鄉族人（參照第七章）進行訪談。以下我就以當時田野調查獲得的情報為基礎，對胡同人的現狀進行報告。

◎胡同人的故鄉與姓

　　現在的胡同人主要分布在阿拉善左旗東部的巴顏穆倫鄉、巴顏洪格爾鄉、青格爾鄉、傲倫布拉格鄉，以及巴彥淖爾市西部的哈屯托海鄉、沙金托海鄉等地。據多位胡同人表示，他們的人口總數約為一千五百人左右[9]。我曾前往胡同人居民最多、寺廟和導師也齊備的傲倫布拉格鄉會晤伊瑪目，並在伊瑪目的引領下，參觀了當地的寺廟。

　　胡同人以「胡同」、「蒙古胡同」、「胡同蒙古」等方式自稱，這與周遭的蒙古人對他們的稱呼是一致的；至於「蒙古回回」或「回回蒙古」，則是漢族對他們的稱呼。胡同人主要有七個父系親族集團（氏族），這七個氏族各有其對應的漢姓，具體情況如下：

　　一、安集延／安姓
　　二、巴爾虎／侯姓、胡姓
　　三、準噶爾／左姓
　　四、黠戛斯／段姓
　　五、卡拉卡斯／賀姓、何姓
　　六、輝特／楊姓
　　七、賽伊蘭／謝姓

　　上面舉出的胡同人七姓，被當地的蒙古人與胡同人稱為「胡同最初的七姓」。這與《蒙古族社會歷史調查》（一九八六）流傳的六姓（原版是寫「四姓」）有五個相一致；不同之處在於，《蒙古族社會歷史調查》中說有維吾爾姓[10]，卻沒有我調查資料內的準噶爾與輝特。

　　安集延是位在中亞費爾干那盆地東部的都市。十八世紀下半葉到十九世紀中葉，浩罕汗國以費爾干納為中心，盛極一時，當時從浩罕

前來新疆的商人，都被稱為「安集延人」。所謂「安」姓，就是取安集延開頭的發音。巴爾虎與輝特都是蒙古自古以來的部族名，在突厥系民族中，或許有同名的父系親族集團。巴爾虎的漢姓為何是「胡」或「侯」，至今仍然不明；至於「輝特」在突厥語中是「羊」的複數型，所以漢姓採用了同音的「楊」。準噶爾雖然會讓人聯想起準噶爾汗國，但以漢字來意譯，就是「左」的意思。點戛斯，應該就是吉爾吉斯的音轉；點戛斯和蒙古語中的「吉爾卡霍」（斷）意思相近，大概就是因為這樣，才改姓和「斷」同音的「段」。至於賽伊蘭，則沒有詳細的情報可尋。

◎移居阿拉善的歷史傳承

胡同人是在何時、又是如何移居到阿拉善地區的？關於這點，有著以下的傳說：距今大約三百四十年前，隸屬哈密王旗下的七名葡萄商人通過阿拉善地區之際，遭到盜匪洗劫，導致經商失敗。這七個人無可奈何，只好逗留在當地，娶了蒙古女性定居下來。由於他們採行一夫多妻制，所以人口日益繁衍，之後更從哈密招攬年輕人前來定居，遂漸形成一個集團。

所謂「七名商人」的說法與胡同人「七姓」在口語傳承中直接連繫起來，換言之，「七」這個數字是用來解釋現今七姓的由來。此外，蒙古國西部的胡同人也有七個父系親族集團（音譯為俄爾根）[11]，因此「七」這個數字或許具有特別意義也說不定。另一方面，在年紀稍長的胡同人中，也有人主張，自己的祖先是從麥加的漢賈茲（Qanjiyas）移居而來，這裡的「漢賈茲」指的應該就是沙烏地阿拉伯的漢志（又稱希賈茲，al-Hijaz）吧！據他們所言，漢賈茲是哈只（朝覲者）必經之處。朝覲者為了前往麥加，從世界各地雲集於漢志，有人在此經商發朝聖財，也有些人就此落地生根，形成了號稱「聖地之

內蒙古西部的胡同人

鄉」的集團。在中亞的穆斯林中，也有人把漢志看成祖先的故鄉。

雖然胡同人的祖先究竟是何時從新疆哈密移居而來，至今仍沒有定論。他們定居在阿拉善地區後，直到最近仍不斷從故鄉新疆召喚同伴前來；也有些人不待召喚，便從哈密一帶來到阿拉善，並就此定居。最新的一個例子是一九五一年，有一位叫做蘇萊曼的年輕「維吾爾人」從新疆來到此地，與蒙古女性結婚且定居下來，至今仍以「蒙古胡同」的身分過日子。雖然胡同人把「最初的七位葡萄商人」當成傳說的祖先，但斷斷續續從東突厥斯坦而來的人員補給，對他們形成一個集團，毫無疑問也發揮了相當積極的作用。

胡同人在阿拉善地區落腳之後，最早是與當地蒙古人過起同樣的遊牧生活；進入社會主義時代後，大半的胡同人陸續改為定居生活，有一部分人至今仍持續著移動遊牧的生活。

例如八十二歲（二○○二年時）的林哈瓦（意為「蓮花」）老先生，他是準噶爾氏族，直到一九六○年都過著以帳幕為家的遊牧生活。他們的夏季營地在梅門·烏蘭、秋季和春季營地在那林提蓋、冬季營地則在夏拉爾金（上述地點都在吉蘭泰鹽湖以東）。放牧地點間的距離約為十五公里，平常使用駱駝來移動。除了放牧家畜，冬季時他們也會加入隊商，運輸從鹽湖萃取出來的鹽。

還有六十五歲的噶爾桑（二○○二年時）先生，他是卡拉卡斯氏族，夫人則是巴爾虎氏族。他們長時間以胡同·塔拉為夏季營地、海拉森·烏斯為冬季營地，但在一九七八年時因為政策的緣故，在冬季營地建造了固定建築的家屋，展開定居生活。自一九八三年起，

阿拉善盟也實現了家畜私有化;一九九七年後,政府引進政策,將草原的使用權交付給個人,大規模的移動遊牧變得幾近不可能。現在,胡同人大多擁有自己的駱駝和山羊群。駱駝相當適合阿拉善的自然環境,至於山羊則是因為羊絨價格高漲,所以受到鼓勵養育。

四、胡同人的伊斯蘭

◎身為穆斯林的痕跡

胡同人稱伊斯蘭寺廟為「麥齊德」,在巴顏穆倫、傲倫布拉格、巴顏穆德(又稱六團)、霍爾波等地都設有麥齊德;以麥齊德為據點而展開活動的宗教導師,則稱為伊瑪目。馬國理(二〇〇二年時六十二歲)就是一位伊瑪目,我從他那裡得到關於胡同人信仰的情報。

在胡同人當中擔任伊瑪目的東鄉人馬國理

身為穆斯林的胡同人,都認為自己的宗教生活在一九五〇年之後就產生很大的變化,他們不再使用伊斯蘭曆(回曆),與蒙古人一樣過農曆新年,也不再封齋。在一九五〇年前,據說有少數人仍實施割禮;進入一九九〇年代後,居住在巴顏穆倫的部分胡同人曾經流行實施割禮,但沒有廣泛流傳開來。年紀稍長的女性會戴著遮掩頭髮的頭巾,年輕女性在這

定居的胡同人在家宅門口裝飾的「吉默利」

方面的意識就很淡薄。胡同人在家中的主位處會張貼寫有《古蘭經》語句的紙片，這種作法稱為「吉默利」，意思是「風之馬」；蒙古人會在被視為成吉思汗軍神化身的鐵製三叉戟上，張貼印有藏語經文的布片當成守護神。由此，可理解寫有《古蘭經》語句的紙片，對胡同人而言是一種護身符。

當我問胡同人，「身為穆斯林應當遵守的規矩是什麼」時，大部分人都會舉綿羊的屠宰方式為例。對胡同人來說，綿羊的屠宰方式必須堅守穆斯林規矩，他們不使用蒙古人剖開腹腔切斷大動脈的方式，而是一定要委由導師切斷羊隻喉嚨。

◎胡同人與東鄉族的關係

東鄉族出身的馬國理，教名是依黑牙，他自二〇〇一年六月起擔任主導胡同人宗教生活的伊瑪目。阿拉善地區胡同人社群的歷任伊瑪目大部分都是由東鄉人出任，馬國理是第十九任伊瑪目。

曾擔任伊瑪目的馬勇武
照片提供：馬國理。

據馬國理所言，他的家族是在距今一百一十六年前的曾祖父（太爺爺）那一代來到阿拉善。他們是因為故鄉甘肅省河州（今臨夏）捲入戰亂而逃離，當時他的曾祖父才八歲。簡單回溯計算，「一百一十六年前」是一八八六年左右，也就是漫長的「同治回亂」終於平息的時間。而河州從十八世紀左右起，就有神祕主義（蘇非派）在當地落地生根，伊斯蘭宗教學者輩出，堪稱是中國伊斯蘭的學術中心[12]（參照第五、六章）。

馬國理不記得曾祖父的名字。據他所言，曾祖父雖然是哈只（曾前往麥加朝覲者），但不曾擔任伊瑪目；祖父名叫馬成龍，既是哈只，也擔任伊瑪目；父親馬勇武（蒙古名巴揚賈拉格爾，教名拉蒂福）則是擔任伊瑪目到一九九四年，活躍於胡同人社群。

馬國理向居住在巴彥高勒的回族伊瑪目拜師，學習伊斯蘭的知識與阿拉伯語。他把記得的胡同人社群伊瑪目的名字告訴我，而他的記憶與二〇〇五年出版的《居住在阿拉善地區、信仰伊斯蘭教的蒙古人》一書中的記述相吻合，以下列出歷代伊瑪目的名字，括號內是擔任伊瑪目的大致年代：

……巴拉郭爾·伊瑪目→旺·伊瑪目→凱普爾·伊瑪目→賽伊蘭·伊瑪目→托克托哈·伊瑪目→哈只·伊瑪目（圖門烏爾吉·伊瑪目）→賽伊蘭·馬希比利克·伊瑪目→安集延·巴揚奧齊爾（？—一九五六年）→馬勇武（一作馬雲武，一九五六—一九九四年）→巴揚托連（一九九五—一九九八年）→準噶爾·門格巴雅爾（一九九八—二〇〇一年五月）→馬國理（二〇〇一年六月—）

據《居住在阿拉善地區、信仰伊斯蘭教的蒙古人》所述，巴拉郭爾·伊瑪目來自新疆，旺·伊瑪目則是自銀川招聘而來；哈只·伊瑪目（圖門烏爾吉·伊瑪目）曾經在一九三〇年代成功前往麥加朝覲，是胡同人社群中唯一一位曾前往聖地朝覲的人[13]。

上面提及的巴揚奧齊爾也有出現在一九八六年出版的《蒙古族社會歷史調查》當中。不過，《蒙古族社會歷史調查》說他是烏茲別克氏族，馬國理則說他是安集延氏族。另外，巴揚奧齊爾是安集延氏族出身，也有準噶爾氏族出身的伊瑪目。馬國理沒有辦法記起全部十九任的伊瑪目名諱，不過他一直強調，其中有很多都是東鄉人。換言

之，胡同人社群的伊斯蘭信仰維繫，與東鄉人的活動密不可分。

信仰伊斯蘭的中國西北地區各少數民族，往往被指稱具有「相應於各民族的宗教型態特徵」[14]。東鄉族是中國西北伊斯蘭社會中特別重要的存在，這與中國伊斯蘭三大教派中的依赫瓦尼派、蘇非派內部的「白庄門宦」與「胡門門宦」等教團，都是由東鄉人創立有關（參照第七章）；此外，東鄉人也積極參與了同治年間的叛亂[15]。可以這樣說，無論是思想或政治層面，東鄉人在中國西北伊斯蘭社會中，都扮演了很重要的角色。

馬國理主張，胡同人社會中有很多東鄉人伊瑪目。可是，他的祖先「太爺爺」並非是被有權指派伊瑪目的組織所派遣，單純因為戰亂逃亡當地，最後從第二代起當上伊瑪目罷了。儘管如此，他主張「東鄉人伊瑪目為數頗多」這點，仍然值得注目。東鄉人伊瑪目是在胡同人社群於阿拉善地區形成後，才從河州前來當地？還是從古早時候起，就已經在哈密活躍了呢？如果是前者，那麼從東突厥斯坦出身的阿拉善蒙古人逐漸忘記母語、把蒙古語當成日常用語的這個階段起，同樣操持蒙古系語言（東鄉語）的東鄉人，就應該被賦予伊瑪目的使命了。

馬國理開宗明義指出，胡同人信奉的是「老教」。所謂「老教」指的是相對於十九世紀末起興盛的依赫瓦尼派，對舊有格迪目派與蘇非各教團（門宦）的稱呼。「新教」是東鄉人馬萬福（別名馬果園，一八四九—一九三四）從麥加朝覲歸來後，於一八九三年左右開始形成的教派[16]。另一方面，阿拉善地區的胡同人社群則是在此之前就已形成。因此即便如馬國理的主張，胡同人的伊瑪目主要是由東鄉人擔任，那些導師也都是屬於馬萬福的依赫瓦尼派（新教）以外的教派。馬萬福的依赫瓦尼派在一九一八年獲得青海地區馬麒、馬麟兄弟支持後，才在中國西北地區正式發展[17]。但一九四〇年代依赫瓦尼派獲得顯耀地位後，馬國理的祖父馬成龍、父親馬勇武也沒有選擇皈依「新

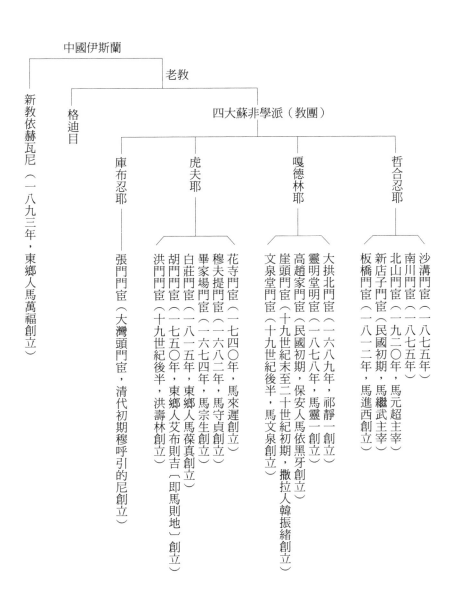

中國伊斯蘭

新教依赫瓦尼（一八九三年，東鄉人馬萬福創立）

老教

格迪目

四大蘇非學派（教團）

庫布忍耶 ── 張門門宦（大灣頭門宦，清代初期穆呼引的尼創立）

虎夫耶
花寺門宦（一七四〇年，馬來遲創立）
穆夫提門宦（一六八二年，馬守貞創立）
畢家場門宦（一六七四年，馬宗生創立）
白莊門宦（一八一五年，東鄉人馬葆真創立）
胡門門宦（一七五〇年，東鄉人艾布則吉〔即馬則地〕創立）
洪門門宦（十九世紀後半，洪壽林創立）

嘎德林耶
文泉堂門宦（十九世紀後半，馬文泉創立）
崖頭門宦（十九世紀末至二十世紀初期，撒拉人韓振緒創立）
高趙家門宦（民國初期，保安人馬依黑牙創立）
靈明堂門宦（一八七八年，馬靈一創立）
大拱北門宦（一六八九年，祁靜一創立）

哲合忍耶
板橋門宦（一八一二年，馬進西創立）
新店子門宦（民國初期，馬繼武主宰）
北山門宦（一九二〇年，馬元超主宰）
南川門宦（一八七五年）
沙溝門宦（一八七五年）

中國伊斯蘭的蘇非教團系統圖

資料出處：馬通著《中國西北伊斯蘭教基本特徵》（2000 年）

教」；據馬國理說，現在胡同人仍會遭到信奉「新教」的回族人批判。

◎關於麥齊德建立的假說

胡同人的麥齊德（伊斯蘭寺廟）坐落在傲倫布拉格。傲倫布拉格意為「泉水眾多之地」；這座麥齊德位在鄉政府所在地南方的戈壁草原深處、一片名為貝克塔的沙漠當中。關於麥齊德的建設，馬國理告訴了我這樣一個傳說：

> 同治年間回亂波及阿拉善之際，阿拉善蒙古的英雄「唐兀人安珠大人」與清軍一起鎮壓叛亂，但是某一天，他和家眷卻遭到了叛軍俘虜。原本安珠應該會被殺害，但他提出條件，願意皈依伊斯蘭並建設麥齊德，於是獲得了釋放。據說，安珠大人建設的麥齊德，就是傲倫布拉格這座。

如前所述，蒙古人稱西藏人為「唐兀人」。回亂爆發時，西藏人確實在某些地區被清政府動員參與鎮壓行動[18]；更準確來說，在清軍之中也有藏族將士。另一方面，阿拉善自古以來也有少數西藏人定居。因此，這個「為胡同人建造麥齊德，用以交換性命」的傳說，在回顧回亂時期胡同人的立場上，格外有意義。同時，被阿拉善所有蒙古人當成英雄崇拜的安珠大人，其實已經皈依了伊斯蘭教、又或者說他打從一開始就是穆斯林？關於這些可能性，

胡同人的清真寺

其實也無法否定。

在內蒙古自治區政府出版的《蒙古族社會歷史調查》（一九八六）中，也有收錄回亂時安珠大人的傳說[19]：

> 安珠大人在鎮壓叛亂的戰鬥中，不幸被叛軍所俘虜，但他用手銬打倒了監視的獄卒，騎上一頭駱駝成功逃脫。當時有一名叫作庫倫索列瑪的維吾爾人與他並肩作戰，立下了平亂的功績；因此，這地區的維吾爾人頗受阿拉善王的禮遇與重視。

據二○○五年出版、由孟和所著的《居住在阿拉善地區、信仰伊斯蘭教的蒙古人》所言，安珠大人是在一八八九年建立麥齊德。

與馬國理的話大不相同，從《蒙古族社會歷史調查》中可以想像，「維吾爾人」也就是胡同人，其實是依附在安珠大人與阿拉善王麾下，站在鎮壓回亂一方的陣營中。但無論如何，對於阿拉善地區的胡同人在同治回亂時採取的行動，今後都有更進一步調查的必要。

回亂後建造的傲倫布拉格麥齊德，也不能在文化大革命倖免，於一九七六年遭到破壞。十年後的一九八六年，在化為廢墟的舊麥齊德北邊，建立了新的麥齊德；胡同人的集體墓地就在新的麥齊德西北邊。

五、伊斯蘭與「民族」之間

在中國西北地區，分布著為數眾多的種族團體。經過中華人民共和國成立不久實施的「民族識別工作」，這些種族團體被認定為各式各樣的「民族」，開始走上「少數民族」的道路。

如同本章開頭所提及的，阿拉善盟胡同人現在自稱「蒙古人」、「胡同人」、「蒙古胡同」、或是「胡同蒙古」。在這些自稱中，「胡

同」的這一層意義並不受官方重視——一九五〇年代以後，他們被登錄為「蒙古族」，以「蒙古族人」的身分度日。不過，據某位胡同人長老所言，「蒙古人」這種自稱只是一九五〇年以後用來「對外」、也就是應付漢族、回族與政府用的。

從這點可以看出，他們的認同其實是有層次的。在內蒙古自治區中，他們是「阿拉善蒙古人」；在「阿拉善蒙古」的內部則是「胡同人」；而在應對其他民族時，他們就只是純粹的「蒙古人」。

有人認為胡同人是為了接受學校教育，所以才自稱為蒙古人。伴隨著學校教育普及，胡同人的子弟幾乎都進入蒙古語學校就讀，因此身為蒙古人的意識也在年輕世代中日益根深蒂固。雖然我們並不清楚這些從東突厥斯坦移居過來的人是在何時忘了自己的母語，但因為他們積極與蒙古人通婚，母語的喪失率便毫無疑問地相當高；而母語的喪失，也是胡同人子弟只能就讀蒙古語學校的原因之一。

擔任伊瑪目的馬國理主張，「胡同人與東鄉人都是蒙古人」。他認為：「胡同人、東鄉人與其他蒙古人不同的地方只有一點，那就是信奉伊斯蘭教或喇嘛教的差別而已。」直到一九七六年，馬國理家族都被登錄為蒙古族。在文化大革命結束、少數民族政策稍微修正的階段，他們選擇加入東鄉人的譜系。換言之，馬國理家族從蒙古族、蒙古族中的胡同人，搖身一變成為東鄉族。馬國理解釋：「之所以如此，是因為東鄉族是穆斯林。」對於抱持「胡同人與東鄉人都是蒙古人」立場的馬國理而言，與其說是轉換民族籍貫，倒不如說是維持真正穆斯林——蒙古穆斯林——的立場而已。

在蒙古系各集團之中，東鄉族被官方單獨認定為一個「少數民族」，這個意義相當重大。正因為東鄉族是一個被官方正式承認的少數民族，所以父祖故鄉位在河州的馬國理才放棄蒙古籍，回歸東鄉。在「東鄉也是蒙古人」、或者「胡同也是蒙古人」的前提下，他選擇了伊斯蘭。東鄉族也是蒙古系這件事，讓馬國理這樣的宗教菁英能在

「民族間」——說得更精確一點，對他而言是「在民族內部相異的宗教間」——自在游移。

馬國理變更族籍的行動，在年輕胡同人間引起各種迴響。馬國理所在意的東鄉族（宗教信仰）理由，早已不能吸引年輕的胡同人。他們心中也沒有要回歸維吾爾或烏茲別克的強烈情緒。他們受的是蒙古教育、享受著身為「主體民族」的「優待政策」；最重要的是，現在維吾爾人和烏茲別克人都不算是蒙古人，而這正是他們無法跨越的民族高牆。

第二部

蒙古系各集團的現況

第四章
寧夏
——伊斯蘭大海殘留的蒙古歷史

　　二〇〇四年八月三十一日，中國北部一片晴朗。我搭乘中國東方航空的「北京—寧夏」航班，前往寧夏回族自治區。離開北京約三十分鐘後，窗外便可見到鄂爾多斯高原，以及連綿的黃土高原。在黃色的大地上分布著紅色的溪谷，看上去就像從被割裂的動物腹腔中不斷流出的血液一樣。四處零星分布著幾何學模樣的綠地，那是被圍籬隔絕的田地或是牧人的草地。如此，在這片自空中俯瞰看似孤獨的土地上，仍然有頑強生活的民眾。我就是屬於這片土地的一分子，從日本飛來聆聽他們的聲音——我在日本完全沒機會聽到他們真實的聲音，只不過我在這裡還是無法停留超過三個月。

　　下飛機之後，我先選擇銀川市內寧夏博物館前的羊肉泡饃來填飽肚子，之後再開始工作。作為第一目的地，我在這家穆斯林經營的名店裡，享用以綿羊肉煮成的湯並配上稱為「饃」的麵餅；這些綿羊是穆斯林商人從我故鄉內蒙古自治區的阿拉善盟或鄂爾多斯市買來的，饃則是用當地小麥製成。遊牧民出身的我，如果沒吃到故鄉的綿羊肉，就會缺少真真切切回到家鄉的感覺。我的調查就從這裡正式展開。

寧夏回族自治區首府銀川市內
的穆斯林餐廳

一、在穆斯林世界走訪元朝遺跡

◎蕭關春秋

二〇〇四年九月一日清晨，我朝著位於寧夏回族自治區南部的六盤山山頂前進。

六盤山所在的固原市位於西安的西北約四百五十公里處，此處介於隴中高原與鄂爾多斯高原中間，也是從草原轉變成黃土高原的中間地帶（見右頁）。西元前十一世紀左右，這裡是中原人民稱為獫狁和鬼方等遊牧民活動的地區；自秦漢時代起，匈奴活躍於此地，在唐代則成為繼之而起的突厥與吐蕃的舞台，之後它又成為西夏王國（党項／唐兀）的國土，歷經蒙古帝國，在北元時代成為人稱「韃靼」的蒙古人放牧地。

在中國古代史上，固原也以「蕭關」之名為人所知。

從漢人的中原史觀來看，蕭關是防止遊牧民騎兵進入關中的要衝之一，但從我們遊牧民的角度來看，蕭關道是前往漢土西安最合理的路線。從六盤山南麓下山後沿涇水前進，直到西安都是一片平地，最適合馬匹馳騁。若是從六盤山往西南調轉馬頭、沿甘肅境內往南進軍，則能掌握人稱「天府之國」的豐饒之地——四川。但我探查的是

阿拉善盟

阿拉善左旗

石嘴山市

鄂爾多斯市

陶樂

內蒙古自治區

阿拉善山（賀蘭山）

銀川市

鄂托克前旗

伊克‧西克爾（北大池）

長城

吳忠

金積堡

金積堡

鹽池縣

寧夏回族自治區

石空寺

中衛

惠安堡

鐵柱泉

定邊縣

中寧

大羅山

葦州

黃河

洪崗子拱北

喊叫水

同心縣

海原縣

陝西省

甘肅省

西吉縣

固原市

六盤山

隆德縣

平涼市

涇河

至西安市

蒙古與伊斯蘭的寧夏

寧夏回族自治區的回族
攝於二〇〇〇年。

在這兩條道路以外、另一條山川險峻而不適合騎兵作戰的道路——從鄂爾多斯高原一路通往榆林、綏德，再從延安南下。這樣比較東西各路交通後，位在遊牧與農耕接壤處的固原，其歷史重要性便清楚浮現。

包含固原地區的寧夏南部，現在完全看不到蒙古人的蹤影。但是，據明代編輯的兩種《固原州志》所述，元朝滅亡後，這裡分布許多的「殘元部落」，明朝為此設置了「平涼正千戶」為長官來加以管理。這些「殘元部落」「皆驍勇善騎射」，過著狩獵與半農半牧的生活，漢人稱他們為「土韃」，也就是「當地土生土長的韃靼」——而韃靼是明代中國人對蒙古的蔑稱。

一四六七到六八年，這些「元朝殘黨」拿出元朝時代的印璽發號施令，連同漠北蒙古各部向明朝掀起叛亂。叛亂雖然只持續一年就被鎮壓，但對明朝形成相當大的衝擊。當時的領袖中也有姓馬的人[1]；馬姓是西北穆斯林中最大的姓，由此推測，「土韃」當中也有穆斯林。

固原如今是寧夏回族自治區的地級市，約有五十一萬人居住，其中四成是回族。

◎遊牧君主與西北穆斯林

六盤山在蒙古歷史上是極為重要的地區。

一二二七年夏天，意圖征服西夏王國的成吉思汗在六盤山避暑。《元史》中的〈本紀‧太祖〉就有寫到「閏月，避暑六盤山」[2]。雖然蒙古尚未攻陷西夏的國都興慶府（今日銀川市附近），但包含六盤

山的廣大領土都已經落入蒙古軍的掌控下，西夏的滅亡只是早晚問題。但是成吉思汗的身體狀況卻在這裡日益惡化，秋天便與世長辭。其逝世的具體地點並不明確，有說法是在六盤山南麓的清水河附近。不管怎樣，成吉思汗在今日寧夏回族自治區附近逝世是毫無疑問的。

在成吉思汗逝世後著手征服南宋的後繼者中，皇子忽必烈也曾數次在六盤山駐紮，由此可以看出六盤山的戰略價值之高。

元朝成立後，包含六盤山在內的京兆（也就是現在的西安）與查罕諾爾地區，被分封給世祖忽必烈的第三子——安西王忙哥剌。當時是西元一二七二年，即太祖成吉思汗逝世後的四十五年。歷史學者認為，那時稱為「查罕諾爾」的地區就是我的故鄉、現在的鄂爾多斯[3]。因此，在回顧歷史時，必須把鄂爾多斯高原和固原一帶看成一片完整地區來思考。

安西王被賦予的任務是元朝相當重要的政治議題——掩護入侵四川的軍事行動並防衛邊疆。在元朝徹底征服南宋後，安西王的主要任務又變成防衛北方邊境[4]，目的是要緊盯蒙古高原本土、河西走廊，乃至於中亞東半部的動向。在如此重要的軍事要塞，自然是要安置大汗最信賴的人物。

忙哥剌於一二七八年逝世，其後，他的兒子阿難答繼位為安西王。第二任安西王對今日中國西北部的伊斯蘭社會而言，是相當重要的人物；因為他正是一位穆斯林。

波斯史家拉施德丁的《史集》，作了以下的記述[5]：

> 阿難答被託付給一位名為 Mahtar Hasan Aqtāchi 的突厥斯坦穆斯林養育，並由這位穆斯林的妻子 Zulaīhā 擔任他的乳母，伊斯蘭信仰因此在阿難答的心中根深蒂固。他能讀古蘭經、擅長書寫阿拉伯文字，還經常修行伊斯蘭教義。

阿黑塔赤（Aqtāchi）的意思是「放牧馬匹者」。阿難答從年幼時期起就對穆斯林充滿好感，而他受穆斯林哺育、皈依伊斯蘭的故事，在中亞更是廣為流傳的佳話。

阿難答接著又命令自己的十五萬蒙古軍也皈依伊斯蘭。蒙古統治者一般都寬容對待各種宗教，阿難答卻命令大部分的蒙古小孩行割禮，這導致有些危機意識強烈的人便向當時的大汗上報，而引發大汗與阿難答之間的激烈論爭。最後，安西王在舊西夏王國領地、京兆與四川，形成一個擁有大規模軍隊的半獨立王國，而身為皇族的他信仰伊斯蘭這件事，也獲得了大汗默認。

皈依伊斯蘭的十五萬蒙古軍後來怎麼了，我們並不清楚；不過這些穆斯林要真與今日西北各地的穆斯林集團有所關聯，也不是什麼奇怪的事。回族作家張承志也注意到阿難答，並做出以下評論[6]：

> 十五萬人這個明確的數字，其驚人程度是我們必須認真考量的。之所以如此，是因為從人口增加的角度來思索，阿難答率領的回教徒不只是今日甘肅回教徒的重要根源之一，更應該認定為中國回族的重要淵源。

二〇〇三年我在西北各地調查時，穆斯林知識分子也告訴我說，自己的歷史是源自元朝時代的阿難答。

一三〇六年，當時的大汗元成宗逝世，安西王阿難答被召喚到大都，一時大有繼位之勢。但是，不久後他便被政敵逮捕處死，安西王國也隨之土崩瓦解。現今蒙古的一部分知識分子認為，安西王被處死，就結果而言反而是好的。畢竟，如果安西王就任包含元朝在內的蒙古帝國大汗，那蒙古人就全都變成「回族」了。這些蒙古知識分子大概是看到自己的中亞同胞從改宗伊斯蘭的時候開始，蒙古色彩便日益稀薄，才會抱持上述的意見。

安西王採取季節性的遷徙，夏天在涼爽的六盤山與查罕諾爾草原過日，冬天則進入京兆的宮廷。自古以來遊牧君主的傳統便是重視遷徙的生活形式。

六盤山的主峰標高二九四二公尺，山坡上叢生茂密松林。主峰西麓的隆德縣是一片廣闊延伸的盆地，現今仍有人民解放軍的軍馬場設置於此。歷史學家杉山正明指出，歷代中國在甘肅省的山丹一帶設置軍馬牧場，是為了掌控河西走廊的綠洲[7]，六盤山中的軍馬場也是基於同樣道理而設置。

二、紅星與西北的弦月

◎反走遊牧民道路的毛澤東

六盤山的主峰上，現今豎立著一座「六盤山長征紀念亭」。

豎立在六盤山頂的長征紀念亭

一九三五年十月七日，毛澤東率領的中國共產黨紅軍越過六盤山，逃往寧夏南部。紅軍在寧夏南部潛入國民黨軍的包圍網，慢慢擴大地盤。登上六盤山的毛澤東在一九三五年十月寫了一首名為〈長征謠〉的詩，後來以〈清平樂・六盤山〉為題公開發表。這首詩收錄

在中國的中學國語教科書裡，我以前也曾學過：

> 天高雲淡，
> 望斷南飛雁。
> 不到長城非好漢，
> 屈指行程二萬。
>
> 六盤山上高峰，
> 紅旗漫卷西風。
> 今日長纓在手，
> 何時縛住蒼龍？[8]

雖然不知毛澤東是否有意識到成吉思汗曾在六盤山活動的歷史，不過在第二年（一九三六年）二月寫下的〈沁園春·雪〉這首詩中，他說「一代天驕，成吉思汗，只識彎弓射大雕」，就明顯表露出一種強烈的嫉妒情感。從毛澤東對成吉思汗與中國歷代皇帝的回憶，可以看出在陝西省北部落地生根、建立割據政權的他，意圖速取天下的野心。就結果而言，毛澤東的逃亡可說是成功的。

和歷史上北魏、契丹、唐、蒙古乃至滿洲人等北方出身的遊牧民攻陷中原、建立征服王朝的軌跡相反，紅軍形成於南部中國。他們從四川西部到陝西省北部的冒險路徑，其實是前述遊牧民自古以來開拓的南進道路；換言之，他們是逆向而上。就像蒙古帝國的軍隊搶先一步征服四川與雲南、再從西南方向攻擊南宋一樣，紅軍也等待日中戰爭結束後，對位在中原、早已疲憊不堪的中華民國軍隊從背後施予不義的一擊，從而攫取所有戰果。

美國的新聞記者、對共產主義懷抱好感的埃德加·斯諾於一九三六年進入中國西北紅軍割據的地區，對毛澤東等人進行訪談。

儘管他的著作[*]是受到毛澤東檢閱後才得以出版，但仍然廣為流傳。

斯諾做了以下這樣充滿好感的評論：紅軍往西北的遷徙毫無疑問是一種「戰略性撤退」，在亞洲只有過去的蒙古人，曾經達成像共產主義者這樣的軍事偉業[9]。

紅軍往西北的遷徙是受到蘇聯指示下的退卻、或說逃亡。可是現在，這種不名譽的行為被塑造成名為「長征」的佳話。山頂的「六盤山長征紀念亭」是一九八六年紅軍長征五十週年紀念活動時，由寧夏回族自治區政府所建立；而時任中國共產黨中央總書記的胡耀邦則揮毫寫下「長征紀念亭」幾個大字。明明是空無一物的山頂，卻因為建有共產黨的「革命文物」，在一九九五年被指定為中國的重點文物。現代中國對留有革命記憶的場所非常重視，人們也熱中前往具備這些記憶的場所，進行一趟「紅色之旅」。儘管事實真相並非如此，但只要「歷史」被創造出來，要欺瞞大眾便相當簡單。事實上，在日本也有許多被共產主義同路人斯諾的著作所惑、無條件讚美共產中國的「日中友好人士」。

◎元朝佛教寺廟改建的清真寺

從固原市往北沿著國道一〇九號線行駛，沿途有很多販賣黃河蜜瓜的商販；這些黃河蜜瓜帶著鮮豔欲滴的橙色，看上去光芒閃閃。九月一日是新學期的開始，到處可見踏著活力步伐的小學生；至於女孩們，則是戴著五顏六色的頭巾，可見沿路住著許多穆斯林。

在道路的兩旁，聳立著屬於六盤山系、連綿不絕的黃土山嶺；東

---

* 埃德加・斯諾（Edgar Parks Snow）：被認為是第一個採訪中共領導人毛澤東的西方記者。1937 年發行的《西行漫記》（Red Star Over China）又名《紅星照耀太平洋》，紀錄了從中共創建至 1930 年期間的中國共產主義運動。他亦被中方視為老朋友。

搭著拖拉機在寧夏大地上移動的穆斯林

同心縣東關大寺
元朝時原本是藏傳佛教寺院，後來改建成清真寺。

側隨處可見內陸河，也有水壩。水壩周圍有著開闊的田地，種植的作物主要是玉米、南瓜，以及俗稱「寧夏大米」的水稻；寧夏大米是北部中國最有名的稻米。

我抵達同心鎮。在鎮南的山丘上，可以看見一座巨大的建築物；向路旁賣黃河蜜瓜的回族商販確認後，得知那正是我此行的目的地——東關清真大寺。然而，遠遠看起來，這座寺廟與其說是清真寺，不如說更像佛教寺廟，或是一般中原風格的建築。

東關清真大寺是一座相當美麗的磚造清真寺。當我邁入寺內時，人們正好在進行午間禮拜。庭院裡豎立的一塊看板吸引了我的目光，這塊看板上是這樣寫的：同心縣東關清真大寺是在元末明初時期，從藏傳佛教寺廟改建而來；在這之後，它於明朝萬曆年間（一五七三——六一九）、清朝乾隆年間（一七三六——七九五），以及光緒年間（一八七五——九○八），共計經歷三次修繕。在中國境內稱得上是「十大古清真寺」之一。

由此我得知，這座不管怎麼看都不像清真寺的東關清真大寺，其實是蒙古帝國時代藏傳佛教的寺廟。元朝時期，這一帶是皈依伊斯蘭的安西王阿難答領地。當時，藏傳佛教在蒙古帝國獲得了國教的地

位，即使在安西王領地內，也少不了藏傳佛教的寺廟。儘管這座寺廟不無可能是在安西王下令屬下改信伊斯蘭的猛烈風潮中，被改建成清真寺，但從寺方的記憶只到元末明初來看，這座舊藏傳佛教寺廟應該是在元朝的蒙古人從蒙古高原撤退後，被留在中原的穆斯林加以重新利用。

清真寺四周還留有過去的城牆殘跡。靠近城牆處有穆斯林的墓地；那是十九世紀下半葉同治年間，西北回民掀起大叛亂的遺跡。

◎日軍與共產黨對穆斯林的籠絡行動

現在的同心縣，在中華民國時代稱為豫旺縣。逃亡到縣內重鎮之一——豫旺堡的紅軍第一方面軍在此設置司令部，彭德懷為總司令。彭德懷與毛澤東同樣是湖南省出身，曾經好幾度救了毛澤東的命；毛澤東還賦詩「誰敢橫刀立馬，唯我彭大將軍」，來稱讚彭德懷的功績。中華人民共和國建立以後，彭德懷擔任國防部長，但因為他抨擊毛澤東經濟政策的失敗，結果被鬥倒失勢。在文革時期，他被當成「反革命家」加以批鬥，於一九七四年在失意中過世。毛澤東跟歷代中國的獨裁皇帝一樣，掌握政權後便對原本的心腹毫不留情地肅清，彭德懷就是其中一名犧牲者。

彭德懷和美國人斯諾在豫旺堡會面。有一天，彭德懷帶著斯諾來到紅軍的列寧俱樂部，讓他看一幅諷刺畫。那幅畫的內容是一名穿著和服、有著大鼻子的日本人，兩腳踏足滿洲與內蒙古，然後用一把延伸到華北、滴著血的刀刃，指著中國的其他地區。緊接著，彭德懷問一名在現場待命的紅軍少年兵說[10]：

「這是誰？」

「這是日本帝國主義！」少年答道。

「你怎麼知道？」

「從大大的鼻子就可以知道！」

真是準備周到的一場演出。雖然是表演出來的，但對共產主義抱有好感的斯諾來說，他應該是很滿意。

當時，日軍繼滿洲與內蒙古後，積極想要建立一個掌控西北穆斯林的傀儡政權[11]。作為策略的一環，一九三六年七月與九月，日軍在當時屬於寧夏省的蒙古阿拉善地區，設置了兩個特務機構，這就是所謂的「板垣征四郎構想」。這個計畫，也有確保和軸心國夥伴德國、以及中亞阿富汗之間互通消息的用意。

日軍特務頻繁在鄂爾多斯、阿拉善以及寧夏地區活動，還設置了機場[12]。在南京國民政府眼中，寧夏的統治者馬鴻逵是個投機主義者；中國共產黨則同時批判馬鴻逵與國民政府，宣傳自己才是真正的抗日戰士。馬鴻逵為了證明自己的清白，主張對日本人抱持好感、招攬日本人的是蒙古人，且在共產黨的教唆之下，派遣軍隊進入阿拉善與鄂爾多斯，進行嚴密監視。就這樣，日軍的入侵不只給予中國共產黨苟延殘喘的機會與大義名分，還提供穆斯林軍人壓抑蒙古人的契機。

原本打算一旦失敗便從蒙古人民共和國（即蒙古國）或新疆逃往蘇聯的毛澤東紅軍，明瞭這時向大眾展示抗日姿態比逃亡更重要，於是便在穆斯林軍人割據的地區展開一場你死我活的鬥爭，開拓天下。紅軍陸續從馬鴻逵的手上奪取包含今日同心縣在內的寧夏南部地區，而斯諾就是在一九三六年秋天，進入剛被紅軍攻陷的豫旺城，也就是現在的同心鎮[13]：

和陝西、甘肅無邊無涯的山與谷成對比，我們走的道路穿越高原，是一條朝著萬里長城與內蒙古美麗寂寥草原前進的道路。路上點點散布著丈餘高的雜草，在平緩的小丘與微微隆起的綠色草原上，放牧著大群的羊與山羊；在我們頭上，還不時會有鷹隼飛過。野生的瞪羚群一直貼近我們，當我們心想，牠們是不是嗅到

了我們的足跡所以前來時，牠們卻又以難以置信的優美姿態，迅速逃離到安全的山腰。

　　五小時後，我們抵達了豫旺縣的中心。那是一座被石頭和磚瓦築成的宏偉城牆所圍繞、古老的回教城市，城內約住有四、五百戶人家。城外有回教的寺廟，周圍環繞著幾乎沒有破損、充滿美麗光澤的磚造牆壁。

　　瞪羚成群結隊在草原上奔馳的風景，現在只有在蒙古國或中亞的哈薩克一帶才能看到。透過斯諾的描寫，我們可以得知當時的固原一帶其實是風光明媚的地區。

　　紅軍殲滅了駐紮在這片恬靜大地上的馬鴻逵守備隊，並對穆斯林展開共產主義宣傳教育。他們打出「廢止一切課稅」、「建立回民自治政府」等充滿魅力的口號，並向回民洗腦：他們在歷史上受漢人虐待與歧視，並不是因為人種或民族，而是階級之故。斯諾也目擊到穆斯林「克服了傳統對人種的反感，慢慢地轉變成階級之間的憎惡」。就像是在穆斯林跟前不使用「豬」這個字一般，紅軍擺出尊重穆斯林風俗的鮮明姿態，贏得他們的信賴，從而出現了許多批判馬鴻逵統治的穆斯林。只是任誰也沒預料到，十五年後共產黨在中國奪得政權時，等著他們的竟是宗教遭到徹底否定的命運。

◎成為革命文物的清真寺

　　當中午禮拜結束後，我向擔任清真寺聖職者（阿訇）的楊玉明先生（七十四歲）進行訪談。楊玉明阿訇出身同心縣王家團鄉，十二歲便進入經堂（宗教學校）學習阿拉伯語，靠著努力爬上了阿訇的位置。

　　據楊玉明所說，東關清真大寺確實是利用元朝藏傳佛教寺廟改建

簡要記錄穆斯林一日作息的清真
寺看板

而成的清真寺，但不清楚是阿難答時代、還是元朝滅亡後的事。在東關清真大寺附近有好幾處元朝時代駐軍的城跡，清楚描繪它與元朝歷史間的強烈羈絆。

東關清真大寺是依赫瓦尼派的寺廟。即使共產黨政府成立後，楊玉明仍然持續研究依赫瓦尼派的思想。一九五九年，人民公社成立後的第二年，楊玉明被叫到銀川市，進入所謂「政治學習班」，為時一年，被迫學習共產黨的宗教政策。不久後，社會主義教育日益強化。一九六九年，文化大革命爆發的前一年，他再次被帶到銀川市，強制進行一年的「政治學習運動」。文化大革命期間，他雖然沒有遭到批鬥，但仍然不得不協助進行「政治學習」。

按照回族作家張承志的看法，社會主義中國一向採取優待依赫瓦尼派與格迪目的政策[14]。因此楊玉明只是參加「政治學習」就算了事，沒有遭到批鬥，確實是不幸中之大幸。

文化大革命中有無數清真寺遭到破壞，但東關清真大寺卻安然無恙。我也詢問楊玉明，原因為何。

楊玉明說，東關清真大寺之所以能免於遭到文革破壞，並不是因為它發源自遙遠的元朝時代，而是因為它身為「革命文物」，所以才倖免於難。背後隱含著這樣一幕現代史：

一九三五年十月，在抵達寧夏南部、陝西省北部的毛澤東紅軍面前，橫列著以馬鴻逵為領袖的穆斯林軍人；這些穆斯林虎視眈眈，似乎隨時都會把紅軍一口吞掉。面對這種情況，紅軍在一九三六年五月組織了「西征軍」來對抗馬鴻逵，並企圖打開通往新疆與蘇聯的道

路。在西征軍裡面，也有剛成立的「回民獨立師」，師長為馬青年，政委為歐陽武，兩人都是回民[15]。據馬青年回想，雖然說是「師」，但這個單位實際上只有百人左右的規模[16]。西征軍在六月二十一日占領王家團莊與同心縣城，接著陸續將除了同心縣東部韋州外的所有地區，全都染成紅色。如前所述，斯諾就是在這時進入同心縣城的。

紅軍在各地建立「回民聯合會」與「回民解放會」等組織，實施把被認定為「土豪」的富裕階層的土地財產，分配給貧困者的政策。接著，作為共產黨中央「協助回族與蒙古族人民，建立人民政府」政策的一環，十月二十到二十二日間，在同心城內的東關清真大寺召開了民眾動員大會，並設立「豫海縣回民自治政府」。參加會議的民眾約一百八十人，選舉出身甘肅河州（今臨夏）的貧民馬和福為自治政府主席。於是，「中國歷史上最初的回族自治政權」就此誕生[17]。順道一提，共產黨在一九三六年二月，在我的故鄉、與革命根據地毗鄰的鄂爾多斯烏審旗南部，也建立了所謂的「烏審縣」，但遭到蒙古族的強烈反彈，一個月後就宣告取消。雖說是「為蒙古人民建立的烏審縣」，結果完全得不到人民的支持。

紅軍的西征最後以失敗告終。受此影響，「豫海縣回民自治政府」僅維持一個月不到便土崩瓦解。標榜解放者的紅軍兵鋒轉向東，擺出比以前更加鮮明的抗日姿態，並把整體勢力從同心地區撤出。而被紅軍不負責任拋棄的自治政府主席馬和福於一九三七年二月被馬鴻逵軍隊逮捕，四月在同心城西門外被處死[18]。

記載革命文物事蹟的看板
上面同時寫有阿拉伯文。

據中國政府主導編纂的《寧夏通史》所言，「豫海縣回民自治政府」成立之際，共產黨通電全國，電文內容說：「中華回民在歷史上從來不曾擁有自己的政權，遭受各種壓迫與剝削，乃至於屠殺的苦痛……現在，在我們紅軍援助下，豫海地區的回民從苦痛中獲得了解放，以及真正的自由。這件事實證明，中國共產黨正是全體回民、乃至於所有少數民族的唯一救星。」[19] 從這樣的筆法來看，中國共產黨並不認為當時寧夏的馬鴻逵政權是「回民自己的政權」。

同心縣的東關清真大寺是中國共產黨歷史上，最早組織少數民族自治政府登場的舞台；因此，這座被寫進革命史一頁的清真寺，即使是文化大革命的紅衛兵也沒能破壞。東關清真大寺是幸運的，但與革命史無緣的寺廟在社會主義時代卻會遭受「拯救的紅星」所破壞，這是任誰也意料不到的。

如此，依赫瓦尼派的東關清真寺，因為是「革命文物」，在一九八八年一月十三日被認定為中國的重點文物。如今，同心縣裡的依赫瓦尼派穆斯林據說約有五萬至八萬名。

我試著向東關清真大寺的楊玉明阿訇提出拍照的請求，但遭到了拒絕，原因是照相與偶像崇拜之間有密切關聯。離開清真寺後，我繼續驅車向北；途中，我進入了一位賣黃河蜜瓜的回民帳幕中。黃河蜜瓜確實非常甜美。這位回民屬於哲合忍耶派。當我在這裡小憩一陣、準備再度出發的時候，他塞了兩顆黃河蜜瓜給我，對我說：「帶著路上吃吧！」

「小氣的回民居然會把瓜給你！回民會不要錢給人家東西，這是我有生以來第一次見到！」我的蒙古

住在寧夏的哲合忍耶派男子

司機看到這副景象，大為驚異。他出身內蒙古，在銀川市經商，但幾乎不與回民往來。

「比起漢族，跟回民交往要困難多了。」這是他的說法。

◎達賴喇嘛五世也曾造訪的古寺

我們朝著銀川市南方、黃河西岸的雙龍山奔馳。雙龍山是賀蘭山的支脈；在雙龍山的山麓、中衛縣境內，有一座石空寺。

五世達賴喇嘛曾造訪過的石空寺

石空寺是座相當古老的石窟寺廟。中國的研究者在《甘肅新通史稿》中就有記載，這座寺廟是從唐代開始建設。石空寺後來在西夏與蒙古時代，日益擴張繁盛。一六五二年九月中旬，受清朝皇帝招待的達賴喇嘛五世，在離

石空寺石窟中所留下的壁畫片段

開西藏東進的途中路過石空寺。在那裡，他聽說石空寺是由一個人用僅僅十一天就建成[20]。

時序邁入近代後，石空寺仍有睡佛洞、百子觀音洞、靈光洞等眾多建築，維持一副壯觀的景象[21]。我在新聞上看到，石空寺在二〇〇三年十二月被發現在塑像的泥胎內藏有西藏語的古文件[22]，於是我便

打定主意拜訪這座石窟。畢竟，我自己現在正全力投入對西夏、蒙古帝國時代曾經繁榮一時的佛教寺廟（石窟）——內蒙古的阿爾寨石窟，展開研究調查[23]。

當我在二〇〇四年九月造訪石空寺之際，寺內只剩下一位漢人居士。據這位居士說，寺廟最近突然冷清許多，在寧夏回族自治區這個穆斯林環繞的社會中，參拜的佛教徒日復一日減少。石窟群中，最東邊的一座稱為「黃寺」，自元朝時代以來就是藏傳佛教的寺廟，直到近年為止，那裡還住著一位蒙古老喇嘛。本來有些蒙古人會從阿拉善地區和鄂爾多斯來訪，但是某一天老喇嘛圓寂了，蒙古人便不再來了。

「畢竟這裡是回民的世界，蒙古人要來也不容易吧！你們是今年第一批來訪的蒙古人呢！」居士感慨萬分地說道。石空寺再過一陣子之後，也許會出現像同心縣的東關清真大寺這樣的變化吧？

告別了居士，我們前往中衛縣政府所在地，走訪文物管理所，想看看石空寺內發現的古文件，但因為它被上鎖，結果沒能如願，最終還是無法充分了解石空寺的歷史。

三、在乾燥大地落地生根的神祕主義

二〇〇五年八月十九日（農曆七月十五日）早晨，我搭乘從北京飛往銀川市的中國國際航空客機，飛行四十五分鐘後抵達寧夏回族自治區。據中國媒體報導，中國北部正遭逢社會主義時代以來最大的旱災；各種活動全都取消，政府開始採行所謂的「抗旱」政策。我跟住在草原上的雙親通電話時，他們說從春天開始就沒下過一滴雨，綿羊群一整天都離不開水井。若是一九八〇年之前，還可以靠著遷徙來抵抗旱災，但現在草原的使用權全都私有化，完全不能遷徙放牧。對牧人而言，所謂「抗旱」，就只能每天祈求老天幫忙而已。

一想到草原上忍受旱災的綿羊群，我在面對喜歡的羊肉泡饃誘惑時，也只能忍耐以對。我和在機場等待的蒙古司機會合後，沒有進入銀川市，而是再度朝向自治區南部的同心縣前進。

誠如「十年九旱」這句諺語所描述的一樣，穆斯林居住的西北地區經常受到旱災侵襲。然而，就像刻意選擇這種嚴酷的自然環境般，蘇非派在這裡落地生根。以下各章中，我將描述形形色色的蘇非教團與門宦。為此，我首先必須解釋中國西北獨特的蘇非派、蘇非教團門宦，以及作為教團神聖場所的拱北等事項。

◎蘇非之道

在進入中國西北地區的蘇非社會之前，首先必須綜觀蘇非主義。在這裡，我想借用一下 R.A. 尼克森的經典著作《伊斯蘭神祕主義》當中的論述。尼克森採取了以下的立場[24]：

> 蘇非並非一個宗派。他們沒有固定的教理體系，賴以追尋真主的「道」（ṭarīqah），「就跟人的靈魂一樣」有無限的變化；但就算如此，還是可以從所有變化之中，找出宛若同一家族成員般的相似性。

那麼，蘇非派徒追尋真主的旅程，又是怎樣一回事呢？尼克森接著這樣說[25]：

> 追尋真主的蘇非派徒，稱自己為「旅人」（sālik）；他們認為自己是沿著邁向「與實在合一」（fanā fi'L-Ḥaqq）這個終點的道路（ṭarīqah），慢慢地攀爬「階梯」（māqamāt）前行。

這個「階梯」的具體狀況是怎樣呢？尼克森引用蘇非主義的古典理論著作，將它分成七個階段：（1）悔改、（2）禁慾、（3）放棄、（4）清貧、（5）忍耐、（6）信賴真主、（7）滿足。蘇非的「道」是一段完成再進入下一段，當攀登完所有的「階梯」、同時體驗到真主爽快賜予的各種「心靈狀態」後，才算首度完成。

近年來，濱田正美在列舉東突厥斯坦的蘇非教團時，曾做出以下的論述[26]：

> 由於神祕主義者大多熱中於用「他們的言語」來表現自身「體驗」的內容，所以若是能在層次迥異的「他們的言語」與「我們的言語」間，設定好某種翻譯的方程式，那麼，用「我們的言語」來解說神祕主義者的視野，就相當有可能成立。

濱田正美指出，神祕主義的「體驗」其實具有社會意義，也具有歷史問題的內涵。我認為濱田的分析確是鞭辟入裡。接下來，我將試著「翻譯」西北各民族內的蘇非教團與門宦，不過在此先做一個結論：各門宦建立的神祕「體驗」，其實正是他們在社會與歷史方面的體驗。

◎神祕主義教團門宦

蘇非教團門宦，是我們在理解中國西北地區的穆斯林社會時無法迴避的重要存在，唯有事先具備關於門宦的基礎知識，才能看清西北各民族社會裡蘇非派的真實狀況。

關於門宦，回族出身的學者勉維霖做了相當深入的研究。在此就依據勉維霖《中國回族伊斯蘭宗教制度概論》的記述，對門宦做簡單的解釋。

簡單來說，所謂的門宦就是中國伊斯蘭的神祕主義教團。

關於「門宦」名稱的由來有各式各樣的說法，最普遍的看法是，這大概是借用漢語的「宦門」或「門閥」。儘管「某某門宦」現在已經成為對這些教團的固定稱呼，但這種稱呼方式幾乎只有外部人在使用，教團內部的人不會這樣自稱。門宦的名稱有依據地名而來的，也有按照創始者的姓氏或暱稱而定的；至於信徒們則稱呼門宦的創始者與其繼承者為道祖、老人家或是太爺[27]。

和上述研究者所提出的觀點相異，最近某些教團內部有人主張，與其稱呼蘇非教團為「門宦」，不如稱之為「門喚」，亦即「來自神聖之門的口喚」[28]。所謂口喚，指的是「來自導師的命令」。

現在中國西北地區約有四十個左右大大小小的門宦，這些門宦全都屬於「四大蘇非學派」旗下。這「四大蘇非學派」又被稱為「四大門宦」，具體來說分為：虎夫耶、嘎德林耶、哲合忍耶、庫布忍耶四大學派。換言之，所有的門宦都是這「四大學派」或是「四大門宦」的分派（參照頁〇九五中國伊斯蘭的蘇非教團系統圖）。

那麼，這些蘇非教團或門宦，又是從何時開始誕生的呢？關於這點，我想援引勉維霖與濱田正美的記述。據勉維霖所述，最早將蘇非主義傳入甘肅、寧夏、青海地區的，是隸屬於奈克什班迪教團，喀什噶爾・霍加家的霍加・尤素甫[29]。霍加・尤素甫在新疆南部遭遇政治上的挫折，於是往東逃亡到哈密與甘肅，祕密進行傳教，但成果不彰。之後，霍加・尤素甫的兒子霍加・阿法克（？—一六九四）在

據稱是霍加・阿法克的陵墓（麻札）
本建築位於新疆維吾爾自治區喀什市。

一六七二年前後，於流亡途中在甘肅、青海地區進行傳教。

直接繼承霍加·阿法克道統的弟子馬守貞創立了穆夫提門宦，馬宗生則創立畢家場門宦；這些門宦統稱為「虎夫耶」。幾乎同時，來自巴格達的霍加·阿卜杜拉傳入了嘎德林耶學派。有一說認為，霍加·阿卜杜拉與新疆的蘇非教團彼此相關。進入十八世紀中葉後，則有馬明心廣傳哲合忍耶教義。

十八世紀下半葉，庫布忍耶的教義也從新疆傳來；至此，「四大蘇非學派」或「四大門宦」正式形成[30]。據勉維霖所言，中國西北地區的蘇非主義（神祕主義）是新疆地區既存的蘇非主義東進的結果，亦是清朝政府征服準噶爾的衛拉特蒙古與回部等穆斯林集團使甘肅、寧夏乃至青海得以和東突厥斯坦（新疆）進行自由交流的結果。也因如此，直到現在，甘肅、寧夏、青海的穆斯林仍然對新疆抱持著特殊的感情[31]。勉維霖的論述是正確的。詳細情況將在以下各章討論，而我在調查過程中，也能確認到西北穆斯林與新疆維吾爾自治區間的相關互動。

◎拱北

勉維霖在《中國回族伊斯蘭宗教制度概論》中，對拱北作出清晰扼要的解釋[32]，以下就用我的方式來加以統整。

「拱北」原本是波斯語中指涉「拱形建築」或「圓頂建築」的語彙，但在中國西北的穆斯林社會中，則是指蘇非教團領袖或聖者的墓地。一般來說，拱北在墓上會設置拱形或是樓閣形態的建築物，且多半會附設道堂作為修道所。鄰近處也會建立清真寺，既是教團的傳教中心，也是聖地。

拱北不只是蘇非教團的聖地，信徒也會造訪當地，舉行宗教儀式。勉維霖說，在拱北舉行的宗教儀式主要有以下四項：

鋪在拱北內墳墓上的苫單
苫單用豪華的絲綢製成，上面還裝
飾有鏡子。甘肅省臨夏回族自治州
東鄉族自治縣內的池那拉拱北。
（參照第七章）

一、獻香，或稱敬香、上香。回族、保安族或東鄉族平常在家就
　　有焚香的習慣，但並不帶有宗教意義；而蘇非教團中，獻香
　　則成為儀禮的一環，很多拱北都設有大型香爐。不過，雖然
　　獻香是儀式之一，點蠟燭卻在嚴禁之列[33]。

二、獻苫單。苫單是一種布製的罩子，有白、黑、綠等各種顏色。
　　參拜者將自己帶來的苫單覆蓋在拱北的墓上，以示對歸真
　　（逝世）者的崇敬。

三、參拜墳墓並吟唱《古蘭經》。他們會吟唱《古蘭經》的一部
　　分，為歸真者奉獻祈福。

四、舉行爾買里（'Amal）聖會。爾買里本來是「行動」、「行
　　為」的意思，在伊斯蘭中泛指一切的善功與善行，但在中國
　　穆斯林的蘇非教團內部則有特別的意義。爾買里聖會指的是
　　在教團創始者與領袖忌日時舉行的追悼儀式，在聖會中除了
　　吟唱《古蘭經》，也會吟詠教團自己的經典。聖會舉行時，
　　教團信眾不論遠近，都會雲集而來[34]。

除此之外，也會有想要求子的女性造訪拱北，但大部分的教團都
禁止這種行為。

據勉維霖所言，中國西北地區甘肅、寧夏以及青海的穆斯林所建

立最早的拱北，應該是嘎德林耶派為了紀念教祖，於一六八九年（康熙二十八年）在四川地區建立的「久照亭」。

◎教主與信徒的關係

勉維霖接著彙整了在門宦中，領袖與信徒（教眾）之間的關係[35]。

首先，教眾與教主（謝赫）見面時，必須行跪禮。謝赫的指示與命令稱為「口喚」，教眾必須無條件遵守。從個人的家庭生活到婚喪喜慶，全都得依循謝赫的「口喚」來執行。

接下來，勉維霖又舉出教眾必須對謝赫負起的六項宗教義務：

一、教眾不得對謝赫的言行抱持懷疑或反駁，就算在心裡也不能有這樣的念頭。

二、教眾必須常常向謝赫報告「自己內心的想法」（阿拉伯語拼音為 nafs，意指「自我、個人」），並尋求謝赫的指示。

三、不得追隨其他門宦的謝赫。對謝赫的愛，必須超過愛自己與愛家族。唯有靠著謝赫的媒介，才能夠更加貼近阿拉。

四、必須在尊敬謝赫、不抱雜念的情況下進行「誦經」（原文為阿拉伯語拼音 Dhikr*，是作為詠唱真主之名與真主唯一性的修行）[36]。

五、教眾必須把謝赫的教誨當成祕密，加以嚴守。舉例來說，謝赫對教眾夢境的解釋，就絕不能外洩。

六、必須遵從謝赫派遣的管區長官（熱依斯）** 指導。

---

* 可理解為「誦經」，但其實是一種連續詠唱真主知名、讚頌真主的儀式。

** 熱依斯：Rais，阿拉伯語「首領」的意思。

另一位回族出身研究者馬通的《中國伊斯蘭教派與門宦制度史略》（二○○○年），也是資料價值相當高的著作。這部作品是作者馬通和各門宦領袖會面、並進行實地調查、蒐集資料，耗費三十年時間撰寫而成。換言之，它可說是記錄了伊斯蘭內部的各種資訊。

　　馬通的著作廣泛被穆斯林所閱讀。我在進行調查時，也拿著這本著作，向接受訪談的穆斯林確認當中的記述。當然，他們對於馬通的著作也展現出各種反應。關於他們的反應，我稍後再提，在這裡先列舉出馬通所提及，各門宦之間共通的特徵[37]：

　　首先，必須遵守《古蘭經》與聖訓，以及所有穆斯林都得肩負的五項義務（五功）***。要尊重教主（老人家），相信教主是引導自己走向正道的謝赫。教主經常會進行誦經。教主的墓地上會興建亭閣，稱為拱北。教眾必須參拜拱北。而幾乎所有門宦，其教主地位不是子子孫孫世襲，便是交由信賴的弟子繼承。教主管轄眾多的清真寺，也會任命教坊****的領袖阿訇。教主透過商業和教眾的捐贈來經營門宦。「門宦的出現，代表中國的伊斯蘭已經和中國傳統的封建制度與儒教思想相結合。」馬通這樣說[38]。

　　馬通更進一步嚴厲批判：「相異的教派與門宦之間，多半抱持對立關係，互相排斥、彼此反目。簡單說，信奉伊斯蘭的各民族之所以無法攜手合作，原因之一就是門宦間的鬩牆。」[39]

　　和上述勉維霖以及馬通的看法相異，作家張承志以哲合忍耶教團為例，從不同的角度，針對接受蘇非主義的社會環境作了以下的說明[40]：

*** 五功：即「念証、禮拜、齋戒、天課和朝觀」。念証：穆斯林要至少一次公開作信仰表白，念清真言。禮拜：一日跪拜祈禱五次。齋戒：在齋戒月，從日出到日落禁食。天課：捐獻作為義務稅項。朝觀：至少一次到麥加朝聖。

**** 教坊：又稱「寺坊」，指中國伊斯蘭教徒以一所清真寺為中心，包括周圍聚居的穆斯林所形成的宗教區域。

伊斯蘭神祕主義教派的特色——鮮明、強烈、簡潔，不可思議地與大西北的風土、人情極端吻合，因此一進入當地之後，便立刻深深紮根下來……（中略）對處在極端困窮境地之中的回民而言，謝赫、毛拉、導師（murshid）並沒有什麼差別；他們都是導師，都是指示道路的人，這樣解釋就已相當充分了。這些宗教人士都是實踐自我磨難修行的人，也都是真心為了自己的信仰而努力。他們所呈現的某種神祕姿態，首次吸引了當地農民的目光……（中略）這就是神祕主義。

光憑勉維霖和馬通枯燥無味的學術記述，無法充分傳達蘇非主義的實際精神狀態。至少，我個人感覺張承志帶有意圖的文脈，還比較容易理解。歷史學者大概不會引用上述張承志的文章，但身為人類學的一員，我想走向相反的道路。

◎洪崗子拱北

二〇〇五年的寧夏回族自治區，除了黃河沿岸的水田，幾乎看不到任何綠意，簡直就像走進了冬季的黃土高原般，充滿了肅殺之氣。

我驅車經過連結銀川市往甘肅省蘭州的高速公路，抵達同心縣。

寧夏回族自治區的洪崗子拱北

接著我稍微往北，調頭再將方向盤往西轉，行駛約十幾公里後，便抵達了黃土高原上一處名叫「喊叫水」的地方。在道路的北側可以看見有著綠色琉璃瓦與金色屋簷的閃耀建物群，這

是西北四大蘇非教團之一虎夫耶派的
分派──洪門門宦的洪崗子拱北[41]。
在毫無綠意的大地上，它的存在顯得
格外搶眼，即便是寸草不生的年代，
信仰依然堅不可摧。

洪壽林老太爺的拱北

　　據回族研究者馬通所言，洪門
門宦是依創始者洪壽林（字海如，
一八五二─一九三七）的姓氏為名的
教團。這個門宦的核心位在寧夏回族
自治區的同心縣、海原縣，以及固原
地區，信徒約有兩萬人[42]。

　　洪壽林出身甘肅省景泰縣，後來
在清末的動盪期間，流浪到現在的寧夏同心縣洪崗子。他從小就很聰
明，透過禮拜自然地學會《古蘭經》；當地的穆斯林看到了他的天
賦，資助他前往河州求學；之後他更前往蘭州進行蘇非修行，最後在
一八九三年（光緒十九年）繼承蘇非派大師「涼州莊老人家」的遺志，
成為教團領袖。他在洪崗子開設道堂，成立了稱為「洪門門宦」或「洪
崗子門宦」的教派[43]。

　　馬通更進一步提到，洪門門宦教徒對門宦有自成一套的認知[44]：

　　　門宦是穆斯林認識阿拉的大門。這扇大門任誰都可以進入，但
　　必須有引路人才行。這位引路人就是老人家（導師）。阿拉的召
　　喚、老人家的引導，還有個人的修行，若是三位能夠結合成一體，
　　那就能夠親近阿拉。這正是從宗教內部來看，擁有門宦的意義。

　　在沒有將門宦與漢語的「宦門」或「門閥」連結起來這點上，可
知洪門門宦與甘肅省一部分教團將門宦稱為「門喚」，以解釋成阿拉

「來自神聖之門的口喚」的見解[45]，似乎是一致的。

在我抵達時，洪崗子拱北正在進行星期五禮拜，相當熱鬧。我在那裡見到了顧哈只（六十一歲）。「哈只」是曾經前往聖地麥加朝覲的人物使用的稱號。顧哈只是位活力充沛的阿訇，曾在一九八八年進行朝覲。現在，他正在為農曆七月二十四日將要舉行的爾買里做準備，忙得不可開交。農曆七月二十四日是洪壽林的歸真日，將會舉行大規模追悼的爾買里。稱為「上墳人」的參拜者，在今天（農曆七月十五日）就已經陸續集結，有人從新疆維吾爾自治區、四川省，乃至雲南省前來，有人甚至千里迢迢從美國趕來。雖然長期統治寧夏的馬鴻逵支持新教依赫瓦尼，但他的堂弟馬鴻賓對老教、也就是舊有的蘇非各教團頗為熱心。馬鴻賓後來歸順了中國共產黨，但他的部下在國民黨政權瓦解後移居台灣，有些人後來更遠渡美國；這些人的子孫也會為了參加爾買里而從外國趕來。駒澤大學的高橋健太郎觀察二〇〇五年的爾買里，發現參與爾買里儀式的人員達到十一萬人之多。拱北方面會提供所有參加者免費的食物，據統計包括二十七噸小麥粉、六噸稻米，還有六十頭牛[46]。

洪門門宦在同心縣的喊叫水地區創設「海如女子學校」，對穆斯林女性實施現代化教育[47]。這所學校的校名取自門宦創始者洪壽林的字「海如」。據說當紅軍西征軍在同心地區活動的時候，洪壽林曾經向紅軍士兵捐贈銀兩，因此被共產黨盛讚為「開明行為」[48]。可是，共產黨政權上台後，卻忘記這段歷史。人民公社成立的一九五八年，爾買里儀式遭禁止。接著在一九六七年，即文化大革命爆發的第二年，洪崗子拱北也遭到紅衛兵所破壞，直到一九八五年才獲得重建。

據顧哈只說，現在的教主名叫洪洋（三十八歲）。歷代教主的譜系如下：

洪壽林→洪清國→洪維宗→洪洋

　　洪維宗曾經擔任過寧夏回族自治區的議會——人民代表大會的
主席，在一九九九年農曆八月十四日歸真。
　　我在顧哈只的引導下，四處觀察拱北內部的狀況。拱北內設有許
多對聯，每一副都是對理解門宦教義以及信徒生活方式十分有用的文
言文。以下舉出若干例子：

　　　道妙然有三光古光靈光本光
　　　教清真有三道常道中道呈道

　　　持處誠東方信士戶戶炯
　　　奉主齋遙觀西天彎彎月

　　　記想先天忙修中天懼怕後天
　　　尋思昨日保守今日提防明日

　　洪崗子拱北內還有約四十人的經堂學員（滿拉）。他們回想起前
陣子造訪拱北的伊朗代表團所言時，莫不深表感動。「（伊朗人）對
伊斯蘭的理解相當之深，如果可以的話，我將來也想去伊朗留學！」
年輕學生如此訴說自己的夢想。
　　據二○○三年的調查，甘肅省的穆斯林也有很多人前往伊朗和巴
基斯坦等伊斯蘭國家留學。中國政府對此現象抱持著警戒之心。某個
疾呼強化西北邊疆安全的年輕漢人研究者主張：「威脅中國安全的國
外伊斯蘭勢力」經常透過訪問中國國內清真寺、進行演講、招攬留學
生等方式，從事「反中國」的活動[49]。被人用這種眼光看待，對穆斯
林而言絕不是一件舒服的事。儘管如此，他們還是堅守自己的信仰。

四、漢人創造出的負面形象

◎扭曲本質的「寡婦村」

住在寧夏回族自治區的漢人，經常會津津有味地提及固原和韋州的所謂「寡婦村」。這種談話通常都跟「性」相結合，相當不入流。說到底，「寡婦村」本來就是漢人使用的表現手法，漢人在提及「寡婦村」的時候，還常連帶講出推崇一九八九年三月由上海文化出版社出版的《性風俗》一書的話。我雖然沒看過《性風俗》，但我知道因為書中有侮辱穆斯林的內容，所以在中國境內引發了抗議行動。儘管中國政府說《性風俗》有損民族團結，但一部分的研究者——比方說中國社會科學院的馬大正，直到現在仍然斷定一九八九年五月十九日，穆斯林在新疆維吾爾自治區發起的抗議行動是一場「煽動分裂祖國的騷亂」[50]。馬大正過去自稱是「西蒙古史專家」，最近則撰寫了《國家利益高於一切》（二〇〇四年）等書，搖身一變成為研究「意圖分裂祖國恐怖分子」的專家。由此可見，類似的漢人看法並非特例。

那麼，漢人議論紛紛的「寡婦村」，究竟是在怎樣的背景下形成的呢？

寧夏南部的固原，是哲合忍耶的一大核心地區。一九三八年冬天，這裡的哲合忍耶派農民因為無法忍受中華民國地方官的壓抑，憤而舉起叛旗。他們的領袖是哲合忍耶派第七代教主馬元章的長孫、後來成為領袖的馬震武的姪子——馬國瑞阿訇。

馬國瑞在一九三九年五月企圖突破國民黨軍的包圍時，手裡拿著《古蘭經》展開突擊，結果戰死[51]。但農民解釋馬國瑞並沒有戰死，只是神隱消失[52]。

一九五〇年，共產黨把固原的哲合忍耶聖地拱北列為土地改革對

表現出腦滿腸肥的地主階級壓迫的中國共產黨宣傳畫
摘自《甘肅省土地改革畫集》，一九五四年。

象。對共產黨而言，拱北是刻意在傳統農村社會散播階級與剝削概念的象徵，因此成為改革的對象。可是對哲合忍耶的貧困農民來說，比起階級剝削，拱北更是神聖的存在，也是和中華民國壓抑奮戰的歷史凝聚點。因此農民再次對共產黨掀起叛旗，但僅僅一年就被鎮壓下去。

　　哲合忍耶的重要人物馬震武一度擔任固原州的州長，但在一九五八年遭到解職。緊接著，哲合忍耶的阿訇們也被召集到固原，然後被一網打盡，為數高達數百人。不久後，一九五〇年的叛亂事件再次遭到清算，無數男子遭到處死。就這樣，在黃土大地上出現了只有女人小孩的村落。那麼，我們必須清楚地認識到，「寡婦村」的出

現毫無疑問是共產黨政策下的產物。

◎充滿活力的韋州

　　韋州位在同心縣東部、海拔兩千六百二十四公尺的大羅山南麓。當我往南縱貫大羅山的時候，不禁有種置身蒙古高原南部戈壁草原的錯覺。在嚴峻的旱災襲擊下，今年幾乎是寸草不生；放眼望去，只見裸露的大地與岩山，無邊無際地延伸。大羅山的西坡上有好幾個村落，這些都是在中國政府推動所謂「生態移民」計畫下，從黃河沿岸等地遷徙而來。在寧夏回族自治區，這些移民被稱為「吊莊」[53]。吊莊移民也有一部分遷徙到黃河東側、鄂爾多斯高原的陶樂地區，從而與蒙古人產生了新的齟齬。大羅山區廢棄的村落如今大多化為鬼城，連綿不絕的廢墟，彷彿成為刻畫著回民在嚴酷自然環境中堅強求生歷史的紀念碑。

　　越過毫無生氣的戈壁後便進入充滿活力的韋州，韋州是座清爽整潔的城鎮，有很多漂亮的建築物。在鎮上，看不到漢人城鎮常見、散亂的塵埃與垃圾。街道沿線都是營業的店鋪，客人頻繁出入。不只如此，人們的表情十分開朗。我穿過這片熱鬧的景象，進入了韋州古城。

韋州城內的佛塔

韋州古城的城牆主要殘留的部分是在東側與南側。在城內的東南區域，聳立著西夏時代的佛塔。這裡曾有一座名叫「康濟寺」的禪寺，因此佛塔也被稱為康濟寺塔。它是一座十三層的空心磚塔，建

築學與美術專家認為，它是西夏時代典型的佛塔[54]。

在康濟寺塔的北側，豎立著兩塊明代的石碑；由於碑文磨損嚴重，因此很難判讀。其中一塊可以看到「明成化元年」（一四六五）的字樣，另一塊碑文的開頭寫著「重修勅賜康濟禪寺浮圖碑記」，可以確認到「萬曆辛巳夏」（一五八一）的字樣。佛塔在明嘉靖年間因地震損壞，在萬曆九年（一五八一）進行了補強工程，碑文大概就是記載當時的來龍去脈[55]。

◎韋州的穆斯林女子學校

城牆西南側的地方作為建立校舍之用，私立的「韋州杏園寺中阿女校」便建於此。校名的「中阿」指的是這是一間「中國阿拉伯語學校」。當我到訪時，依赫瓦尼派的馬正文學董（八十歲）正在為女學生授課。為數約七十人的學生，全數都是出身寧夏回族自治區的十來歲女孩。學生分成四班，三年間要學習「神學」（《古蘭經》與伊斯蘭律法）、英語、電腦，以及「博覽」（人文知識）。教師是六名女性，分別來自內蒙古自治區、河南省以及東北地區。女教師被稱為「女阿訇」、「師娘」或「教長」[56]。學生一學期必須支付人民幣五十元的學費以及五十元生活費，除此之外全部免費。不過據馬正文學董說，學費和生活費都只是象徵性的，事實上有很多學生完全沒有付錢。

馬正文學董熱心地為突然造訪的我進行介紹。學校有二十多台電腦，披著頭巾的學生們忘我地敲擊著鍵盤。據馬學董說，韋州另外還有一間「東陽中阿女校」，那裡也有約七十位女學生，由五位教師（其中有一位是男性）負責教導。

攝影結束後，對方問我「要不要即席授課」，但我只是約定好「還會再來」，然後就落荒而逃了。

關於韋州的私立女子阿語學校，敬和學園大學教授松本真澄有

韋州中阿女校的學生

詳細的報告。松本教授注意到韋州在寧夏自治區中特殊的自然與經濟環境。回顧歷史，發現當地早在一九三〇年代就已經投注心力在女子教育上。接下來，松本教授基於中國西北地區（如同心縣），十二歲以上女性有百分之六十以上處於不識字或半識字狀態的情況，舉出女子教育不振的三個原因[57]：

一、傳統家父長制度的影響：在穆斯林家庭中，基建於男尊女卑思維、認為女子教育無用的看法根深蒂固。

二、經濟上的理由：西北即使在中國國內也是相當貧困的地帶，同心縣更是寧夏當中的極貧地區，因此就算知道教育的必要性，也無法就學。

三、宗教上的理由：對虔敬的穆斯林來說，女兒七歲就要戴上頭巾，所以不能前往公立學校拋頭露面。不只如此，公立學校的課綱大多是以漢族傳統文化與價值觀為中心，這也讓穆斯林猶豫不前。

在這種複雜的背景下，穆斯林私立女子學校還能維持，其意義就變得相當重大。伊斯蘭意味著「和平」，它現在正以包容各種思想主義的形式，在中華文化的茫茫大海中逐步復興；而現在，支撐穆斯林共同體（烏瑪）、保障社會和平的關鍵，或許正是女子教育。松本教授如此分析經營學校的地方長老心態[58]。

考察私立女子學校內部後，松本教授也指出，女子學校為人稱

「黑孩子」的孩童們提供了教育的場所[59]。在計畫生育制度的中國，屬於少數民族、居住在農村地帶的回族，可以生育三個孩子；因為不允許超生，所以假使生超過三個，那麼多出來的孩子就不能獲得戶籍，而成為所謂的「黑孩子」──這樣的孩子就完全沒有就學機會。在我調查的內蒙古自治區與陝西省一帶，如果雙親富裕，就算是「黑孩子」，也可以入學就讀；可是對經濟不充裕的家庭而言，就沒有這樣的機會了。

走在韋州街頭，我看見路邊的牆壁上寫著「毒品是毀滅家庭的元兇」標語[60]。漢人不只稱韋州為「販毒中心」，還說這邊因為有很多走私海洛因的男人被處死，所以才會變成「寡婦村」。

我不清楚政府書寫的標語與漢人的流言蜚語究竟有多少可信度。只是，關於這些政府主導的運動，以及漢人的流言，有必要深究其背後的脈絡。

十九世紀下半葉西北回亂平定後，左宗棠把回民「安置」在自然環境最惡劣的地區，還屢屢進行「善後」（屠殺）。回民被逐走後，適合水利的場所都變成漢人農民的村落。中華人民共和國時代的極端共產主義公有化政策，也沒能將回民從貧苦狀態中拯救出來；從先前提過的固原地區在一九五〇年代的狀況，就可以當成鐵證。

簡單說，從明朝起，歷經清朝、中華民國到中華人民共和國，在這段歷史的潮流中，穆斯林飽受歧視與屠殺，被迫逃亡或遭放逐到貧困地區的事實，才是對穆斯林實施負面政策、以及流傳負面流言的真正原因。而完全不顧這樣的事實，只是一味刻

書寫在韋州民家牆壁上的標語

意對表面現象毛舉細故，根本無助於解決問題。

五、遊牧與鹽之道的現況

結束韋州行程後，我朝位在韋州東北方的我的故鄉——鄂爾多斯高原前進。韋州對鄂爾多斯蒙古而言，絕非遙遠的存在。明代曾經在韋州設立慶王府，負責北方的防衛，但時常遭到明朝稱為「套寇」的鄂爾多斯蒙古部侵略，局勢相當艱險。萬曆十九年（一五九一），蒙古軍攻擊韋州，連慶王妃都遭到殺害[61]。

在韋州東北約一百公里處有一座鹽池堡，蒙古人稱這座城鎮為「鹽與茶的要塞」。正如其名，這裡是遊牧民與農耕民交會，進行所謂「茶馬交易」的地點。不只是茶，也如鹽池名稱所示，附近的伊克‧西克爾（北大池）是個鹽湖，歷史上就以產鹽而聞名。明朝也因為看準鹽的利益，一度在當地設置地方官，但最後屈服於鄂爾多斯蒙古的武力，只能在西南方修築長城。不只如此，他們還修築了兩道長城（見頁一〇五）。從建造兩道長城這點，就可以看出明朝所受的軍事壓力有多大。

然而，還有另一種看法：最初建造的東側長城，其工程品質大半不良，無法遏阻軍馬，因此才在西側又另建一道新的長城。不管何者為是，最近有良心的漢人學者都認為，為了興建長城而在沿線採伐樹木，結果導致環境惡化。萬里長城沿線無一例外，幾乎都是沙漠蔓延，就是最好的佐證[62]。

韋州與鹽池堡，都位在從鄂爾多斯蒙古南下，經固原前往關中的路途上，也是前往遙遠青海高原進行夏季遊牧時的必經之道。在鹽池堡西南四十五公里處，過去有一處稱為「鐵柱泉」、水草豐美的草原。鄂爾多斯蒙古部利用這裡做為「飲馬駐牧」之地，但在嘉靖十五年（一五三六），駐紮當地的明軍將領劉天和在當地築城，將泉水圍在

城內；結果鐵柱泉被駐軍用來灌溉，不久後便告枯竭，城的周邊也化為沙漠[63]。

不可思議的是，漢人不管到哪裡都執著於農耕，沒有向大自然學習的謙卑之心。被漢人農民鋤頭破壞而貧瘠的土地，會被交給其他更弱小的人，比方說回民；至於漢人農民則去追尋更豐饒的土地，重複進行破壞之舉。居住在漢人捨棄的貧瘠土地上的回民無法單靠農耕生活，只好從事不好的勾當，結局就是被視為「與生俱來的犯罪者」──歷史不斷重演。

寧夏回族自治區的鹽池縣與鄂爾多斯市之間的界線，到現在還沒畫定，最主要的原因便是鹽。一九三二年馬鴻逵擔任寧夏省主席時，以武力占據了伊克・西克爾（北大池），獨占鹽利。寧夏人每個月不管吃不吃鹽，都必須購買一定數量的鹽；若是個人私下買賣鹽，甚至會被處以死刑[64]。

中國共產黨的紅軍在一九三六年六月，將鹽池一帶置於掌控之下，並立刻派毛澤東的弟弟毛澤民掌握當地出產的鹽與甘草貿易，轉用於割據地區的經濟上。毛澤東的延安政權為了獲得蒙古人的支持，一度打出「從軍閥馬鴻逵手上取回鹽湖後，便會將之歸還鄂爾多斯蒙古」的政策[65]。

中華人民共和國成立後，伊克・西克爾（北大池）等鹽湖，名義上被歸入內蒙古自治區的領土，但實質上一直都由寧夏管理。鄂爾多斯市現在也向北京的中華人民共和國國務院提出申訴，但仍看不到解決的曙光。因此，蒙古族和回族雖然各自以「主體民族」之姿形成自治區，但兩者間的經濟、文化利益糾葛，即使歷經數十年的歲月，仍然無法解決。之所以如此，是因為兩者雖然身為徹徹底底的「主體」、卻不是「主人翁」的緣故吧！讓蒙古人與穆斯林彼此相爭，再來坐收漁利，這就是中國人擅長的把戲。

本章內容是以分布在寧夏回族自治區南部的蒙古時代遺跡，以及

與之相關的現代回民生活為中心所展開的調查。歷史的遺物殘留著過去的氣息，而現在活著的人們，也在某種形式上受到歷史所牽引。儘管他們總是被當代的政治所玩弄，但仍保持著堅定的信仰而活著。

第五章

青海
——踏上民族形成之路

在日本住了一陣子之後，我開始厭煩起單純的日常生活。每天只能用日語，讓我感到有點焦灼。或許是從小就在雙語環境中長大的緣故吧，無論如何，我都想聽到另一種語言，同時也希望身邊能夠有別的「某某族人」陪自己談天說地。我要是每年不吸上兩三次乾燥的蒙古高原與黃土高原的空氣，一種慢性怠惰就會席捲全身。要是不和住在當地、跟我說著同樣語言的朋友或同志見面，就會陷入一種無法辨明發生在世界上、各式各樣事物本質的情緒之中。基於這樣的理由，我幾乎每隔三個月，就必須去田野調查一趟。

於是，在二〇〇四年十二月十八日，我踏上了旅程，預計將環繞青海省與甘肅省。

一、青海的蒙古人

◎故鄉的少數民族與刑法

研究者做學問的時候，必須一邊關注國際情勢，一邊展開調查。

在這次的調查中，讓我相當在意的是中國「反分裂國家法」的登場。這次事件的發生，是出於以下的背景：

根據二〇〇四年十二月十八日的日本各報章媒體報導，台灣的李登輝前總統於十七日時，向位在台北的交流協會辦公室提出訪日的簽證申請，並獲得受理。在這之前，陳水扁總統也開始急遽推動「台灣化」政策，要將企業名稱中的「中國」和「中華」等字眼去除。這些舉動在大陸的中國共產黨陣營眼裡，就是「台灣獨立的加速化」。於是北京當局猛烈反彈，據十二月十八日的《人民日報》海外版表示，他們將在十二月二十五到二十九日舉行的全國人民代表大會第十三屆常務委員會上，審議「反分裂國家法」的草案。

「反分裂國家法」對中國國內少數民族會造成怎樣的影響呢？在這項法律下，少數民族的權利會不會比以前更加受限呢？我對此深感憂懼。對積極參與美國主導「反恐戰爭」的中國而言，他們有很顯著的趨勢，把國內少數民族爭取擴大自治權的運動，都解釋成「恐怖主義」。在全球化與「反恐」日益推進的今天，國際情勢對各國的少數民族來說，絕對稱不上有利。

一下飛機，我馬上向北京的法律界友人，詢問有關「反分裂國家法」的性質。其中某位友人，據說昨天（十二月十七日）才剛前往全國人民代表大會法務委員會擔任意見陳述人，講述自己的見解。據他所言，「反分裂國家法」徹頭徹尾是為了牽制台灣而制定；至於西藏自治區、新疆維吾爾自治區、乃至於內蒙古自治區的運動，則不在鎖定目標之中。中國政府判斷，西藏、新疆、內蒙古的「反國家的分裂運動」，用現行的刑法就足以充分對應。他們並不把國內少數民族地區出現的「分離、獨立運動」，定義成民族為了獲得真正自治而展開的政治運動，只是將之當作單純的「刑事犯罪」，用低層次的方式加以處理。他們是打算用這種方式，來迴避國際社會的批判。

二〇〇三年冬天我去中國西北部旅行的時候，政府認定新疆維吾

爾自治區出身的分離、獨立派是「恐怖組織」，並強化了取締行動[1]（參照第七章）。明明是超越國家發生的「恐怖」行為，卻用國內法的刑法來對應，這讓人不禁感受到中國獨有的矛盾修辭。

我從北京打電話給位在內蒙古自治區鄂爾多斯市的老家，這兩三天老家正為了準備過冬用的肉類，忙著屠宰家畜。雖然已經定居好幾十年，但遊牧民的古老習慣至今依然存在。我對高齡的母親說，「天氣好冷，調查中能多吃一點綿羊肉就好了。」對我而言，故鄉就是調查地，調查地就是故鄉。在人類學者中，也有不少喜歡調查地、和調查地人們的生活方式產生共鳴，從而和自己調查的田野產生形形色色牽繫的人。這些人稱調查地為「第二故鄉」；但就我的情況而言，它絕不是「第二」。調查地是我的根，而平日談論人類學的地方才是「第二故鄉」。

◎帶給穆斯林的伴手禮

第二天（十二月十九日），我降落在睽違十七年的青海省首府——西寧市。一九八七年冬天，在北京第二外國語學院日語系擔任助教的我，曾帶學生前往西寧寺郊外、大通回族土族自治縣的光明啤酒工廠實習。那是一座日本玻璃製造商投資的製瓶工廠，我們每天的工作，就是處理日常發生的各類問題。這座製瓶工廠位在土族的村莊中，休息的時候，經常可以看到從工廠附近走過的土族女性；那些穿著華麗民族衣裳的女性，看起來相當有魅力。雖然那時我還不具備任何民族學或人類學的知識，但從她們的話語當中，能察覺到摻雜著我也能理解的蒙古語。而我唯一了解是，我故鄉鄂爾多斯的蒙古人，都稱這些土族人為「三川人」或「查干・蒙古」（白色的蒙古人）。

嚴格來說，我之後還來過一次西寧市。一九九三年，我和恩師

西寧市內的東關清真大寺

——國立民族學博物館的松原正毅一起飛往甘肅省的首府蘭州，準備調查甘肅省的阿克塞哈薩克族自治縣，但蘭州機場因為沙塵暴封閉，所以臨時改降西寧市。第二天，沙塵暴沒有止息的跡象，我們只好包車前往東方的蘭州。當時的司機是一位屬於依赫瓦尼派的回族青年。因為當時完全沒有踏足行程外的西寧市，所以現在我還是抱持著「睽違十七年」的心情。

一踏入市內，我便立刻前往西寧東關清真大寺。這座清真寺建立在一四三〇年左右，是中國西北地區最有名的清真寺之一。文化大革命期間，它一度遭到破壞，現在的建築物是一九七九年左右重建的。我在清真寺附近的商店街買了伴手禮；因為主要是去拜訪穆斯林，所以在由穆斯林經營的商店街購買，也是很合理的。

當我要進行調查時，準備伴手禮是一件相當頭痛的事。每次當我前往已經調查不少次的內蒙古自治區時，都會帶著以前拍下、洗出來的照片當成伴手禮，但現在隨著照相機普及，照片的價值也一落千丈。於是我又改帶論文的印刷本，以及用蒙古語寫成的書過去；儘管他們不懂日語，我還是會盡可能跟當地人解釋書的內容。我的論文裡面常常會放進當地提供資訊者的照片，他們看了都很高興。過去十九世紀末在鄂爾多斯地區進行傳教活動的法國人和比利時人拍下來的照片，也會被歡歡喜喜地傳給子孫。和法國人、比利時人相遇的祖父母，究竟過著怎樣的人生，他們的子孫對歷史，又抱持著怎樣的理解呢？不論如何，我們都是透過記錄歷史一幕的照片交流，來獲取新的資料。

日本的伴手禮在當地不太受歡迎。以甜點來說，光要找到合乎伊斯蘭律法的「清真食品」就相當辛苦。在幾乎所有製品都是由號稱「世界工廠」的中國製造的情況下，拿到的人一眼就會看到「中國製造」（made in China）的標識。所以，送給穆斯林的伴手禮，直接在當地購買是最合理。

　　我買了和冰糖一起乾燥的桂圓，還有綠茶。穆斯林喜歡喝上等的好茶。當他們喝蓋碗茶的時候，會加入桂圓等乾燥過的水果以及冰糖一起飲用，稱為「八寶茶」。

　　不只是穆斯林，我還預定要拜訪蒙古族與藏族，所以也必須要買酒。青海省當地產的「天佑德」蒸餾酒，相當受到歡迎。它的酒精度數從三十度到六十五度，不一而足。關於酒，中國人有著強烈的地域主義傾向，總是熱愛當地產出的酒；至於日本酒則是被他們看成「比水還淡」，敬而遠之。

青海省的回族青年——冶姓夫妻

　　我這次包了一位姓「冶」的回族青年的車來環遊青海省。冶先生是大通回族土族自治縣出身，是依赫瓦尼派信徒。根據某項研究指出，姓冶的回族在青海省特別多。這個氏族的祖先，原本是位居中亞的突厥系人。在蒙古時代，他們在西寧擔任官員，到十四世紀末時歸順明朝。

　　冶先生的夫人開了一家麵包店，和丈夫一起過著頗為充裕的生活。

◎青海第二古老佛寺的興衰

青海蒙古的扎藏寺

從青海省首府西寧寺往西北進入湟源縣的山間，有一道名為毛日青・高樂的河川；在河的南邊，有一座名為扎藏寺的佛教寺廟。這是青海省第二古老的寺廟，也是安多地區十六座名

剎之一。我和扎藏寺的座主——羅卜藏嘉措（三十五歲）見了面。這位年輕的座主曾在北京學習，當時他的兩位老師都是鄂爾多斯蒙古人，因此對於鄂爾多斯出身的我，也報以溫暖的歡迎。

扎藏寺之所以被稱為「青海第二古老的寺廟」，出於以下的背景：

接受長城以南為明朝所有、從中原撤退到蒙古高原的蒙古各部，於十六世紀下半葉，再次引進了佛教。或許他們對於中亞和突厥斯坦的伊斯蘭化深感危機，大量蒙古人消失在穆斯林大海中，所以才決定引進藏傳佛教來抗衡。一五七八年，土默特部的領袖俺答汗與鄂爾多斯部的實力派王侯呼圖格台・徹辰・洪台吉，迎接藏傳佛教格魯派的高僧索南嘉措到青海湖畔，在察卜齊雅勒地區的某座寺廟會面。察卜齊雅勒寺是之前奉俺答汗的命令，建於一五七五年，據傳是青海最古老的藏傳佛教寺廟。

察卜齊雅勒寺會談結果是，蒙古方面贈送給索南嘉措「達賴喇嘛」，意即「如海一般、知識廣博的僧侶」稱號，而俺答汗也接受灌頂，被認定為轉輪聖王。如此，蒙古與藏傳佛教之間，再次締結施主與皈依處的關係[2]。這個時候，中原的小王朝明朝對西藏與蒙古，完全處於鞭長莫及的狀態，之後卻賦予了察卜齊雅勒寺「仰華寺」的名

稱。如同名字所示，它代表的是「仰慕中華」之意[3]，但這只是單方面、出自幻想世界的貧乏想法。

在察卜齊雅勒會晤後五十年左右的一六三〇年代，青海作為蒙古人皈依處——西藏的一部分，逐漸陷入群雄競逐的局面當中。蒙古最後的大汗林丹汗為了支援和達賴喇嘛格魯派對立的派系——噶瑪噶舉派，率軍進攻青海，但在一六三四年壯志未酬，於路上逝世。漠北的綽克圖・琿台吉也呼應大汗，於一六三二年進軍青海，整合了當地的土默特和鄂爾多斯等勢力，稱霸一方。

林丹汗與綽克圖・琿台吉支援噶瑪噶舉派。對此達賴喇嘛五世格魯派感到不快，於是將西蒙古衛拉特部內的和碩特部引入藏區。和碩特部在一六三六年進入青海，並在第二年擊敗綽克圖・琿台吉的軍隊。蒙古各部參與藏傳佛教宗派間的爭鬥，最後演變成蒙古人之間血洗彼此的悲劇。達賴喇嘛五世授予和碩特部首長「持教法王」的稱號。從此以後，他在蒙古語中便被稱為「國師法王」（固始諾敏汗），而固始汗領導的和碩特部，也開始掌控青海。

固始汗雖然不是成吉思汗的直系子孫，但被認為是成吉思汗弟弟的末裔，因此他稱汗，蒙古人也容易接受。固始汗之後在一六四二年征服了西藏全境，成為西藏之王，而達賴喇嘛五世也靠著衛拉特蒙古之力，被擁戴為佛教界的教主[4]。達賴喇嘛五世是個了不起的政治家，他和在清朝西北部推廣蘇非主義的準噶爾人霍加・阿法克也有聯繫。

扎藏寺雖被認為是達賴喇嘛五世的弟子所建立，但和固始汗有關的傳說也相當多。流經寺廟北邊的毛日青・高樂河，其

青海省所留下，與綽克圖・琿台吉有關的遺跡

中「毛日青」的意思是「放牧馬匹者」，相傳固始汗曾在這裡放牧馬群。這條河的水質相當好，對美肌很有助益，因此傳說固始汗的妃子也很愛用這裡的水。在寺北邊隔河而立的山頂上，有著兩塊白石，據說固始汗在夜晚參拜這兩塊石頭，並得到了征服西藏全境的神諭。

青海蒙古從雍正元年（一七二三）到翌年，對清朝執拗的整合活動展開了抵抗。這段期間，負責鎮壓的清朝將軍年羹堯在各地大肆屠殺；扎藏寺也遭到清軍縱火，許多僧侶喪命火海。清朝初期約有二十萬的蒙古人，事後減少到僅僅九萬人。一般認為，這次屠殺從一開始就是計畫好的[5]。

清朝將人口遽減的青海蒙古人編為三十旗，徹底執行「分而治之」的政策。大部分的旗都不滿六百戶，超過一千戶的旗只有五個[6]。

青海蒙古的貴族只有一個人。
貴族的隨從只有一個人。
隨從的財產只有一條狗。

記載扎藏寺歷史的蒙古語看板

這段呈現青海蒙古悲慘狀況的俗諺，廣為整個蒙古所知。

從扎藏寺周遭到北邊的海晏縣，分布著強力的藏人部落。他們是十九世紀末從青海湖南邊、以及遙遠的黃河以南之地移居而來的人們子孫。一開始他們是向蒙古王公借用放牧地，可是隨著勢力增長，他們開始拒絕繳納地租。進入中

華民國時代，兩者關於放牧地的爭執還是找不出解決之道。蒙古人雖然向青海的回民統治者馬步芳陳情，但馬步芳總是採取對藏人有利的政策[7]。

一九三三年，青海蒙古的左右兩盟合計二十九旗，在扎藏寺設立盟政府[8]。旗和盟將政府衙門置於寺廟周邊，這樣的現象頗讓人玩味，這或許是政教合一的結果。扎藏寺因為長期具備政治機能，所以在寺內儲存大量文件，但一九六六年文化大革命爆發時，這些文件都被中國共產黨燒毀了。

在過去像扎藏寺這類的蒙古人的寺廟，周邊都擁有廣大的領地，但自一九八〇年代實施改革開放政策以來，幾乎所有領地都被當地的漢人與回族農民所占領。山上原本也有放牧寺廟家畜專用的牧地，可是也被藏人所攫取。在這個多民族混居的地區，存在著一種倒金字塔式的權力關係。

在扎藏寺周邊，存在著稱為「迪特・胡同特（上胡同部落）」與「多特・胡同特（下胡同部落）」的地名。胡同是蒙古人對穆斯林的稱呼。一九六六年前，居住在胡同特的回族人也常參拜扎藏寺，並捐獻財物。據西寧寺郊外的佛教名剎──塔爾寺僧侶的證言，在那裡也有很多的回族前來參拜；只是，他們大部分都是瞞著宗教領袖（阿訇）偷偷前來。

二、生活在核子汙染地區的蒙古穆斯林

◎名為圖馬特人的穆斯林

海北藏族自治區位在青海湖以北、以藏族為主體的多民族自治地區（見頁一五〇）。雖然是陳舊的資料，據一九九〇年的統計，全州的人口為二十三萬人，當中漢族約十萬人，藏族約四萬八千人、蒙古

祁連縣

剛察縣

海北藏族自治州

西寧市直轄地域

索利吉爾・烏拉山

托勒鄉

●德州村

●核武試驗場遺跡

巴卡・諾爾

西海鎮●

●海晏縣

金銀灘

青海湖

湟中縣

湟源縣

扎藏寺●

至西寧市

青海省蒙古人穆斯林的居住地

族約一萬人[9]。

　　從州政府所在地的西海鎮往西北開一段路，便會來到海晏縣托勒鄉[*]德州村。這一帶是海拔三千公尺的高地草原，過去是托茂公旗[**]的領地；中華民國時代的青海二十九旗中，有八旗的領地便位在今日的海晏縣地區。

　　我走訪住在德州村察干郭勒（白河）草原上的蒙古人穆斯林。這個地方在漢語中稱為「金銀灘」。儘管這些地方原本都有用蒙古語等少數民族

青海省的藏人

語言發音的古地名，但或許是後來的漢人沒辦法照少數民族的語言發音，又或許是他們從一開始就不在意，所以就安上新的漢語地名。漢人在政府和媒體機構中也占了大多數，因此新的漢語地名漸漸有名起來；或許正因如此，在日本也將這個地區報導為「金銀灘」。根據位於中國北京的日本大使館所提供的情報，日本政府在二〇〇〇年為了改善金銀灘的「水利條件與民生環境」，進行「草根性的無償援助」，合計約投入八百三十三萬圓。

　　住在金銀灘的蒙古人穆斯林，稱為圖馬特（Tumad）人。其中馬海峰先生（五十六歲）便是定居於此。馬海峰稱自己是穆斯林，經名是尤素甫；他告訴了我，有關圖馬特人的由來。圖馬特人的故鄉原本是在今天的新疆維吾爾自治區，後來因為新疆被捲入戰亂，有一百名左右的「維吾爾人」前往青海避難。他們被托茂公旗的王公（扎薩克）

---

[*]　在二〇〇七年改為甘子河鄉。
[**]　正式名稱為和碩特南右翼後旗。

身為蒙古人穆斯林的馬海峰夫妻
照片提供：馬海峰。

所接納，之後就成為托茂公旗的屬民，只是他不清楚這究竟是哪個時代的事。

雖然他們來到青海的時代不明，不過我對於他們把出身和維吾爾人結合這點，深感興趣。內蒙古自治區西部阿拉善地區的胡同人，也和維吾爾人之間有著聯繫[10]（參照第三章）。現在蒙古國西部的科布多市也有少數的維吾爾人居住，並被政府承認為種族團體。

居住在金銀灘的其他蒙古人，則說圖馬特人原本是「回民」。在中華民國時代，漢人和回民爆發衝突，戰敗的「回民」逃入托茂公旗，靠蒙古人的保護，免於遭殺害的命運。結果，一部分的「回民」留在旗內和蒙古女性通婚，持續至今。也有情報說，這些回民並不是因為漢回衝突，而是因為和馬步芳家族對立，所以逃亡到蒙古人的地盤定居下來，從而形成圖馬特人的起源。有蒙古人解釋，姓馬的圖馬特人是蒙古人和回民的混血，姓韓的圖馬特人則是藏人和回民的混血，有蒙古人這樣解釋。

以上各種說法認為，圖馬特人原本就是身為穆斯林的「維吾爾人」，或是回民與蒙古人混血形成的群體，但也有看法認為他們是皈依伊斯蘭的蒙古人。

中國西北民族大學的嘎爾迪教授就認為，圖馬特是自十三世紀以來便已存在的蒙古的古老部族名，青海的圖馬特人是皈依伊斯蘭的蒙古人[11]。居住在西寧市內的嘎定老先生（七十一歲）則告訴我，他在孩提時期從老人那裡聽來的說法：

圖馬特其實是蒙古右翼三萬戶之一，土默特（Tümed）的音轉。土默特部在俺答汗的率領下，曾經好幾度入侵青海。其中有一部分的土默特人留在青海，長期和穆斯林共同行動，於是也出現了皈依伊斯蘭的人。這些人皈依伊斯蘭後，和同屬穆斯林的突厥系族群——撒拉人的交流日益增加。圖馬特人會和撒拉人聯手進行掠奪，被藏人稱為「盜賊」；然而，他們並不會襲擊蒙古人。就像上述，圖馬特人過去曾經是「匪賊」。

　　其他說法還有認為圖馬特意指「不安定的人」、「無法停留一地的人」等，不一而足。

　　因為青海是草原廣闊、藏傳佛教盛行的地區，所以自古以來便為蒙古各部所憧憬。俺答汗的土默特部、鄂爾多斯部、乃至於喀爾喀部和西蒙古的衛拉特各部，都有稱霸青海的歷史。我的故鄉鄂爾多斯蒙古的老人，也記得青海曾是鄂爾多斯部的夏季營地。蒙古各部把青海當成放牧地，並試著和藏傳佛教各派進行折衝。他們一邊獲得宗教上的支持，一邊從和中亞以及中華世界的貿易中獲利。在這樣的歷史漩渦中，形形色色的種族團體彼此混血，結果就形成了說蒙古語、信仰伊斯蘭的集團——圖馬特人。

◎冠上回族名號的圖馬特人

　　前面提到的馬海峰，他的「族籍」是回族。他雖然以蒙古語為母語，卻將「族籍」變更為回族。馬海峰的夫人名叫喬曼索（五十八歲），兩人結婚以來共育有一子一女，但孩子們都列在蒙古籍，只有馬先生一人隸屬回族。據他解釋是因為一九五〇年左右，住在湟中縣上五莊的回族阿訇前來造訪托茂公旗的蒙古人時，勸圖馬特人不要自稱「維吾爾人」，而是應該自稱「回族」；馬海峰被他所說動，於是便成了「回族」。

雖然民族變成「回族」，但住在新疆的維吾爾人親戚，還是會前來拜訪。住在內蒙古西部阿拉善盟的蒙古人穆斯林——胡同人中，也有人保持跟新疆維吾爾親戚的交流。

　　馬海峰的父親名叫馬十八，於一九七一年以六十一歲之齡逝世。馬十八有三個兒子及五個女兒。在這個家族中，長子馬古柏與三子馬海峰的孩子是蒙古族籍，次子馬海青則因為夫人是回族，所以一家都入了回族籍。馬十八的五個女兒有兩個嫁給回族並入回族籍，剩下三位則是和蒙古人結婚，入蒙古族籍。由此可見，馬海峰等圖馬特人，有依結婚對象選擇民族籍的傾向。

　　我問馬先生身為穆斯林應守的事項，他舉了「不吃豬肉」為例。以前他們有慶祝蒙古農曆新年的習慣，但最近在回族阿訇要求下中止了。他們雖然到現在都沒有封齋的的習慣，但家裡有阿語、漢語對照的《古蘭經》。

　　現在，有人說海晏縣的圖馬特人全部只有十餘戶，也有說達到四十多戶。除此之外，據說在距離海晏縣約一百公里遠的祁連縣野牛溝，還有約九十戶的圖馬特人。

◎強制移居的過往

　　包含圖馬特人在內，現在海晏縣的蒙古人與藏人等遊牧民，全都和遙遠的祁連縣有著特別牽繫——祁連縣是他們被強制移居的地點。

　　少數民族的強制移居和中國的核武開發是相連。簡單來說，少數民族因為開發核武，從故鄉被趕出去。曾歷經強制移居的人們，都對過去有著鮮明的記憶。

　　一九五八年的青海省和中國西北的其他地區一樣，陷入極端不安定的狀況。激進的公有化政策與廢止「封建社會的宗教階級特權」運動，激起人們的武力反抗。政府編纂的《海北藏族自治州志》從現在

的觀點出發，對當時的歷史使用謹慎而帶點反省的語氣進行描述[12]：

　　一九五八年六月，海北祁連地區的「肅反運動」有擴大化的傾向。副州長與縣長，乃至於一般農民及遊牧民，共計四百一十六名叛亂者遭到逮捕；這些人在一九八一年獲得平反。

　　八月到九月間，藏傳佛教寺廟的剝削制度被廢止，有一千名以上的僧侶還俗。伊斯蘭門宦教團的特權也被廢止。超過兩百名以上的反革命分子被批鬥。這些人在一九七九年獲得平反。

　　九月，為了建立「國營二二一工廠」，有一千一百二十四戶、計五千六百三十六人的遊牧民被移居到托勒牧場、剛察、祁連、湟源等地。遷徙的家畜達二十萬頭。「地主、富農、反革命分子、壞分子」等「邪惡階級」，也有九百四十多戶被移居。

　　就像這樣，《海北藏族自治州志》運用無血無淚、彷彿毫不相干的第三者筆調，寫下這段經過；但就算如此，還是能夠一窺當時強制移居的規模。

　　據蒙古人所言，強制移居的命令是在一九五八年晚秋、他們正停留在秋季營地時突然下達的。他們被要求，當軍人和州政府幹部抵達後立刻搬出去。當時正值叛亂遭到鎮壓，許多遊牧民被處死，因此人們都老老實實地遵從命令。

　　人們幾乎是只帶著貼身行李上路，很多人的家財器物都還留在帳篷中，甚至連集結作為謀生工具的家畜都不被允許，人們就要直接踏上旅程。那時，在海晏縣高聳的山頂，正值白雪皚皚之際，而蒙古人和藏人、男女老幼，幾乎是徒步朝著北方的祁連山前進。

　　雖然祁連是適合放牧的土地，但因為人口集中在過度狹窄的土地，所以遊牧民集團之間的齟齬與日俱增。加上，在行政組織上屬於海北藏族自治區、藏人占了多數，所以好的放牧地都被多數的藏人所

占領，蒙古人只被允許在水少的地方放牧。藏人和蒙古人雖然都是中國的少數民族，但在兩者雜居的地區，還是會隨著哪邊占多數，而產生出相應的權力關係。

遊牧民的強制移居還沒有結束。一九六五年展開「清理政治、經濟、組織、思想」，也就是稱為「四清運動」的社會主義運動，思想上的更加嚴格，同時遊牧民也開始定居化。由於不願定居的人有被視為「反革命分子」的危險，因此人們除了服從之外別無選擇。前面提到的馬海峰家，也在冬季營地蓋了一間半地穴式的小屋，過起定居生活。

◎淪為核武試驗場的遊牧民故鄉

在遊牧民被趕走的土地上，建立了國營的「二二一工廠」。這是背負中國政府最高使命，負責核武實驗製造的工廠。遭到美國等西方陣營敵視的中國，認為擁有核子彈是攸關國家存亡的最重要課題，於是從蘇聯請來專家，開始進行實驗。

解放軍的士兵在今日海晏縣政府所在地建立了巨大的人工都市，整齊規劃的城區至今猶存。軍人和技術人員居住的大樓總共有四十三棟，我試著走進其中一棟，那是一棟天花板挑高、俄羅斯風設計的建築，至今依然被使用。每個早上，軍人和技術人員都會從這裡搭乘專用列車往西北方前進，抵達海北藏族自治州首府——西海鎮，然後再轉往西方約十公里處、位於草原地帶的工廠，接著再分散到十八處分工廠工作。一開始，他們連對家人都必須保守祕密，不能透露自己究竟在從事什麼任務。據某位退休工人表示，最早的時候，每天出入這個地區都必須蒙上眼睛，後來雖然不用蒙眼，但還是必須嚴格保密。所有的食品與生活用品都是從西寧市運來；從祕密都市到核武工廠的短程鐵路線，直到最近都不曾出現在中國地圖上。

和下級軍人、一般技術人員居住在海晏縣政府所在地不同，軍方高層以及來自蘇聯的專家都住在西海鎮。當地的居民都稱這些人入住的建築物為「將軍樓」。這些建物興建時就具有一流設備，

殘留在青海草原上的核武試驗場廢墟

二十四小時供應熱水。軍方撤退後，地方政府的高官取而代之，成為「將軍樓」的主人。

　　一九六四年十月，「二二一工廠」製造的核子彈被運到新疆的羅布泊、也就是過去樓蘭王國的故地進行實驗，獲得成功。之後直到一九九二年關閉為止，這座工廠一直是中國國威的支柱。關閉七年後的一九九九年，工廠一帶開放外國媒體進行採訪，當時，日本做了這樣的報導：

　　一九六〇年代中期，中國陸續開發出原子彈與氫彈，並實驗成功。製造這些核武的祕密基地遺跡，最近首度在外國記者面前公開。這是一處位在中國青海省、海拔三千三百公尺高原地帶的巨大軍事設施，也是座限制與外部接觸的「封閉都市」。當總計十六次的核武試驗結束後，一九八七年中國決定將之移交給民間管理，現在是地方政府用來吸引國內觀光客、投注心力開發的觀光景點「原子城」；然而，目前它還沒有允許外國人參觀的計畫。

　　在原本只有遊牧民居住的大草原──青海省海北藏族自治州的核心地區海晏縣，分散建立了所謂的國營二二一工廠。一時之間包含研究人員、技術人員、工人、家屬等，共計有三萬八千人居住在此。在中國核工業總公司的管理下，它分成生產區與生活區，

過去實驗場裡留下的祕密基地

明白標示著「中國第一個核爆實驗基地」的紀念碑

占地廣達一一七〇平方公里，約為東京都的一半。當地州政府的李三旦副州長解釋說：「隨著國際情勢的變化，這座工廠的歷史使命也告一段落。一般民眾都將核子當成神祕的事物，為了化解他們的憂心，我們在全面檢查、確保安全後，決定將這裡開放為觀光景點。」

「二二一工廠」是中國的「原子城」，也就是「核武之城」。市內建有一座寫著「中國第一核武器實驗站」的紀念碑。現在因為作為觀光景點，所以政府官員積極讓它向外曝光，但我在十七年前帶學生去西寧市近郊實習時，曾經被下達禁令，不准帶日本人到海晏縣，對此我仍記憶猶新。

◎汙染後歸還的土地

我走在著名的「二二一工廠」遺跡當中，處處可見祕密基地的殘痕。縱橫鋪設的鐵軌，其中一部分至今仍然帶著鏽斑橫陳一地。被巨

大鐵板包圍的實驗場之一現在變成了展示場，但整個場地上了鎖，無法任意進入。我一邊想，「這裡鐵定有放射能吧！」一邊繼續繞著遺跡前行。而在一九五八年「二二一工廠」建立前，這裡是蒙古穆斯林、圖馬特人與藏人的冬季營地。

根據當地居民所言，解放軍從一九八〇年代下半葉，就逐漸撤退；得知此事的遊牧民於是打算從被強制移居的祁連返回故鄉，卻遭到政府阻止。結果，只有家有六十歲以上老人的家庭，才能獲准回歸故鄉海晏縣。至於為什麼不允許所有人返鄉，真相至今仍然不明。

故鄉是不是已經遭到核子汙染了呢？對此憂心者不在少數。結果出乎意料地很快呈現眼前：綿羊和山羊長出了三到四根角，也有不長牙齒、或是牙齒一碰就掉的家畜出現。遊牧民的老人把這種異變的家畜理解為「在上天旨意下誕生的生物」，對牠們珍惜備至。不只是家畜，據證詞指出，在出生的孩子中，有障礙的數量也增加了。他們把核爆汙染理解為上天的旨意，即便遭汙染也要繼續住下去的原因，就是這裡是故鄉、而且是三十幾年間想回也回不去的故鄉。

地方州政府掌握了汙染的事實，中央政府也派人來調查；然而，關於汙染的具體狀況，不曾公諸於世。事實上，他們既不曾補償，也不曾施行醫療措施，讓遊牧民居住在三十幾年間用來進行核武實驗的土地上。這根本就是放任少數族裔自生自滅。政府官員自不用提，就連占大多數的漢人也不會住在這裡。這些為發揚國威提供場所的少數民族，不只沒有獲得和貢獻相應的報酬，甚至直到如今，還在持續慘遭犧牲。這樣的實情，不禁讓人感到某種明顯的歧視。

我向他們提議說，「你們應該向政府陳情才對啊！」面對這種嚴峻的事實，我實在無法假裝客觀、不去碰觸。我在一九九二年夏天造訪哈薩克共和國時，曾經在塞米巴拉金斯克，目睹前蘇聯時代的巨大核爆基地。我將哈薩克居民和美國內華達核武試驗的受害者聯手，展開反核運動的訊息告訴了遊牧民。雖然我並不清楚他們在社會主義

的獨裁體制下，能夠爭取自己的權益到什麼地步，但至少必須讓他們掌握國外的狀況。

三、撒拉人的神祕主義教團

◎身為烏古斯汗子孫的撒拉人

　　青海省循化撒拉族自治縣的大半領域，都位在黃河南岸（見下圖）。這個縣的總面積約為兩千一百平方公里，是塊年雨量不滿三百毫米的高原地帶。撒拉族的總人口現在達到十萬人，其中六成

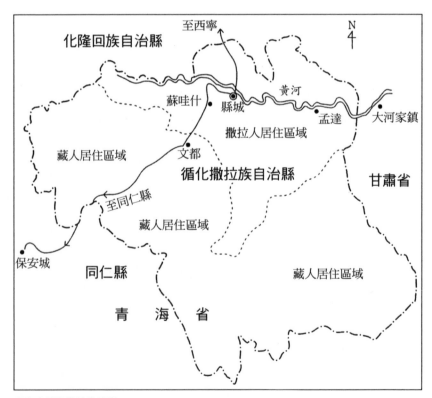

青海省循化撒拉族地區

集中在循化[13]。撒拉族也分布在甘肅省的大河家振、新疆維吾爾自治區西部的伊寧縣。在這當中，新疆的撒拉人社會，是十八世紀起幾次叛亂的參與者，從循化遭到放逐或逃亡所形成的[14]。

循化撒拉族自治縣裡的撒拉人，主要居住在以縣政府為首的北部地區，南部自古以來則是藏人的故鄉。縣內的藏人約有兩萬人，兩族人大致處於分樓共生的狀態。

撒拉人自稱是在中央歐亞遊牧的突厥系烏古斯汗子孫。據他們說，他們是在蒙古帝國時代，在一位叫做尕勒莽（Karamang）的領袖率領下，從撒馬爾罕地區移居到東方，現在的居住地循化，也是蒙古人（Mayzux）賜予他們的[15]。傳說，撒拉人的祖先用白色駱駝載運著故鄉的泥土和水，以及神聖的《古蘭經》，朝遙遠的東方世界展開旅程。當他們抵達今天的循化一帶時，疲倦的駱駝在泉水附近逗留、不願離開，他們便決心定居在此。關於他們移居的原因，有一說是受到蒙古帝國徵召，但也有說法是因為他們從事掠奪，所以遭到放逐[16]；還有一種傳說是，他們遇到「強悍的馬賊」，不得不移居[17]，但真實情況為何則不得而知。直到今天，撒拉人的認同仍然與白色駱駝緊密相連；他們的民族技藝當中，就有一項名為「白駝之舞」。

我從青海南部的化隆回族自治縣循著往南的路徑，進入撒拉族自治縣，沿途盡是險峻的山道，所經之處隨地可見落石，整段路程都在緊張之中度過。我們抵達循化撒拉族自治縣的時間是早上九點左右；縣政府的所在地位於黃河南岸，我們進入城鎮後，在一間名為「白駝食府」的餐廳享用早餐。這間餐廳的名

以在撒拉人歷史中具重要地位的「白駝」為名的餐廳

撒拉人城鎮中豎立的駱駝紀念碑

字，是取自撒拉人的祖先乘著白色駱駝、抵達循化地區定居的傳說。在循化縣，「白駝」是具特別意義的象徵，城鎮中還立有白駝的紀念碑。

撒拉人社會中，有著名為「工」的社會組織。在歷史中，有「十二工」、「八工」、「外五工」等的記錄；在「十二工」和「八工」底下，又各自分為「上六工」、「下六工」，以及「上四工」、「下四工」。歷史學者佐口透推測，這個「工」大概是阿拉伯語的 quam（部族之意）轉訛而來。又，撒拉人敬稱歷史上的領導者為「尕勒莽」，也是中亞土庫曼民族內的一個氏族名稱。土庫曼民族裡也有稱為撒拉爾（Salar）或撒羅爾（Salor）的部族，而在中亞花剌子模地區的撒拉爾人也分成「內撒拉爾」（Ichgi Salor）和「外撒拉爾」（Tashqy Salor）；由這幾點可知，我們可以從土庫曼人那裡，找尋到撒拉人的民族起源[18]。就像這樣，撒拉人的歷史與民族大遷徙密切相關。

撒拉人是住在最東方的突厥語系民族。故此，撒拉語從以前就頗受研究者矚目。早在十九世紀九〇年代，俄羅斯探險家波塔寧通過此地時，就曾記錄撒拉語的語彙。之後在二十世紀初期，著名的突厥語學者馬洛夫也曾前來進行調查。日本的語言學者柴田武在戰前內蒙的呼和浩特，也曾與組成隊商、走訪當地的撒拉人進行訪談。在美國有「步行史家」之稱的拉鐵摩爾也確認撒拉人出現在內蒙古。一九二六年，拉鐵摩爾在內蒙古的包頭鎮附近，遇到五個運送鴉片的撒拉族男子；據說，他們當時是隸屬於寧夏的穆斯林軍隊[19]。

進入中華人民共和國之後，馬洛夫的弟子提尼謝夫、卡邱克等

人，也陸續前來調查撒拉語[20]。一九五〇年代以來為提尼謝夫、卡邱克提供資訊的撒拉人青年韓建業，如今已經成為撒拉民族的著名語言學者。據韓建業所述，現在循化縣的撒拉語可以分成街子方言和孟達方言兩種方言[21]。

◎伊斯蘭神祕主義生根之地

伊斯蘭神祕主義，很早就在撒拉人之間傳播開來。據美國已故的學者佛萊契教授所述，自稱先知穆罕默德後裔的喀什噶爾・霍加家，家主霍加・阿法克在繼承父親尤素甫後，於一六七〇年代停駐在西北的河州與蘭州，傳播奈克什班迪的教義。從這個系統產生出穆夫提門宦、畢家場門宦、花寺門宦三個虎夫耶派（中國西北四大蘇非學派之一）教團[22]。其實霍加・阿法克在流亡過程中，曾經從西藏順道路過青海；他一方面試圖說服達賴喇嘛五世及其心腹，讓他們出兵支援準噶爾汗國的噶爾丹，另一方面也企圖重新回歸喀什噶爾，是個積極活動的人物[23]。

霍加・阿法克和他的父親曾在撒拉人聚居地停駐，並傳播教義。之後身為他弟子的花寺門宦馬來遲，也在循化的撒拉人社會間積極活動。

關於馬來遲，有好幾段軼聞：據說他騎著驢子渡過危險的黃河，為祈雨的人們帶來降雨，還解決了藏傳佛教活佛提出的十個難題；透過展示這些「奇蹟」，他讓「二十八部」的藏人皈依了伊斯蘭。接著南至保安城，數千名當地「土人」，即說蒙古語系語言的蒙兀兒人，全都皈依了伊斯蘭[24]。回族的馬通也有同樣的記述[25]。另一方面，據哈特曼（M.Hartmann）所述，另一位蘇非教士——開創哲合忍耶派的馬明心，也曾在一七五〇年左右，於撒拉人社會展開傳教活動[26]。因此，撒拉人居住的循化地區以及其周遭的藏人地區，乃至於保安人

曾經居住的同仁地區一帶，都是留有新疆傳來、奈克什班迪教團神祕主義思想的地區。

前面提過，循化撒拉族自治縣是撒拉人與藏人共存的地區，而它納入中華人民共和國的過程，也絕非一帆風順。在中國強行推動大規模公有化與宗教鎮壓政策的一九五八年，各民族陸續在各地掀起叛亂。根據政府編纂的《循化撒拉族自治縣志》，少數民族的叛亂從一九五八年四月開始爆發，參加者達到三千人以上。叛亂不久後被便鎮壓，有四百三十五人遭到處死，兩千四百九十九人被逮捕。當時全縣的人口為四萬三千人 [27]，由此可知，這是一場範圍相當廣的叛亂。

◎嘎德林耶派的四門全堂門宦

我前往循化撒拉族自治縣內的蘇哇什村，拜訪四大蘇非學派之一——嘎德林耶派的四門全堂門宦拱北（聖者墓）。蘇哇什在突厥系語言中是「泉源」、「水源」之意，在中亞是相當常見的地名。這個

四門全堂拱北

村莊的風景和中國的漢人村落迥然相異，到處都瀰漫著近似新疆維吾爾自治區或哈薩克綠洲地帶的氛圍。往來的行人，輪廓和表情也與漢人不同；走在路上，不時可以聽見突厥系的話語。這種交談聲讓我備感親切，畢竟突厥系語言和蒙古語有很多共通的語彙，語序也一致。雖然只是我一廂情願，但對身為蒙古人的我而言，突厥系的人就像是親戚一樣。

位在蘇哇什的嘎德林耶四門全

堂門宦拱北，被當地人稱為「蘇哇什拱北」。我和住在拱北咫尺處的韓撒拉（七十一歲）見了面。韓撒拉在少年時代學過阿拉伯語，並積極參與教團活動。中華民國時代，循化處於新

撒拉人韓撒拉和他的兒子

教推手馬步芳的控制下，經常受到政府的干涉。

韓撒拉是四門全堂第三代教主尕新江（六十六歲）的哥哥。四門全堂奉循化的穆撒為教團創始者，穆撒則是嘎德林耶派系統的蘇非教團——文泉堂教團創始者馬文泉的弟子。詳情會在第六章敘述，不過保安族內的有力教團——崖頭門，也是從穆撒系統延伸出去的[28]。雖然是保安族內的教團，但崖頭門宦的教主是撒拉人。

據韓撒拉說，穆撒大爺在以循化為首的西北各地，傳教長達五十年。當穆撒在一九〇〇年農曆十二月五日歸真（逝世）時，他將絲綢與兩枚印章傳給了追隨他的西溝瀏少。這兩枚印章據說是從奈克什班迪道堂和馬文泉那裡傳下的，也是繼承思想的象徵。

回族研究者馬通說，穆撒不只和嘎德林耶派的馬文泉，也和虎夫耶派的花寺門宦，以及莎車道堂保持著密切聯繫[29]。韓撒拉也是同樣的說法，他說教團雖然是嘎德林耶派的門宦之一，但不只是嘎德林耶，也兼通虎夫耶、哲合忍耶、庫布忍耶三大教團的教義，因此才取「四門通行」之意，稱為「四門全堂」。

穆撒逝世前，向西溝瀏少這樣拜託：「我逝世後，夫人的事情就拜託你了。請你在我的墳墓前，為我守靈四十天。」西溝瀏少照辦了。

西溝瀏少在一九二三年農曆二月五日歸真。歸真前，他將印章與口喚（命令）傳給自己最信賴的弟子，住在蘇哇什的尕六阿爺（經

名努倫基尼・布法尼）。據韓撒拉說，如果要繼承教主的地位，那就必須具備幾個條件：「親眼大見」，亦即直接從前代教主領取過傳教的口喚、努力修練、擁有印章、展現出彬彬典雅的君子風度。

尕六阿爺在一九五一年農曆十月五日歸真後，由兒子尕新江（經名阿卜杜拉）就任第三代教主，直至今日[30]。

四門全堂的歷代教主如下：

穆撒太爺→西溝瀏少→尕六阿爺→尕新江

這晚，我受到韓撒拉的款待。因為撒拉人具備在蒙古時代從中亞移居的歷史，所以和蒙古人之間有著特殊的關係。韓撒拉的六子在新疆維吾爾自治區做生意，相當擅長維吾爾語和哈薩克語。我也能說一點哈薩克語，因此和他們討論撒拉語的文化和特徵，直到深夜。

◎雪中的拱北

第二天下起了雪。

循化撒拉族自治政府所在地的城鎮，化成白雪皚皚的世界。我在韓撒拉跟他的六兒子引領下，前往市內的街子工清真寺觀摩。這座清真寺坐落在「駱駝泉」咫尺之處；「駱駝泉」相傳是撒拉族從中亞帶著隊商轉徙時，駱駝不願離開的那處泉水，也就是人們最初定居下來的地方。

「駱駝泉」是座溫泉；即使在嚴冬，它也不會凍結，總是籠罩在一片靄靄蒸氣當中。附近的民家都會從這座溫泉引水，作為自家之用。村中水流縱橫的風景，就像中亞的綠洲一樣。看來，從中亞移居而來的他們，即使在異鄉，依然建造了一座跟故鄉同樣的城鎮。

現在街子工一帶幾乎已經算是市內地區，但過去則是屬於循化的

城外地帶。蒙古帝國時代，從中亞過來的伊斯蘭教徒被稱為「色目人」，地位之高僅次於掌權的蒙古人；但是從明朝到中華民國時代，穆斯林都不被允許居住在城內。

撒拉人穆撒太爺的拱北

四門全堂的創始者穆撒太爺長眠於循化縣內的街子拱北。拱北在一九五八年被中國政府破壞，韓撒拉也被強迫進行「政治學習」。現在的拱北是在一九八七年重建的。穆撒太爺沉眠在核心建築中，西側是他的長子、東側則是次子陪伴。拱北置有香爐，也鋪有氣派的苫單。

拜訪完拱北後，我們在市內的清真餐廳用早餐。早餐是用綿羊內臟、頭部和四肢燉煮的湯，配上饃一起食用，相當美味。

四、藏人穆斯林

◎馬步芳與化隆地區

從西寧市沿高速公路南下經平安縣，便會進入化隆回族自治縣。化隆回族自治縣位在青海省東部，黃土高原與青藏高原的交會處。縣的總面積約為二七四〇平方公里，其中大半是海拔兩千公尺以上的高原（見頁一六八）。

化隆原本是藏人的遊牧地，不過當清朝乾隆年間實施勸農政策後，許多藏人部落便逐漸改為定居。清朝同時也獎勵漢人與回民移居[31]，使得這個地區漸漸轉變為多民族混居。根據一份稍舊的統計指出，一九八五年時，在化隆縣內有十三個民族、大約十八萬人居住，

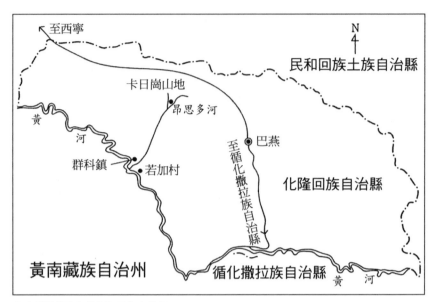

至西寧

N

民和回族土族自治縣

卡日崗山地

昂思多河

黃

河

巴燕

群科鎮

若加村

至循化撒拉族自治縣

化隆回族自治縣

黃南藏族自治州

循化撒拉族自治縣

黃 河

藏人穆斯林居住的化隆回族自治區

其中回族人口約占百分之五十，藏人則有四萬人左右[32]。

黃河從化隆縣南端往東奔流。

歷代政權都意識到黃河天險，在黃河沿岸派遣軍隊駐紮，中華民國時代的穆斯林軍人馬步芳也不例外。馬步芳在父親馬麒建立以青海為據點的「青馬」軍閥時（見下圖），就曾駐紮在化隆。之後他繼承父親地位、成為青海的統治者，任命了許多化隆出身的穆斯

青海省的藏人女性

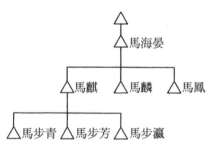

馬海晏

馬麒　馬麟　馬鳳

馬步青　馬步芳　馬步瀛

稱為「青馬」的馬海晏一族譜系

林擔任要職。中國共產黨政權成立後，出身化隆的人以馬步芳的追隨者為中心，此起彼落發動叛亂[33]。

我在縣政府所在地的巴燕鎮，和一位在縣內司法單位工作、跟我相熟的藏人碰面，並在他的帶領下，朝著位在縣內西南部的群科鎮前進。群科在藏語中，是「黃河的彎曲」之意。我前往群科鎮，是想到訪那邊的藏人穆斯林村落。一九二〇年代在中國西北活動的某位美國傳教士，曾經這樣報告：「在他們（筆者注：黃河沿岸的撒拉人）居住地附近的其他河谷，有許多說西藏語、宗教卻是回教的西藏人村落。」[34] 雖然我主要關心的重點是蒙古人穆斯林，不過調查蒙古以外的穆斯林社會、從更廣的角度來掌握中國西北形形色色穆斯林信仰的實際狀態，不也是件好事嗎？

◎卡日崗地區

群科鎮位於距化隆回族自治縣政府所在地四十公里左右，昂思多河的溪谷當中。昂思多河發源自縣內的卡日崗山地，往南和黃河匯流。在狹窄的溪谷內，分布著群科鎮的二十九個村。現在，這裡以「藏人穆斯林」、「說藏語的穆斯林」、或者「卡日崗地區的穆斯林」而為人所知。簡單說，包含群科鎮在內的卡日崗地區，就是以藏人穆斯林或「居住在藏文化圈內的穆斯林」而馳名[35]。

化隆回族自治縣，過去曾有青海統治者馬步芳設置的武器製造廠。這裡從以前開始就有很多精通製槍技術的人。到了現在，據說充斥西北各地的土製槍械，很多仍是從化隆回族自治縣流出。雖然和化隆回族自治縣無關，不過在中國最近出版的書籍中，常會將西北地區的武器走私，和被視為恐怖組織的「東突厥斯坦」相互連結[36]。

化隆回族自治縣私造的槍械，會被運到一河之隔、位在縣南的海南藏族自治州與黃南藏族自治州，以及河南蒙古族自治縣等地。在這

些地區，藏人與蒙古人環繞著牧地所有權，展開了長期而熾烈的鬥爭。據報告，雙方都動用武器，造成的死傷也頗多[37]。事實上，因為當事人是少數民族，對內地幾乎不構成任何影響，所以中國政府也不打算收拾事態，就讓回族的土製槍械，使用在藏人與蒙人的互相殘殺之上。

我那位在縣內法律部門工作的朋友跟我說，私造槍械幾乎是整個村的村民分工製造。每個家庭製造不同的零件，再到某個地方將零件集合起來、組成槍械。強烈的團結意識支撐著整個私造產業，政府根本鞭長莫及。

據說，群科鎮也是罌粟的祕密栽培地點，在四、五年前尤其興盛。從政府角度來看，群科鎮是化隆回族自治縣內問題最多的地方。故此，縣方將鎮上小小的派出所升格為公安局，增加駐警人數，以應付局勢。若有外地人突然造訪，會被視為政府的間諜，因此沒有當地人引導的話，在這個地區是不可能獲得任何情報的。

◎說藏語的穆斯林

群科鎮是藏族與回族混居的地區，鎮上的兩個民族大致處於分樓共存的狀態。我造訪的若加村，隔著道路就有藏傳佛教寺廟與清真寺比鄰而居。兩民族的孩子們在放學後，也會一同奔跑嬉戲。路上還可看到留著長鬍子、年長的穆斯林，為了做傍晚的禮拜而慢悠悠地朝清

青海省若加村的風景
藏傳佛教寺院與清真寺比鄰而居。

真寺前進。

藏人與回民平常雖然相處得不錯，但不時會爆發糾紛，其中最主要的糾紛，是圍繞著灌溉用水所引發。「哎，一旦發生糾紛，民族就會變得更加團結，也會更感情用事哪！」村裡的幹部這樣說。在乾燥地區，河川的水資源利用，是極其重要的問題。

化隆回族自治縣政府為了改善居民生活環境，實施生態移民。二〇〇三年，他們已經將四百戶左右的藏人遷移

藏人穆斯林馬‧穆罕默德

到青海湖以西、海西蒙古族藏族自治州的烏蘭縣。烏蘭縣原本是以蒙古族為主體的縣，新移民的到來卻一下子增加藏族的人口。就像這樣，在多民族地區，某項政策的實施，常伴隨著讓各民族間平衡瓦解的危險。

我在群科鎮的若加村，採訪馬‧穆罕默德（八十歲）老先生。穆罕默德雖是以藏語為母語，卻自稱為「回族」。穆罕默德的父親名叫馬‧伊斯瑪儀，但祖父的名字他已經不記得了。馬氏一族原本居住在卡日崗山地南部，一九六一年移居到若加村。

穆罕默德這樣說：「關於我們這一族是從何時、又是怎樣成為穆斯林的……雖然我並不清楚具體的年代，不過我聽父親說，當時藏人之間爆發了糾紛，失敗的一方接受『回族』的保護，後來也就成了『回族』。」

住在同村莊中的其他藏人佛教徒則說，在馬步芳掌控青海的一九四〇年代，藏人之間曾經爆發流血騷動，結果導致一部分的藏人改信伊斯蘭教。

其他情報指出，藏人和回民之間的紛爭，雖然導致大部分的藏

人遷移他處，但留下來的少數人，選擇了跟回民共生之道[38]。同伴之間發生爭鬥，失敗的一方受到別的民族保護，最後變成該民族一員，在前述青海北部的圖馬特人身上，也可以看到類似的一面。

　　穆罕默德並沒有受割禮，也沒有去過聖地麥加朝觀。他平常使用的是藏語，不過在清真寺禮拜時，則是使用漢語。藏語是父祖留下的傳統，但現在的年輕人都不太說藏語，這讓他有種危機感。

　　穆罕默德一般稱漢族為「gya」，稱以漢語為母語的回族為「gyahui」或「中原人」。可是，穆罕默德也會用意義非常廣泛的「回族」這個稱呼法；對於居住在卡日崗地區、以藏語為母語的人，他都統稱之為「回族」或「回回」。這個廣義的「回族」當中，包含了「gyahui」（中原人），以及以藏語為母語的他們自己。至於漢族、藏人佛教徒、以及回族人，則稱這些以藏語為母語的穆斯林為「藏回」。

　　居住在卡日崗地區的「gyahui」也會說藏語，但從穆罕默德的角度來看，他們的藏語「實在說得很爛」。他也承認，和「gyahui」不同，自己這樣的「回族」並不擅長說漢語。故此，穆罕默德在區別「gyahui」跟自己這些「回族」的時候，用的認知基準之一是「藏語是否說得夠流利」。以這個標準來審視若加村，穆罕默德說，村內一百九十戶居民中，約有七十戶是「藏回」，其他一百戶則是「藏族」或漢族（gya）。藏族會在家門口掛上祈禱用的經幡，但「藏回」家則不會有這種裝飾。

　　如上所述，現在用藏語為母語的穆罕默德，把藏語是否說得流利，當

藏人佛教徒的住居
大門口上方豎立著祈禱的經幡。

成是身為「藏回」與用漢語為母語的回族（gyahui，中原人）之間的區別標準。但，據某位語言學家說，誕生在西藏首府拉薩的卡切人──也就是喀什米爾商人，講起拉薩方言比西藏人更流利[39]。在現今的卡日崗地區，語言似乎也無法當作是民族集團的象徵。

◎超越族群性的「回族」

在卡日崗地區，十八世紀下半葉，蘇非教團之一花寺門宦的創立者馬來遲，曾在此地展開積極的傳教行動。中國研究者認為，馬來遲透過展示奇蹟等種種努力，讓許多藏人皈依了伊斯蘭[40]。化隆回族自治縣政府編纂的《化隆縣志》，也採用相同的見解[41]。

另一方面，中國研究者馬海雲與駒澤大學的高橋健太郎，則透過對卡日崗地區其他村莊的調查，展現出獨特的見解。他們兩人將這些穆斯林定義為「藏區」、亦即「西藏文化圈」的穆斯林。這種穆斯林社會的形成，或許有一部分是馬來遲努力的成果，但基本上和卡日崗獨特的地理、語言環境，以及多民族混居、勢力急遽消長的歷史環境有關係，也脫不了關係。由於和中國穆斯林視為聖地的河州（臨夏）接近，因此卡日崗地區毫無疑問，很早就進入了穆斯林的活動範圍當中。話雖如此，在這個地區，藏人與藏傳佛教的勢力仍非常之強。從伊斯蘭的視角來看，卡日崗地區是遠離「中國伊斯蘭中心河州」的「邊陲」地帶；反過來從藏文化圈的視角來看，它則是「藏文化圈的重要地帶」之一。於是，在兩文化交匯的環境中，彷彿折衷的結果般，誕生了日常使用藏語的穆斯林社會──這是兩位學者的假說[42]。

對於馬海雲和高橋健太郎的「中心／邊陲」說，我有點不能苟同。首先，我並不認為文化具有「中心」和「邊陲」明顯差別的界線。再者，他們兩位認為部分藏人皈依伊斯蘭，是因為藏人首長（頭人）的「壓迫」、以及佛教寺廟的剝削之故；這種階級論式的視野展

開[43]，也是很難成立的說法。假使西藏社會如中國共產黨主張，存在著「壓迫」與「剝削」，那他們又要如何解釋伊斯蘭門宦內部，以教主為頂點的政治、經濟組織？從一方的「剝削」中逃離，卻心甘情願接受另一種「剝削」，這實在讓人難以理解。我認為他們的調查，最大的貢獻就是重新展現了卡日崗地區以藏語為母語、信仰伊斯蘭的集團的複雜歷史。

說藏語的穆斯林、母語是藏語的穆斯林，這些穆斯林現在都自稱為「回族」。他們雖然掛著「回族」的名號，但和母語是漢語的回族、也就是中國政府認定的「民族」的回族迥然相異。若加村的穆罕默德，並沒有明白告訴我他的族籍是回族還是藏族。據縣政府的幹部說，事實上化隆回族自治區內為了成為穆斯林而申請變更族籍、由藏族變成回族的案例相當多。馬海雲儘管熱衷於「中心和邊陲」、「壓迫和剝削」理論，對這種族籍變更的趨勢卻隻字不提，不禁讓人感到不可思議。

從母語為藏語的穆斯林（現在至少仍有一部分維持著藏族族籍）角度來看，「回族」是個很大的範疇，基本上就幾乎等同於「穆斯林」這個概念本身。歷史上，入侵中亞的蒙古人與突厥系人們皈依伊斯蘭後，就漸漸放棄原本的部族名，單單自稱穆斯林；這樣的例子不勝枚舉。在中國「回族」是一個可以超越族群性的概念。

五、保安族的原鄉

◎班禪喇嘛與撒拉人

我們離開循化撒拉族自治縣，往更南端的同仁縣前進。黃南藏族自治州的首府，就設在同仁縣城；同仁縣隸屬黃南藏族自治州的轄下，州政府與縣政府位在同一座城中。這裡是保安族的原鄉。保安族

現在雖然是居住在甘肅省的大河家鎮（參照第六章），但直到百年前為止，他們都是住在同仁縣的保安城內。

同仁縣位在青海省東南部，東接甘肅省的夏河縣，西鄰貴德縣，北邊則與循化撒拉族自治縣相連接（見下圖）。全縣的面積是三二七五平方公里，年降雨量不到五百毫米。全縣大約有六萬四千名居民，七成以上是藏族，其他則是漢族、土族與撒拉族[44]。同仁縣保有濃厚藏族傳統文化色彩，特別以佛畫的產地而著稱。幾乎所有當地家庭都從事繪畫工作，作品廣布整個藏傳佛教文化圈。我也為故鄉的

保安族的故鄉同仁縣

同仁縣的佛畫

在山道上趕路的藏人隊商

藏傳佛教寺廟，買了幾張佛畫。

從循化撒拉族自治縣到同仁縣的保安鄉（舊保安城），距離約五十四公里。沿途幾乎都是險峻的山道，其間可以看見趕路的藏人隊商。越過高聳的嶺口後，便是連綿的藏人村落；在這當中有一座名叫文都鄉的村落，是十世班禪喇嘛誕生的故鄉。十世班禪喇嘛誕生於一九三八年，和達賴喇嘛並列藏傳佛教地位最高的轉世活佛之一。一九五九年達賴喇嘛因為抵抗中國對西藏的侵略、流亡印度時，十世班禪喇嘛並沒有追隨他。之後班禪不斷發表親中國的言論，但在文革期間仍受批鬥，受了將近十年的牢獄之災。一九八九年他回歸西藏的時候，發表了批判中國共產黨的言論，不久後便猝逝。而在文都鄉有一座和這位十世班禪因緣匪淺的寺廟。

如前所述，撒拉人居住在循化縣北部，藏人則居住在南部。二十世紀初期在中國內地傳教的某位傳教士，作了以下的記述[45]：

> （撒拉人）毗鄰西藏的地理位置，讓他們和西藏的居民間鬥爭不斷，同時也在他們的心中，蘊育了祖先傳承下來的剽悍精神。

一旦聽說「撒拉人要來攻擊了」，就連最大的支那人貿易團也會陷入極度的恐慌狀態之中。

這段記述清楚呈現出歷史上撒拉人與藏人對立的一幕。可是，我遇到的撒拉人韓撒拉說，所有的撒拉人都很感謝十世班禪喇嘛。在循化縣城的清真寺內，鄭重保管著撒拉人的古老《古蘭經》；這是撒拉人祖先從中亞移居時帶來的古經典，共計三十二冊。一九五八年，這些經典被政府沒收，送往北京。之後，撒拉人雖然屢屢要求歸還經典，卻始終遭到無視。最後，他們拜託在循化附近轉世的十世班禪喇嘛，終於在一九八〇年拿回《古蘭經》。

從循化到保安鄉（舊保安城）的道路，在百年前曾是歸化穆斯林的保安人，徒步遁逃的路途（參照第六章）。當時住在保安城內的穆斯林與藏傳佛教徒間發生衝突，逼得穆斯林不得不逃難，但他們在這時候，成功贏得藏人蘭迦部落的援助。確實，在山道這麼險峻、沿途又必須穿越各個藏人村落的情況下，這場逃亡之旅沒有強力的援助，是絕對不可能成功的。這些避難的民眾大概是帶著戰戰兢兢的心情，朝循化前進。畢竟他們跟循化的撒拉人一樣，都是穆斯林。

◎復興清朝的夢，以及和現代中國的合併

中午過後，我們抵達了保安鄉。小小的保安城，坐落在煙墩山的山腰上。過去，穆斯林保安人就是翻越煙墩山展開逃亡。保安城的城牆，如今只剩下一點殘跡，當地人利用城牆的一角，建立了地方的中學。

我試著在城內漫步。在距離中學不遠處、城內的中心地帶，有著過去都司衙門的殘跡，現在作為幼稚園之用。雖然是個看起來和普通民家幾乎沒什麼兩樣的衙門，但在過去，這裡卻曾是夢想復興清朝的

同仁縣保安城內的民家

同仁縣保安城內的都司衙門
入口處上方刻有毛語錄。

男人與擁護中華民國的人們之間，展開熾烈戰爭的場所。

清朝皇帝在一九一一年發表退位宣言後，中華民國成立。然而，有一名身為大清帝國皇室末裔、自稱「六皇子」的愛新覺羅・呂光組織了宗社黨，奔走各地，呼籲復興清朝。呂光在一九一五年從東北滿洲經內蒙古進入甘肅，他以「承制總督內外勤王忠義馬步全軍一等忠順公」的名義聚集士兵，打著「助清滅民」的口號進攻河州（臨夏），但未能成功。一九一六年初，呂光在同仁隆務寺活佛的支持下抵達保安城，立都司衙門為自己的王府。他不承認民國年號，而是繼續使用末代皇帝的宣統年號。「六皇子」的熱心支持者中以藏人為最多，其他也包括了「土人」及漢人。

呂光這位「六皇子」宣稱，蒙古國的騎兵不日將南下，自己也將攻下西北重鎮蘭州。中華民國眼見事態嚴重，於是命令甘肅提督馬安良與甘邊寧海鎮守使馬麒出兵鎮壓。穆斯林軍閥立刻出動大軍；五月，呂光在今日的貴德縣內被馬麒軍隊逮捕，移送西寧後遭到絞死。「六皇子」復興大清帝國的夢想，就在西邊的青海湖畔畫下了句點[46]。

鎮壓十九世紀下半葉的回亂、成為清朝忠臣的馬占鰲與馬海晏一族，在清朝末期的一九〇〇年、八國聯軍攻進北京時，竭盡忠誠地保護皇帝，因此獲得了和滿洲人過去的盟友——蒙古人，幾乎同等的地位。然而，這些穆斯林菁英軍人，一旦在西北地區鞏固了軍閥政權的地盤，且利益獲得中華民國認可後，便輕易地忘卻清朝帝國的恩賜，絲毫不允許它重振旗鼓。保安城內的這座小小都司衙門，毫無疑問正是這段興亡盛衰的記憶象徵。

　　一九四九年中華人民共和國成立後，也在同仁地區推行了過激的公有化政策，以及否定宗教的運動。就在人民解放軍經青海，對西藏全境發動急遽侵略的一九五八年四月，同仁地區爆發了以「保護宗教民族」為宗旨的大規模反抗運動，現代中國稱這次反抗為「叛亂」。這場「叛亂」和甘肅南部的藏人居地相互呼應；當時同仁縣的人口約有三萬人，其中就有超過兩千人以上參加「叛亂」。這次，這些「叛亂者」遭到了共產黨的鎮壓；「一九五八年叛亂時，有三百七十二人遭殲滅、六百五十八人遭逮捕，但鎮壓難免有些過度之處。」政府編纂的《同仁縣志》用相當謹慎的語氣，寫下了這樣一段話[47]。

◎保安城內的保安人

　　在保安城的周邊，居住著跟我在二〇〇三年曾經造訪過的，甘肅省大河家的保安族，操完全相同蒙古語系語言的人們，但他們現在都自稱為「土族」。明明是說著同樣語言的人，卻分為兩個民族。

　　過去漫遊中國西北的傳教士，曾經留下這樣的記載[48]：

　　從西藏國境直抵河州，一直往正南方延伸的黃河南北兩側地區，散布著跟蒙古系回回屬於同一民族的五族居民。他們在體格上的特徵頗為一致，且說著同樣的蒙古語方言，不過採用的卻是西藏

人的服裝與風俗。不只如此，他們信仰的也都是西藏人宗教，當中甚至還有皈依古老的苯教，對火和惡魔進行禮拜的人在。雖然散居在西藏民族之間，不過他們還是建有獨立的村落。

這位傳教士雖然沒有明寫保安城，但清楚表現了在黃河沿岸，住著一群「說蒙古語系語言」，宗教上包含穆斯林、藏傳佛教徒，甚至是苯教信徒的人們。

在城內四處依然可見過往的殘痕。現在，保安城內的主人已經變成了漢人，如果問他們說「你是什麼人」，他們首先會回答「保安人」；再進一步追問，「我知道你是保安人，但是什麼民族呢？」他們才會表明漢族的身分。漢族也和古早以來居住在這裡的人一樣，首先回答「我是保安人」，這是個非常重要的表態。

現在在甘肅省大河家流域的保安族分成三個村落居住，使用的語言各不相同；有以漢語為母語，也有以蒙古語系語言（保安語）為母語的村落。儘管語言各異，但因為他們一直以來都自稱保安人，所以中國政府也就認定他們為「保安族」。但另一方面，留在同仁縣、操持完全相同蒙古語系語言的人們，卻被認定為別的民族，即所謂「土族」。事實上，至少到十九世紀下半葉、皈依伊斯蘭的人們逃離保安城為止，當地所有的居民都自稱為「保安人」；現在被分類為各自不同的民族，全是中華人民共和國「民族識別工作」的結果。

◎土族人口中保安人的歷史

在保安城的西側，有土族人聚居的下莊村，隔著道路遙遙相對。我去的時候，村民正好聚集在小小的祠堂中，舉行稱為「瑪尼・霍拉荷」的法會。我穿過狹窄的巷弄，抵達那座祠堂。途中，我試著用蒙古語和路上的行人攀談，他們都能清楚理解我說什麼，並能好好

回答。對我而言，他們講的話比蒙古
東部的科爾沁、喀喇沁方言更容易理
解。這個村莊的土族人日常使用土語，
不過也會說藏語和漢語。土語沒有文
字，因此很多孩子都去藏語學校就讀，
也用藏語來讀寫。村裡也有漢語學校，
但老人們說，比起漢語，他們更傾向
藏語。下莊村的人口約有一千兩百人，
其中百分之八十是土族。

同仁縣的藏語、中國語雙語看板
這裡自古便是藏人勢力範圍。

　　法會的舉行方式，和我故鄉內蒙
古自治區鄂爾多斯的作法完全相同。
午前是男性的法會，午後則只有女性
可以參與。令人驚訝的是，法會的參加者大半是年輕人。

　　法會期間，各家庭會依序準備餐點，提供給全體參加者。我一邊
喝著準備好的綿羊湯，一邊跟村子的前書記賽蘭吉（六十歲）與現任
書記齊塔克（六十二歲）兩人攀談。他們兩位都是土族，前書記現在
正在撰寫土族的歷史，還讓我看了他的部分原稿。

　　據他們兩位所言，土族以前自稱為「蓋吉‧坤」（Geji kün）。
「蓋吉」是漢語的「各
自」，也就是「咱們
自己」的意思；「坤」
則和蒙古語一樣，指
的是「人」。現在
居住的下莊是來自漢
人的稱呼，本來的
名字是「托吉庫爾」
（Tojikur）。土族人

同仁縣的土族人
前排兩位是前任和現任書記。

社會中有稱為「坊頭」的組織，但我認為這是「浩特」的複數型「胡同」的轉訛。「浩特」原本指的是家畜的睡床或遊牧民的紮營地，後來則轉指城鎮或都市之意。現在在北京等中國北部地區，用來指稱巷弄的「胡同」一詞，也是來自同樣的語言。

土族人（各自人）原本都居住在保安城內。在城附近有上莊、尕斯爾、年都乎、郭木爾、下莊等五個聚落。說土語（各自話）的人雖然很多，但也有人說漢語；人們透過使用的語言，進行溫和的分棲共生。這裡所有人過去都是佛教徒，進入清朝初期後，有部分的人皈依了伊斯蘭。即使操持同樣語言的人當中，也有信奉藏傳佛教與皈依伊斯蘭兩者並存。

咸豐年間（一八五一─一八六一），當地因為隆務河的灌溉用水爆發了糾紛。原本一直和睦相處的人們，分成佛教徒與穆斯林兩方相互衝突；紛爭持續了約七到八年，此後雙方的感情一直無法修復。

保安城內有一座名為「香巴拉寺」的藏傳佛教寺廟。香巴拉是藏人深信的理想鄉，一般也被理解成「極樂淨土」。穆斯林想要破壞這座寺廟，導致雙方關係的更為緊張；據說最後穆斯林沒能得逞而逃跑，但也有一種說法是，穆斯林在逃出時，破壞了香巴拉寺。另一方面，甘肅省大河家的保安人則記得，在農曆新年的時候，穆斯林會被人強逼扛著佛像，在街道上遊行[49]。

六、創建民族的各個要素

◎《同仁縣志》中土族與保安族的形成史

同仁縣政府編纂的縣志內，簡明扼要地解釋土族與住在甘肅省大河家鎮的保安族之間的關係，以下就介紹其內容[50]：

縣志說，保安城起源自明代屯田制度的四個屯，這四個屯的居民

一部分是穆斯林。進入清代後，隨著伊斯蘭的勢力擴大，穆斯林與藏傳佛教徒的衝突日益增加，結果穆斯林被藏人逐走，移居到今日甘肅省的臨夏回族自治州積石山縣大河家鎮。他們在移居地也自稱保安人，於是進入中華人民共和國之後，遂被認定為「保安族」。至於信奉藏傳佛教、留在保安四屯的人，則被認定為土族。據一九五二年的統計，同仁縣的土族約有九九七戶、四千兩百二十四人；到了一九九〇年，人口增長到七千兩百六十五人。

保安四屯分別是脫屯、季屯、李屯與五（吳）屯。

脫屯是由保安城與附近的下莊組成，居民信奉伊斯蘭與藏傳佛教，不過穆斯林較多。之後穆斯林被放逐到大河家鎮的時候，原居保安城內的人形成了梅坡村，下莊的人則定居在甘灘、高趙李家村。

季屯現在稱為年都乎。它原本是個百戶左右的部落，居民除了馬姓穆斯林以外，幾乎都是蒙古人與土族人。一部分居民雖然使用漢姓，但那不是皇帝或政府「賜姓」，就是模仿漢人取姓。

李屯是由尕斯爾和郭木爾兩村所構成。尕斯爾住著稱為「回回八十家」、「馬家八十家」的穆斯林，這些人大半是「皈依伊斯蘭的蒙古人」，其他還有極少數回民。尕斯爾村另外也有「土族人八十家」，這些人是藏傳佛教的信徒。郭木爾的居民是「浩爾人」，「浩爾」是藏人對說蒙古語系語言遊牧民的稱呼。之後，尕斯爾的居民移居到甘肅的大河家鎮，成為大墩村的主人。

五屯人中有說藏語者，也有來自南方江蘇與四川的人。他們在進入中華人民共和國時代後被認定為土族，但語彙有百分之六十是漢語。自一九八〇年代起，他們便不斷要求將族籍從土族變更為藏族。

以上縣志的見解，和我以前從甘肅省保安族人得知的情報基本上一致（參照第六章）。縣志說保安四屯的起源是明代，但明不過是承襲元朝的制度。從這可以得知，保安城和周邊稱為「屯」的各個村落，在歷史上分布著說各式各樣話語的種族團體；這些人在宗教上，大多

信仰藏傳佛教與伊斯蘭教。

關於移居的原因，《同仁縣志》舉出了「宗教」、「民族」和「經濟」三個理由。

同仁縣的「土著居民」本來是信仰藏傳佛教，但到清朝中葉時，隨著河州馬來遲阿訇的傳教活動，開始有人皈依伊斯蘭教。於是，在年都乎、尕斯爾與下莊都建立了清真寺，結果遭到在當地擁有極大權力的隆務寺干涉。隆務寺高層逼迫穆斯林放棄信仰，還在穆斯林的村落裡建造祠堂。郭木爾與年都乎的一部分居民在壓力下又改回藏傳佛教，但尕斯爾、下莊，以及保安城內的穆斯林則相應不理；下莊的穆斯林甚至摧毀佛教寺廟內的佛像，燒毀經典，情勢演變成兩者直接對峙。儘管如此，管轄保安城的循化廳地方官員卻沒有拿出適當的處理對策，導致事態更加惡化。這就是「宗教上」的理由。如上所述，縣志把伊斯蘭的出現，和馬來遲的傳教作了連結。

前文提及的馬來遲是花寺門宦的創立者，自一七五六年（乾隆二十一）起，在循化地區進行傳教。由於他展示了騎馬橫渡黃河、成功祈雨等「奇蹟」，又回答了藏傳佛教高僧提出的難題，因此讓保安城及其周邊的居民皈依了伊斯蘭[51]。

縣志接著說，「民族上」的理由是，居住在甘肅大河家鎮的馬占鰲為了將保安城的穆斯林納入自己轄下，不斷煽動「民族間的糾紛」。馬占鰲在西北穆斯林社會擁有極大的話語權，而他也是馬來遲創設的花寺門宦阿訇。在我看來，馬占鰲大概是基於花寺門宦內的宗教責任感，所以才對保安城地區的穆斯林社會人保持關注。我曾指出，保安人穆斯林若不是跟馬占鰲保持良好且特別的關係，是不可能在馬占鰲腳下的大河家鎮安居的[52]。縣志的說法再次證明我的見解。

至於縣志所說「經濟上的理由」，則是有關隆務河用水的紛爭；這點和前面介紹的保安人看法大致一致。

◎語言、宗教與民族的形成

　　保安城內的漢人與土族人，都自稱為「保安人」。事實上，從古早時代起，當地說各式各樣語言的人，都自稱為「保安人」。之後，一部分的保安人成為穆斯林。如同前面反覆提及，有一說認為，以循化為據點的蘇非教團領袖馬來遲，在十八世紀中葉讓住在保安城的「數千名蒙古人」皈依了伊斯蘭[53]。某位保安族知識分子則說，保安人不只皈依馬來遲，也皈依了哲合忍耶教團的馬明心。不論如何，保安城一部分居民皈依伊斯蘭的事件，都和蘇非派脫不了關係。

　　皈依穆斯林的人群中，應該有說蒙古語系語言的人，也有說漢語的人吧！而當衝突爆發、面臨移居決斷時，人們也是以宗教為軸，團結一致展開行動。這時候，說什麼語言並不是特別重要的問題，重要的應該是是否身為穆斯林。

　　說到底，保安城和它周邊的村落從蒙古帝國時代起，就維持著以語言為基準、和緩的分棲共生狀態；這個傳統在新移居的大河家鎮三個村，也依然維持不變。然而，就算到了移居地點依舊語言各異，他們還是全都自稱「保安人」。在身為保安人的同時，他們也是穆斯林。等到進入中華人民共和國、必須形成民族時，他們便以「保安人」和「穆斯林」為依據，踏上了成為「保安族」之路。

　　即使在同一群人變成相異民族的現在，大河家鎮的保安人依然對保安城附近、隆務河岸的土族人抱持著特殊的情感。畢竟不管怎麼說，那裡都是自己的故鄉，自己和那裡的居民，也共享著同樣的歷史啊！

七、民族形成之道

◎痲瘋病——遙遠悲傷記憶的復甦

青海省同仁縣內，設有中國最出名的痲瘋病醫院。因為它對於痲瘋病治療有顯著的功績，因此屢屢獲得政府表揚。

從歷史面來看，近代民族國家為了在領土內創造「健康的國民」，往往會將痲瘋患者[*]隔離並歧視待之，中國也不例外。我在內蒙古自治區鄂爾多斯上小學的一九七〇年代，內蒙古各地展開了將痲瘋患者集結，運往青海省治療機構的運動。我自己就親眼目擊到，某天附近的婦女忽然被從傳染病防治中心開來的救護車給直接運走。

從鄂爾多斯送往青海省的患者，幾年後回到故鄉。我的故鄉也有某位女性在一九七二年從隔離機構出院，她和在同一機構中認識的藏人男性結了婚，帶著丈夫一起回來[54]，夫婦兩人現在在鄂爾多斯地區，過著幸福的生活。

雖然我不確定為什麼會在同仁地區建立痲瘋病治療機構，但據現在的資料顯示，從中華民國時代起，就有許多患者住在這裡。只是，當時對痲瘋病患的處理方式，主要都是殺害。

據《同仁縣志》和《化隆縣志》所述，一九二八年，馬麒和馬步芳主政的青海省政府將化隆、循化、同仁一帶發現的近百名痲瘋患者，聚集到化隆縣城內的福音堂；福音堂是加拿大傳教士設立的教會。幾天後，全體患者遭到活埋。在一九四〇年春天，有三十幾名患者遭到槍決[55]。

進入中華人民共和國之後，一九五三年在同仁縣設立了「痲瘋病

---

[*] 作者在日文原文中解釋「中國稱漢生病為痲瘋病」。

醫院」，之後改名為「慢性病療養院」。直至一九九〇年為止，他們從中國各地合計接受了一〇九八名患者，據說治療率達到百分之八十六[56]。我故鄉鄂爾多斯的蒙古人，雖然從過去就以遊牧和朝覲等各種方式，和青海地區有著緊密往來，但到了近現代，卻是在治病上跟當地產生聯繫；一想到這裡，我的心就為之一沉。

◎強悍的藏人與「民族」之壁

我們離開同仁縣的保安城，進入黃南藏族自治州州政府的所在地。

在自治州政府前的廣場上，有許多席地而坐的藏人聚集在一起，進行陳情抗議。據說抗議已經持續了好幾天。這場抗議一方面是要反對政府對農地的強制徵收，另一方面也希望解決和鄰村的牧地糾紛。在標榜社會主義的中國，土地是國有財產，政府隨時可以徵收或開發。在進行徵收的時候，他們完全不會考慮世居當地居民的利益，支付的補償金也微不足道。這樣的問題，在現在的中國全境處處可見。

黃南藏族自治區因為有好幾個民族混居雜處，所以放牧地權利的爭奪相當激烈。再說，藏人的團結意識原本就很強。在國外，有以印度為據點展開活動的達賴喇嘛法王流亡政府；法王在一九八九年獲得諾貝爾和平獎，在國際間的知名度相當高。正因如此，在同為少數民族的我眼中，藏人總是會對政府展開強烈的抗議。蒙古人相較之下，就沒有這個勇氣；畢竟他們沒有像達賴喇嘛法

在黃南藏族自治州政府官署前召開抗議集會的藏人

王這樣，從國外送來喝采支援的人物。蒙古人只是各自孤軍奮戰，然後馬上就被逮捕投入獄中，而且現在，還有被當成「恐怖分子」的危險性。

因為西藏問題已經具備了國際性質，所以中國政府也極端重視。他們在北京設立了國立的「藏學中心」，也就是專門研究藏學的機構；那是中國唯一中央部會級的少數民族研究機構──對蒙古人、回族、維吾爾族，他們就沒有設置類似的機構。

從蒙古人角度來看，藏人實在值得欽羨。參加陳情抗議的藏人，全都是堂堂正正走上街頭。相比之下，青海省的蒙古人、以及我故鄉內蒙古自治區的蒙古人，那種滿足於賞賜下自治的態度，實在讓我顏面無光。

過去身為保安人子孫的土族人，就居住在如此強悍的藏人自治州內。在他們的母語中，藏語的語彙比以前增加了許多，前往藏語學校就讀的人也相當多。另一方面，居住在甘肅省大河家的保安人則是上漢語學校，年輕人忘卻母語的情況與日俱增。明明是說著相同蒙古語系話語的人們，現在卻真真切切朝著相異的方向前進。這就是創造出「民族」之壁的現實與未來。

◎為形成民族而前進

離開黃南藏族自治區後，我再次回到循化撒拉族自治縣。這次左望黃河，一路往東行駛，朝去年拜訪過的甘肅省大河家鎮前進。我選擇這條道路的原因，是想追溯過去保安人走過的足跡。被逐出保安城的穆斯林，就是循這條道路出逃避難。為了理解歷史的一幕，我必須用自己的眼睛，確認歷史展開的場所。

道路是沿著黃河南岸的斷崖絕壁，挖掘開鑿而成，其寬度僅容兩輛車勉強擦肩而過。由於前幾天的降雪凍結，地面相當地滑。黃河在

靈明堂大河家拱北內的匾額

嘎德林耶派的靈明堂大河家拱北

深達數十公尺的眼下流動；這一帶的黃河，呈現相當罕見的清澄綠色。我們用不滿十公里的時速行駛；明明只有三十公里左右的道路，卻花了四小時才通過。過去的保安人，就是走在這樣的道路上：他們離開保安城、來到循化城，再經由位在東方、同樣居住著撒拉人的孟達，抵達大河家。這段旅程，足足花了六年的歲月。當我們回顧歷史時，其實很難有「假設」這回事；但是如果保安人沒有斷然下定決心，通過這條險峻的道路移居，那就不會形成保安族這個嶄新民族了吧！

在進入甘肅省大河家鎮前不遠處，有著靈明堂大河家拱北。一位叫做妥先生的五十八歲東鄉人，負責看守這座拱北。靈明堂是嘎德林耶派的門宦之一，是蘭州出身的回民馬一龍（字靈明，一八五三－一九二五）所創設的蘇非教團。該教團第三代的教主，是東鄉人汪壽天[57]。據拱北的管理者妥先生所言，這裡是第三代教主長眠之所。另一方面，回族研究者馬通則說，靈明堂大河家拱北，是主宰同教團蘭州西園靈名堂的馬向真長眠之所[58]。

進入甘肅省後，就到了我和青海省雇用的回族司機冶先生告別的

時候。

　　「你要不要早點皈依伊斯蘭哪？畢竟我看你去的地方，全都是清真寺和拱北哪！」

　　這是他最後送給我的話。

第六章
保安族的蘇非主義

在十三世紀曾為蒙古帝國首都的哈拉和林,有一座名為額爾德尼召的藏傳佛教寺廟。在寺內有一塊刻著波斯語碑文的石碑,孤零零地聳立著;蒙古人為它塗上酥油,把它當成崇拜的對象。

儘管波斯語碑文日益磨損,但經過宇野伸浩、松岡倫、松田幸一等日本蒙古學者的解讀,發現了衝擊性的事實:這塊石碑是伊斯蘭蘇

建造在往昔蒙古帝國首都的額爾德尼召寺院

額爾德尼召寺內的波斯語碑文
攝於一九九三年。

非教團在蒙古帝國首都哈拉和林建設修道場（哈納卡，khanqah）[*]的時候豎立的，而參與建設的，很可能是庫布忍耶教團[1]。

十三、十四世紀的蒙古帝國疆域內，有形形色色的蘇非教團在活動。各地蒙古政權君主的皈依伊斯蘭，也和蘇非派有著密切關聯。蒙古帝國瓦解後，這些蘇非教團又變成什麼樣子了呢？

穆斯林集團在東方誕生，是蒙古帝國時代的遺產之一。那麼，操持蒙古語系語言的各個集團內，伊斯蘭信仰的狀態又是如何變化的呢？懷抱著這個疑問，我在二〇〇三年十二月十八日到二〇〇四年一月六日，造訪操持蒙古語系語言的保安族與東鄉族所居住的地區。

一、伊斯蘭的黃土高原

◎身為傲慢調查者的自覺

> 在奇蹟跟前，科學看起來幾近荒唐無稽。這片黃土高原正是宗教的棲息之地。伊斯蘭在這裡，成為中國式、黃土高原式的貧窮異鄉人，唯一的精神支柱。

回族出身的作家張承志是如此描述中國西北乾燥大地的[2]。他稱這片黃土大地為「宗教的黃土高原」、「伊斯蘭的黃土高原」[3]。

黃土高原上被稱為「中國穆斯林」的，包括了回族、保安族以及東鄉族。其中，保安族和東鄉族，被中國內蒙古自治區以及蒙古國的人視為「蒙古人穆斯林」或「蒙古系民族」；在漢文文獻中，他們也很早就以「回回蒙古」或「蒙古回回」的姿態登場。現在中華人民共

　哈納卡是指伊斯蘭教蘇非派修士的活動中心，也是進行退修和招待其蘇非修士和伊斯蘭學生的處所。

和國以國家權威為背景，編纂的《保安族簡史》與《東鄉族簡史》，也稱這兩個集團是「以信仰伊斯蘭的蒙古人為中心，形成的民族」；這兩個民族所操的，都是「阿爾泰語系蒙古語族的言語」[4]。

伊斯蘭之所以能朝東方世界擴張，乃是承襲蒙古帝國對外擴張的遺緒，這種看法如今已成為學界的常識[5]。我雖然是蒙古人，卻不是一個我族中心主義者；我沒有把這種學界常識當成民族榮耀來看待，也不打算過度美化過去的大蒙古帝國。只是，我從以前開始就有種情懷，想好好調查一下東方穆斯林社會的實際狀況。

我在這次的調查中，試著對保安族與東鄉族的知識分子、宗教菁英說：穆斯林社會之所以誕生在中國這樣的東方世界，其實是蒙古帝國的遺產之一。這樣嘗試的原因是，因為歷史和民族形成與起源認知有著直接關係。結果我確認到，他們對蒙古帝國與伊斯蘭的關係擁有相當多的知識。甚至有好幾個人不等身為調查者的我開口、光是知道我是蒙古人，就直接說「我們的祖先是蒙古帝國時代過來的」、「我和蒙古人是親戚」，對我坦然打開心房。被稱為蒙古的集團，以及被稱為「蒙古人」、現在活生生的人們，不管面對什麼事情，都脫離不了用歷史來思考的習慣。

說實話，我自己對於「你們都是蒙古帝國時代過來的人們子孫」這種說法，覺得有點傲慢。儘管如此，我還是試著這樣講，來看看他們的反應。因為保安族和東鄉族人的認同從一九八〇年代開始，便產生了雖然細微，卻相當確切的變化。二〇〇〇年夏季的某一天，我在內蒙古自治區西部的阿拉善地區調查蒙古人穆斯林時，遇到了一位東鄉族的導師（伊瑪目）。這位導師出身甘肅省河州（今臨夏）地區，以東鄉人的身分在蒙古人穆斯林間傳教。他雖然主張「東鄉人和蒙古人，都是蒙古的一員」，卻在社會主義對宗教壓抑趨緩的一九八〇年代，將自己的族籍從蒙古族改回東鄉族。他的理由相當簡單，只有一個，那就是「東鄉族是穆斯林」[6]（參照第三章）。換言之，說蒙古

語系語言的他們，是否正悄悄地回歸伊斯蘭呢？我不禁有這種直覺反應。

事情還不只這樣。

在保安族與東鄉族的菁英中，也有人開始對一直以來的定義——「自己是以信奉伊斯蘭的蒙古人為中心，形成的民族」表示異議。甚至也有人主張，應當去除蒙古色彩，將現在固定的民族名稱改掉[7]。為什麼會產生這樣的變化呢？

在人類學者安德森一派的簡單歸納中，民族完完全全就是「想像的共同體」。這種看法最欠缺的，就是歷史性的層面。當我們考慮歷史與民族形成的關係時，無論如何都會在腦海中浮現「作為蒙古帝國遺產的東方伊斯蘭」這個論述。因此，我才大膽地扮演起這個「傲慢調查者」的角色。面對我這個「傲慢的調查者」，不管是保安族、東鄉族還是回族的人，都抱持著相當寬容的態度。他們不是接受這個學界的通說，就是在明瞭此事的情況下，做出自己的主張，而我當然也認真傾聽他們的主張。

透過扮演「傲慢的調查者」，我可以很自負地說，這次的調查相當順利。透過道出自己真正的心聲，相信在某種程度上，是能聽到他們真正的心聲。當然，這不意味著他們就會毫無隱瞞地向我吐露一切；就算從時間上來說，要達到這個目標也是不可能。而且，他們應該也有很多對異教徒的不宣之祕。蒙古人、保安人、東鄉人、回族，全都是中國這個巨大國家中的少數民族，每一天所過的生活，也都是少數派的投影寫照。換言之，調查者與被調查者，雙方都是站在國內少數者的立場。也因此，我才能縮短跟他們之間的距離。

◎為了「擺脫客觀」而展開的旅程

從一開始，我就把這次的調查旅行定位為「一場貼近心靈的旅

程」。在學術研究上，強烈主張「心靈問題」的，還是作家張承志。祖籍山東、誕生在北京的張承志，是回族的一員。「文化大革命」正值高潮的一九六八年時，他以下放青年的身分，在內蒙古自治區的烏珠穆沁草原度日[8]。他一直把當時起居與共的蒙古人家庭當成是自己的親生家人，投注無比的愛情，讓他們屢屢在自己的作品中登場。之後，他成為中國蒙古學會會長——大師翁獨健的弟子，接受歷史與考古學的訓練。但不久後，或許是感到學術研究手法有其侷限，於是張承志便把重心轉移到對人類「生存方式」與精神世界的探求上——成為一名作家。

在成為作家、功成名就時，張承志也產生了穆斯林的自覺，並和尊崇殉教精神的伊斯蘭神祕主義派別——哲合忍耶派，在精神上日益接近。他從俗稱的「西海固」地區，亦即寧夏回族自治區的西吉、海原、固原三縣居住的貧窮穆斯林生活經驗出發，寫下了中國伊斯蘭、特別是哲合忍耶派的苦難與殉教歷史，這就是一九九一年出版的《心靈史》。

中國的某位青年學者，做了這樣的評論：張承志以穆斯林一員之姿，直指蘇非派內部的核心，並得到領悟。他對伊斯蘭強勁的生命力與呈現樣貌深感震撼，為之敬佩不已。接著，他開始對以孔孟思想為主流的文化展開反擊[9]。

《心靈史》在中國的穆斯林社會、特別是回族社會中，引發了巨大的迴響。居住在黃土高原的回族穆斯林，每個人都淚流滿面地閱讀《心靈史》[10]。即使在經過十幾年的今天，還是有研究者指定《心靈史》為中國大學生的必讀書籍[11]；而對作家張承志與其作品的研究，也變成了一門學問，即所謂「張承志學」[12]。

在《心靈史》的日語改訂版《殉教的中國伊斯蘭》中，張承志這樣敘述了自己的執筆方針[13]：

正確的方法論，應該要從虔誠教徒所保持的「生存方式」當中去找尋才對；仰賴舊式的歷史敘述方法，只會毀壞這些教徒的思維罷了。

我對張承志說的「生存方式」為之傾倒。就算再怎樣排列學術用語，我真能把自己所接觸的人們——不管蒙古人、哈薩克人還是漢人——的真正心意，清楚地傳達出來嗎？我總是為此感到不安。

學術研究這項工作，必須要以資料為根據；可是，人的思緒是不可能全部彙總成資料並加以轉換的。在中國身為少數民族一員、在日本則為外國人（outsider）的我，在強調和自己同樣處於弱勢立場的人們想法時，總會被看成「非客觀的」。身為日本人的歷史學家杉山正明可以對「大蒙古」和「蒙古時代」津津樂道，但身為蒙古人的我，就不能不對此感到猶疑。畢竟，從蒙古人的口中，就算再怎麼「客觀地」講出「大」和「時代」，還是相當危險。畢竟，這樣講或許會被中國視為有分裂傾向的「民族主義者」；在日本則會被看成「我族中心」、「非客觀」。因此，身為蒙古人的我，在作為蒙古學研究者，以蒙古為對象、探求其生活方式的時候，不能不慎重而行。儘管如此，我還是認為，人類學的目的之一，正是對生活方式的探求。而這次，我把調查對象從蒙古人，擴及到保安族與東鄉族。

在這次的調查中，我竭盡全力地貼近對方的生活方式。對於他們究竟對身為異教徒的我能吐露出多少真實心聲，我仍感到有所不安。不過，就算他們講的都是極端表面話、在不失禮的情況下，顯出彬彬有禮的樣貌，只要他們能傳達出多元穆斯林社會的某個面相，那就很足夠了。

我和穆斯林的交流，並不是從這次旅行才開始。

一九九一年到一九九三年間，我每年都會前往新疆維吾爾自治區進行調查，住在新疆維吾爾自治區的哈薩克族、維吾爾族與烏茲別克

族，幾乎都是穆斯林。這次我打算深入了解穆斯林社會非守護不可的基本事物。儘管如此，我仍感到有點憂心。因為這次我要以接近心靈為目標，從而擺脫「客觀」這個意識形態的束縛。

身為異教徒的我，真能被他們所接納嗎？

他們對我，又會吐露真實心聲到什麼地步呢？

人類學本來就不是一門無視心靈的學問。李維史陀在他的名著《憂鬱的熱帶》中，就明確提及「人類學也有必要應對人心的問題」。雖然我們總是概括地說「中國穆斯林」，但其中的實情卻有千百樣。我希望這次的旅程，能多多少少傳達出伊斯蘭社會的某個面相。

◎伊斯蘭生根的環境

往甘肅省首府蘭州的飛機誤點大約一小時後，在下午三點四十五分從北京機場起飛。不久後，西北中國的黃色大地就展露在我的眼下。這片黃土大地，實際上是由細小的粒子所構成；這些粒子隨西北風被捲起，讓天空瀰漫在一片霧靄當中。

接近傍晚六點時，飛機抵達了蘭州市西北的中川機場上空。我們在灰色的山麓上空盤旋，準備降落。這時，我不禁想起了張承志描述黃土高原的話語[14]：

> 那是一片駭人的山岳風景，居住其上的每個人都強韌無比。除了神祕主義（蘇非主義）以外，沒有任何足以和這塊土地匹配的力量存在。知識分子對這裡，完全無能為力；也正因如此，這塊宗教的黃土高原，完全不為外界所理解。

我雖然不是穆斯林，但對張承志的話深感共鳴。我覺得比起日本列島那種森林密布的山岳，這裡的山更有「人」的感覺。在被森林覆

蓋的群山中，寄宿著萬物的靈魂，因此森林總讓人感到恐懼。相較之下，森林稀少的黃土高原群山，則讓人莫名地感到「人味」。

中川機場位在蘭州市西北八十公里處，離開機場，舉目望去盡是一片黑暗。我並不想一個人搭計程車，奔馳在夜晚的黃土高原道路上。倒不是因為我害怕山麓，只是在意安全。雖然中途要是能找到村莊，就沒什麼好怕的，但到目的地為止的路程還是令人擔憂，所以最後我還是選擇了大型巴士。

這晚，我在蘭州大學的外籍教師宿舍過夜。宿舍的設備不差，一晚的住宿費也只要兩千圓，相當便宜。大學校區內很安全、也很寧靜。我在這裡買了蘭州大學出版社的書。校區內一定設有書店；要了解最新的研究情報，前往書店是首要之務。

宿舍內的外籍教師與留學生，早早就開始舉行聖誕派對。我登記完住宿後，走出大學校區，在學生聚集的街道上吃了頓「清真蘭州牛肉拉麵」。一碗拉麵只要五十圓不到。「清真」的意思是這家店由穆斯林經營。對蘭州人而言，「蘭州牛肉拉麵」是不可或缺的存在。有人開玩笑說，他們不只三餐吃拉麵，就連點心也非拉麵不可。「蘭州牛肉拉麵」的主要經營者都是穆斯林。當我在吃拉麵的時候，有個看起來應該是小學生的男孩子，正在和身為老闆的父親，討論香港影星張國榮自殺的日期。看樣子住在西北的回族少年，對發生在遙遠的資本主義世界——香港演藝圈中的事件，也深感興趣呢！

◎毒品與天下第一市

保安族和東鄉族都住在甘肅省西部的臨夏回族自治州（見右頁）。在認可特定區域由少數民族自治的中國，存在著冠有「自治」之名的各式各樣行政組織。蒙古族、藏族、維吾爾族、回族、壯族等都有各自的自治區；除此以外的省分，如果有少數民族存在，則會成

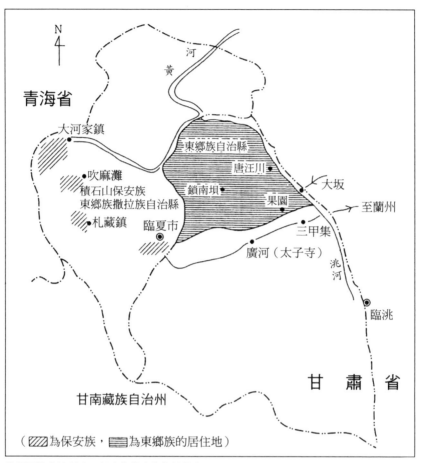

（ ▨ 為保安族，▤ 為東鄉族的居住地）

臨夏回族自治州中，保安族與東鄉族的集中居住地

立自治州、自治縣或自治鄉。

　　甘肅省雖然是漢族人口眾多的省，不過臨夏卻是回族自治州，
回族的人口達到十萬人左右，只是漢族遠比回族來的更多。

　　保安族在臨夏回族自治州的積石山保安族東鄉族撒拉族自治縣
內，跟東鄉族、撒拉族一起過日子。另一方面，東鄉族則在州內另
有單獨的東鄉族自治縣。為了和保安族、東鄉族的人見面，我必須
先前往臨夏回族自治州的首府——臨夏市。

為我在臨夏市擔任嚮導的，是西北民族大學的才木當小姐。才木當出身甘肅省的西鄰——青海省海晏地區；因為她在臨夏市有很多朋友和學生，所以我便拜託她擔任前往調查地區的嚮導。或許是因為共產中國長期與世界各國在意識形態上對立的緣故，他們對外國人或中國出身、將活動地點置於外國的研究者，抱持著強烈的警戒心。故此，在直接進入民間之前，一定得先向政府報告，若是沒有人引薦，就會麻煩重重。

　　我和嚮導才木當包了一輛計程車前往臨夏市，駕車的司機是漢人。蘭州市清晨的氣溫是零下八度；天氣預報雖然是晴天，但因為空氣汙染嚴重，幾乎看不見太陽。

　　我們離開蘭州，一路驅車往西飛馳。

　　從進入廣河縣境開始，舉目所見的清真寺就逐漸增加，回民的身影也多了起來。廣河縣以前稱為太子寺，一八六〇年代回亂席捲西北一帶的時候，在太子寺周邊曾經爆發過好幾次大規模戰鬥。我一邊回想這些書中的知識，一邊眺望風景。

　　「回民即使無衣、無食，依然會捐贈金錢給清真寺，因此只有當地的清真寺，顯得氣派非凡哪！」漢人司機這樣說。確實，甘肅省即使放眼整個中國，也是每人平均收入較低的省分；而在甘肅省中，廣河縣據說又特別貧窮。對於貧窮地區的人們為什麼衣食無著，卻依然捐獻給宗教設施，現實主義的漢人實在無法理解。「所以，他們才會這麼落後的啊！」司機繼續毫不客氣地說著。

　　即使在這裡，我的腦海也無法擺脫張承志的論點。他是這樣說的[15]：

　　　　中國穆斯林跟漢族一樣，在這塊希望微薄的貧窮地區度過生涯。
　　　一般來說，他們並沒有必要欽羨身為鄰人的漢族。半飢餓的狀態，
　　　反而讓伊斯蘭教的飲食禁忌變得更加神聖；堪稱非人道的性壓抑

與不潔的衛生狀態，對實行割禮與沐浴的回族而言，也會產生某種神祕的滿足感。在沒有水的寒村，雖然可以靠著儲存積雪度過夏天，但對宗教沐浴不可或缺的回族而言，水的清潔比什麼都重要。對把濁水放進鍋裡煮飯的漢族來說，他們無論如何都不能理解，為什麼回族要不辭辛勞，留下好水來清洗身體。更重要的是，在結束每天辛苦的工作、除了吹熄燈火上床外什麼事都不想做的時候，也只有穆斯林會在清真寺的黑暗中，讓悠揚的讚詞吟詠聲四處洋溢。

張承志在文章中，特別把用水沐浴和宗教儀式結合在一起。宗教精神反映在每天所有的行動當中，這實在是難以簡單理解的事情。

我們通過廣河縣的三甲集，在鎮上可以看

自稱中國西北部重要市場的三甲集鎮

見「天下第一市」、「西北第一市」的看板。據說從以前開始，這裡就是商賈熱絡的地區；在這裡集結的商品，會往西邊和東邊運送。

在快到城鎮的地方，可以看見「吸毒可恥、禁毒光榮」的標語。一九一〇年代在中國傳教、隸屬「中國內地會」（China Inland Mission）的芬德雷，在他的著作《西北支那的回教徒》中有這樣的記述 [16]：

鴉片成癮者是他們（回回）的夥伴。一九一一年居住在蘭州郊外的回回當中，有三成的家族沉溺於這種惡習；一九一四—一九一五年，不只合法貿易的大部分，就連走私的鴉片，也大多

是由回回負責經手。

加上，一九三六年八月途經此地的天津《大公報》名記者范長江，當他寄宿在墕坪這個漢人村落時，寫下了這樣的印象[17]：

這個地方的居民全都是漢人，可是這裡的漢人超過半數都嗜吸鴉片，中毒甚深，完全看不出任何生命力。這毒對中國的前途，留下了多麼重大的傷害啊！

該為傳播這毒負責的人啊，你們可曾有一度，計算過自己所應負的罪有多重大？

范長江和我是反方向而行，也就是從西邊的臨夏往東邊的蘭州前進。范長江痛批散播毒品者難辭其咎，但經過數十年後，狀況似乎沒改變多少。之後我才了解，一九九五年出版的《臨夏市志》承認，自一九八〇年代起，臨夏市的一部分地區已經重啟罌粟的栽培[18]。除了當地栽培以外，最近從南方雲南省運來的毒品，據說也相當多。東南亞的「金三角」與這片黃土大地產生聯繫。

中國有一種獨特的「表面文章」文化，這在城鎮建築物上書寫的標語可以看得出來。當上面寫著「一掃文盲」、「為教育貫注全力」的時候，大致上就意味著這個目標沒能達成。我們這個世代過去曾被教導說，毒品買賣與成癮是腐敗資本主義國家的現象；但社會主義國家最近也陷入毒品氾濫的問題，若是范長江江親眼目睹這個現象，想必會唏歔不已。然而，城鎮的標語卻只暗示說，「不要把社會主義國家的毒品問題讓外國人知道，這是間諜行為。」

◎通過河州

　　中午十二點剛過，我們進入了臨夏市。臨夏市古時候被稱為河州；即使到現在，還是有很多人只知河州而不知臨夏。過去曾途經此地的范長江，留下了以下的記述[19]：

　　河州是中國西北的回教聖地。在中國西北的回教中，宗教、軍事乃至政治上的主要人物，出身河州者相當多。河州的城池並沒有特別大，而且因為位在平原之故，也稱不上特別險峻；但這座城市之名，在西北各種族間可說如雷貫耳。回民光是聽到河州兩字，就會心動不已，畢竟這是他們的故鄉。

　　范長江曾見過的城牆，如今已遭摧毀。中華人民共和國成立後，將全國的城牆悉數破壞，只有極少數的例外殘存下來。憑藉人民力量取得政權的人，最了解人民的力量，所以才會做出這樣的處置吧！

　　臨夏（河州）位在大夏河畔。以河州為中心，它的東西南北以前分別被稱為東鄉、西鄉、南鄉、北鄉[20]。中華人民共和國成立後，住在東鄉、操持阿爾泰語系蒙古語族語言的人們，被命名為「東鄉族」。從西鄉再往西走，則是保安族與撒拉族的聚居地。從這裡來看，雖然不能一概言之，但東南西北四鄉在歷史上，很有可能維持著某種程度的民族分棲共生。儘管所有人都是穆斯林，但內部毫無疑問地有著千絲萬縷的差異。

　　十八世紀蘇非主義

臨夏回族自治州的首府河州

傳入後，河州出了許多伊斯蘭學者；因此，張承志稱河州為「中國伊斯蘭的學術中心」[21]。放眼望去，市內盡是戴白帽穆斯林的天下。這裡毫無疑問是回民的聖地；與其說它像中國，不如說莫名飄散著一種中亞的氛圍。我忍不住喜歡上這種氛圍，光是觀看就覺得興奮不已。

在臨夏市，有才木當的朋友等著我們。在保安族方面，是積石山保安族東鄉族撒拉族自治縣人民政府辦公室主任馬成；東鄉族方面，是東鄉族自治縣組織部長馬含珍；在回族方面，則是臨夏回族自治州交通局副局長馬永祥。這是才木當為了讓我們在多民族地區的調查順利進行所做的無微不至安排。

馬成主任出身新疆維吾爾自治區的保安族。一九五〇年代，隨著人民公社成立，激進的公有化運動展開，對宗教的鎮壓也日趨嚴厲；在這種情況下，一部分的保安族離開故鄉，移居到新疆維吾爾自治區。馬成就是這些人的子孫；他因為對故鄉念念不忘，所以在成為公務員之後，便前往父祖的故鄉就任。三位都是豪爽的男兒；我們一同享用了一頓美味的火鍋，當然沒有飲酒作樂。

就在眾人圍繞餐桌享用美食之間，我的調查日程大致上也定了案：吃過飯後，我預計會離開臨夏市，直接前往積石山保安族東鄉族撒拉族自治縣，首先進行保安族的調查。幾天後回臨夏市一趟，慢慢觀看古老的河州。最後進入東鄉族自治縣，訪問結束後便直接回到東邊的蘭州市。

二、保安族的新天地

我們坐上馬成主任安排的車，動身離開臨夏市，前往西邊的積石山保安族東鄉族撒拉族自治縣。為我們開車的，是位河南省出身的回族青年。道路右側是黃土山脈。雖然煙塵瀰漫，不過還是可以看見半山腰和山頂上，散布著華麗的建築物；那是蘇非教團——門宦的拱北

（聖者墓）。這位熱心的青年一直問我有關日本伊斯蘭研究的事情，還問我說「為什麼日本首相總是要參拜靖國神社」。

「靖國神社就像是日本人的聖墓（拱北）。就跟虔敬的穆斯林會去參拜拱北一樣，日本的首相也很重視對戰死者的祭拜。」

聽我這樣一解釋，他似乎就能理解了。

◎保安族的年輕菁英

我們穿過灰黃色的谷間，沿著山脊奔馳。

途中既有漢族，也有回族的村落。在穆斯林的村落中，一定可以看見清真寺。「從外觀來看，回族村落與漢族村落有什麼不同呢？」我試著向司機提問。「很簡單，從清潔就可以分辨。穆斯林的村子經常在清掃，漢族的村子則充斥著垃圾。」司機這樣說。

在嶺口處，我們遇到幾名正要前往去「巴剎」[*]趕集的回族農民，當中有一個人手裡抱著一隻雞。在這個每人平均年收入九百元人民幣[22]、最低只有兩百元不到的地區，一隻雞其實是很貴重的財產。

當我們進入保安族集中居住的積石山保安族東鄉族撒拉族自治縣政府所在地——吹麻灘（見頁一九九）時，已是午後時分。吹麻灘是一座位在海拔約兩千三百公尺左右地區的

趕集中的回族人

---

*　　「巴剎」，意指清真寺附近的市集。

城鎮。積石山系的山脈在它的正西方南北縱走，山頂散發著皚皚的雪光。在山麓上，聳立著撒拉族的清真寺。

　　吹麻灘這個地名，古時候寫成「駐馬灘」。據當地老人說，十三世紀成吉思汗率大軍征服西夏王朝時，途中曾在這裡駐留軍馬，因此得名。在吹麻灘，有兩位年輕幹部等著我們；他們分別是縣政府辦公室的副主任馬俊（保安族，二十九歲）與縣宗教局副局長仙進雲（回族，二十九歲）。他們兩位立刻向我說明全縣的情況。

吹麻灘鎮的撒拉族清真寺

　　據他們所言，積石山保安族東鄉族撒拉族自治縣現在有十四個鄉和四個鎮，總人口約為二十二萬四千人：當中保安族有一萬三千人、東鄉族有一萬八千人、撒拉族有七千八百人，其他都是漢族與回族。各民族都是過著以農業為中心的生活。

　　全縣現在有四百四十四個宗教活動場所，這些場所包括了清真寺、拱北，以及佛教寺廟。具體來說，清真寺有三百二十一座、拱北有八處、佛教寺廟有七十二座、道觀有六座。順道一提，中華人民共和國成立當初，積石山地區有一百五十九座清真寺，四座拱北[23]。

　　兩位年輕幹部也針對縣內的名勝古蹟對我做了一番說明。畢業自短大和高等專門學校的他們理所當然具備了有關中華文明的知識；可是，他們也對我強調了自己身為穆斯林的身分。他們說，自己每天都「以信仰為第一，勉勵自己為黨國努力工作」。黨和信仰的地位無從比較；黨只是生活的一部分，但信仰是至高無上的。換句話說，黨只能解決活著時的事情，但信仰卻連死後的事情都能徹底解決。

這時，他們兩位忽然問我說：「你對張承志的作品有何看法？」我猜想他們大概是想知道我對保安族和東鄉族做了多少事前準備，才會有這樣提問。如果這樣，那他們應該是想知道我對穆斯林的心境了解多少，所以我立刻回答說，「我讀過張承志的《心靈史》。」

　　接下來的話題當然集中在張承志上。馬俊和仙承雲都讀過很多張承志的作品。

　　馬俊說：「不管描述內蒙古自治區下放生活的作品也好，或是《心靈史》也好，張承志都能深刻了解人心，相當偉大。」

　　稍微了解他們的立場之後，我試著問說：「既然如此，那要怎麼了解這個積石山保安族東鄉族撒拉族自治縣的人心呢？」

　　馬俊答道：「張承志從和伊斯蘭領袖，以及普通穆斯林的交流中，讓自己的信仰，昇華到更高的層次。」

　　在這個第一線的所在，突然遭到年輕穆斯林用「心」的問題衝擊，我再次確認到學術調查的難處。身為和他們同樣的中國少數民族一員，我雖然不是穆斯林，但很想試著貼近同為少數派的他們心靈。先前，我在內蒙古調查十九世紀末回亂對蒙古的影響時，蒙古人曾經告訴我回民叛軍進行掠奪、屠殺的事情（參照第二章）；那些掠奪、屠殺，化成記憶殘存至今。可是，回民為什麼會被逼到叛亂的地步呢？那是因為漢人對回民極端惡劣的歧視待遇，以及清朝官員的苛政壓迫，但草原的蒙古人對於這些複雜的背景一無所知。我正是因為不想只從單方面來看歷史，故此想轉換角度，了解另一個立場，所以才展開這次調查。懷抱著這樣的心情，我闔上筆記本，跟他們一起用餐。

　　用餐的時候也沒有配酒。在城鎮附近有一間大的釀酒廠。我問他們，「那間釀酒廠的酒都賣到哪裡去了呢？」他們說：「大部分都是當地消費。」我想，一定都是漢人喝掉了吧！

◎大河家鎮與保安三莊

　　早上六點半左右，我在呼喚人們進行禮拜的優美喚禮聲中醒來。
聽到喚禮聲，讓我再次確認到自己正身處穆斯林世界之中。由於昨
天和年輕穆斯林的對話一直縈繞在腦海中，因此我睡得並不太好。

　　在馬俊和仙進雲的引領下，我們前往積石山保安族東鄉族撒拉
族自治縣內，保安族人最多的大河家鎮。大河家鎮是以所謂「現代
保安三莊」——大墩村、梅坡村和甘河灘為中心，所構成的城鎮（見
下圖）；因此，若要會晤保安人，首先就必須前往大河家鎮。從吹
麻灘往北的道路是山路，兩側可以看見梯田，也有好幾座正在建設

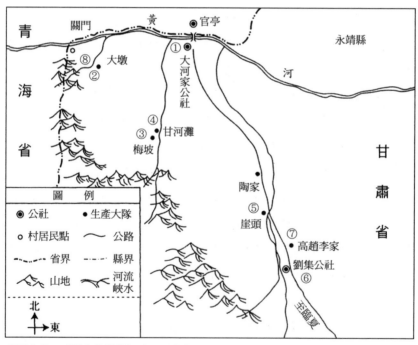

資料出處：《保安族簡史》（1984 年）
①現大河家鎮　②大墩村　③梅坡村　④甘河灘村　⑤崖頭坪　⑥現劉集鄉
⑦高趙李村　⑧積石關

積石山保安族東鄉族撒拉族自治縣的保安三莊

中的清真寺。一九九○年代以降，新造的清真寺急遽增加，導致政府現在採取限制性的方針。

保安族的居住地大河家鎮

不到一小時後，我們抵達了目的地。

大河家鎮是位在黃河南岸，海拔約一千八百公尺的小鎮。街上四處可見戴著白帽子的男人，與披著粉紅、綠、黑頭巾的女人漫步。據說剛結婚或未婚的女性，披的是粉紅或綠色的頭巾，到了三十歲左右，就要換乘黑色頭巾。

黃河由西向東，流過大河家鎮之北。沿著黃河谷間吹拂的嚴冬西北風，讓人感覺冷入骨髓。黃河的對岸是青海省的轄區。作家張承志曾這樣描寫大河家鎮[24]：

> 在這裡等擺渡，一眼可以看見甘青兩省，又能同時見識回藏兩族。傍大河家集一側是甘肅，黃土綠樹，戴白帽的回民們終日在坡地裡忙碌。大河彼岸是青海，紅石嶙峋，服色尚黑的藏人們隱約在山道裡出沒。大河家，它把青海的柴禾和藥材，把平特角的藏羊和甘肅的大蔥白菜，把味濃葉大的茶──在轟鳴翻滾的黃河水上傳遞。

據大河家鎮的年輕鎮長說，全鎮的人口約為一萬三千人，其中保安族占最多，約為五千五百人。除了保安族外，回族有約三千兩百人、撒拉族約一千三百人、東鄉族約兩百八十人、土族約兩百七十人，是名符其實的多民族城鎮。

在鎮長安排下，由鎮婦女聯合會的馬春芳（二十六歲）小姐擔任

保安族的女幹部馬春芳

嚮導,帶領我們參觀俗稱保安三莊的大墩村、梅坡村與甘河灘村。

當我在穆斯林社會進行調查的時候,負責對應像我這種局外人的,大部分都是男性,女性很少出現;因此,對於穆斯林女性在想些什麼、又過著怎樣的生活,這些情報並沒有這麼簡單,可以傳達到我這樣的男性研究者耳中。也因如此,我雖然什麼都沒說,但打從內心感謝鎮長的安排。畢竟,他給了我和女性談話的機會。

馬春芳是家中四個孩子的三女,年幼時便失去了父親。她從小學起成績就相當優秀,被推薦到北京中央民族大學附屬高中就學;這所高中集結了來自中國全境,學業優秀的少數民族學生。一九九五年到九七年這三年間,馬春芳在北京度過,並獲得直升名校中央民族大學的機會,但她不管怎樣,都籌不出三萬元的昂貴學費。有位漢人教師願意收養她,並替她出學費,但母親和親戚並不同意。雖然馬春芳沒有明言,不過她家人反對的原因,應該是排拒女兒交給異教徒收養。馬春芳沒辦法,只好從北京回到當地臨夏市的專科學校就讀,學習祕書和文書管理的工作;畢業後,她回到故鄉大河家鎮,擔任故鄉大河家鎮的婦女聯合會幹部,直到現在。她的丈夫是鎮上醫院的醫生,兩人育有一名兩歲半的男孩。

在保安三莊,大部分女孩子到了十六、七歲,就會在家人催促下結婚。雖然中國官方的婚姻法規定女性到二十歲才能結婚,但在少數民族地區實施的時候,還是會有彈性的解釋與運用,也就是在某種程度上,尊重各少數民族自己的習慣法。但或許是因為不滿二十歲就結

婚之故，家庭內經常發生糾紛；馬春芳每天就忙著處理婆媳和妯娌之間的糾紛。

從大河家鎮到大墩村，車程不到三十分鐘。因為道路沒有鋪設柏油，所以塵土一直從車窗直滲進來。我在馬春芳和她的公公馬成福（七十歲）的帶領下，參觀了大墩村。這裡是保安人在十九世紀下半葉離開青海省同仁地區，穿越積石關、渡過黃河移居時，所建立的第一個據點。整個村落建築在山頂上，可以當成要塞利用，過去還築有城牆。民宅的牆壁全都很高，讓外敵無法簡單侵入。民宅是屋簷緊挨著屋簷興建而成，只要攀上屋頂，就可以前

黃河的要隘之一積石關

由堅固壁壘構成的保安族家宅

保安族的小學生
白帽子是穆斯林的象徵。

保安族大墩村的清真寺

保安族梅坡村的清真寺

往村中任何一戶人家。室內的「溫突」*（暖氣），是靠著室外的灶燒火來提供；整體樣貌，莫名給人一種中亞的氛圍。我感覺這些民宅和新疆維吾爾自治區西部的維吾爾人與烏茲別克人的房舍頗為相似。我去民家進行攝影時，正值午休時間、活力充沛的小學生，將我團團圍住。

在大墩村的清真寺中，有一位名叫馬克禮、三十五歲的阿訇。馬阿訇在蘭州市與甘肅南部的清真寺中，學會了阿拉伯語；他在這裡教導稱為「滿拉」的宗教學生阿語和《古蘭經》。在和我談話到一半時，忽然附近的穆斯林有事邀請馬阿訇，於是他便騎上重型機車，瀟灑地離開了。

梅坡村位在大墩村東南，和它相隔一個嶺口之處。梅坡村的清真寺正在進行中午禮拜，相當熱鬧。

甘河灘村位在梅坡村的東邊；和村名「甘河」正好相反，這裡的水質非常差。或因為長時間飲用惡水之故，這裡的身心障礙者，比先前的大墩村和梅坡村都要來得多。馬春芳帶著我，前往位在村子

---

* 日文原文使用「溫突」一詞，指的是朝鮮地區常見、加熱之後的暖房。

中心清真寺附近的一口井。在水井前立著一塊石碑。碑文記載，從一九九二年到二〇〇二年，政府花了十年時間、投入八十六萬元，從三十二公里外的黃河引水過來，讓甘河灘村滿是石礫地田地，多少能夠開拓一點。一位站在井邊的老人說，「這塊土地，可是浸染了將近一百五十年的血汗啊！」

保安族甘河灘村內水井旁豎立的石碑
石碑上面寫著「飲水不忘共產黨」。

我們在大河家鎮的拉麵店晚餐。店內有三名二十歲左右的年輕女性，正在吃牛肉拉麵。三個人都披著粉紅色的頭巾，其中一位是撒拉族，另外兩位是保安族。她們看到我們，便吱吱喳喳地問說：「這位客人，您是從哪裡來的啊？」（對當地人來說，我算是客人啊……）我一邊這樣想，一邊對攝影機示意「稍停一下」。

「內蒙古。」我這樣回答。

為什麼我不說自己來自日本呢？最近在中國，不論什麼民族，一定都會先問日本侵略與首相參拜靖國神社的問題，所以我才說自己來自內蒙古。三個女孩子說：「我們好想去內蒙古的大草原喔！」我有點壞壞地回應道：「帶妳們去，沒問題啊！妳們要跟我私奔嗎？」我這樣問，是想確認一下中亞遊牧民社會的「私奔」傳統，是不是也存在於這裡。「才不要呢！」她們當場回答道。就在我們鬥嘴鼓的時候，我點的牛肉拉麵也上來了。

守護馬占鰲陵墓的馬輝武

◎西北回民領袖的據點

　　在大河家鎮，過去曾有西北回民領袖馬占鰲的別墅。我詢問嚮導，「這裡留有和馬占鰲相關的遺跡嗎？」嚮導聽了這話，立刻帶我前往馬占鰲的陵墓。別墅現在已經不存；陵墓位在大河家鎮的中心地帶，接近黃河畔的地方。

　　這座陵墓，現在由一位名叫馬輝武（七十八歲）的老人看守。馬輝武說，他是馬占鰲三子馬毓良的孫子。

在馬輝武的帶領下，我們遠遠眺望陵園內馬占鰲的墳墓，按下照相機的快門。那是一座小小的墓，然而沉睡在其中的，卻是在一八六〇年代，震撼整個中國西北地區的人。一八六〇年代以降，馳騁在西北黃土高原的穆斯林英豪，幾乎無一例外，都與馬占鰲有關；而我這次調查的對象——保安族與東鄉族的近現代史，也與馬占鰲的關係甚深。

　　當談及近現代中國西北史的時候，經常會使用「甘馬」、「青馬」和「寧馬」這樣的稱呼。「甘馬」是由馬占鰲和他的三個兒子——馬安良、馬國良與馬毓良所組成的團體（見頁〇三〇譜系圖）。「青馬」是馬海晏的兒子馬麒和馬麟，以及馬麒的兒子馬步芳、馬步青兄弟（見頁一六八譜系圖）。「寧馬」則是以馬福祥、馬鴻逵父子為中心的集團（見頁〇七八譜系圖）。西北地區各路馬姓軍人的權力基礎，都是馬占鰲所奠立。著名回族史家白壽彝的《回族人物志》（近代）中，收錄了馬占鰲的傳記與墓誌銘[25]，其內容大致可以彙整如下：

　　馬占鰲（一八三〇—一八八六）出身河州西鄉莫泥溝。他從年幼時期起就相當聰明，青年時代在西安的清真寺修習經典，二十四

歲時成為大河家虎夫耶派花寺門宦的阿訇。一八六三年，河州東鄉人馬悟真對清朝掀起叛旗時，迎接人望深厚的馬占鰲為領袖。馬占鰲集結了各路起義軍，屢屢給予清軍沉重打擊。可是，馬占鰲比誰都清楚，單憑回民的力量，是不足以和清朝對抗的。因此，他打從起義開始，就沒有忘記要準備投降。

馬占鰲之墓

一八七二年二月，他率領猛將馬海晏等人，在太子寺（現在的

西北穆斯林的有力人士
前列右起為馬麟、馬福祥、馬安良，再過去一人則是馬麒。摘自芬德雷《西北支那的回教徒》。

廣河縣一帶）奇襲左宗棠的清軍，獲得大勝。吃了敗仗的左宗棠遭到清朝政府強烈究責，並嚴加整治。馬占鰲決定利用這個機會投降，一口氣將局面轉變為對自己有利。

之後，馬占鰲的部下被編入左軍，積極鎮壓其他不願投降的回民起義軍。對於馬占鰲的投降與他的一生，不管在現代中國的研究者之間，還是一般穆斯林之間，評價都莫衷一是。比方說張承志就稱馬占鰲和他的屬下為「叛軍」，認為他是踏著回民叛亂者的鮮血、升上高官厚祿的人物[26]。和馬占鰲成明顯對照，同樣是回民起義軍的領導者，以寧夏金積堡為據點的哲合忍耶派馬化龍就選擇了殉教之路。對這兩位回民叛軍領袖加以比較後，片岡一忠評論道：「同樣是標

刻有對聯的馬占鰲陵墓入口

榜為宗教（伊斯蘭）而戰，馬化龍選擇了守護『伊斯蘭』，馬占鰲則選擇了守護『伊斯蘭的子民』。」[27]

經過一番演變後，馬占鰲與他的兒子馬安良、馬國良和馬毓良，成為叛亂救平後甘肅的實力派；和他一起作戰的猛將馬海晏，則搖身一變成為青海的統治者。無數回民不停掀起叛亂，最後在中國西北，陸續誕生出由穆斯林軍人掌控的地區與集團。恐怕這是清朝始料未及的結果事實上，當穆斯林軍閥在西北大地扎根後，當地發生的所有大小事，都必定會和他們產生某種連帶關係。

我再次回顧馬占鰲的陵墓。在入口處掛著一副漢語的對聯；那副對聯是這樣寫的：

> 一方雄傑。保家為民成功太子寺，崇聖尊教名垂積石關。

確實是一副簡潔歸納馬占鰲一生的對聯。

三、傳述下來的保安族歷史

◎高趙家門宦的知識分子

我們在馬俊與仙進雲的引領下，來到了劉集鄉的高李村。此行的目的，是為了和保安族社會內的門宦之一──高趙家門宦的老人家（教主）馬邦河會面。保安族社會內，主要有兩個門宦：崖頭門宦與

高趙家門宦；換句話說，保安族的穆斯林，大多屬於這兩個蘇非教團之一。馬俊事前提醒我，「門宦的問題相當複雜，在訪問的時候務必慎重。」特別是門宦之間，不只在歷史上相互對立，即使到現在，關係也十分微妙。

馬邦河的宅邸，是一棟二○○二年剛興建完成的豪宅，據說是為了教友（信徒）集結更為方便，所以才設計得這麼寬廣。在這裡除了老人家（教主）以外，還有高趙家門宦的馬世清、馬世仁兄弟在旁隨侍。

馬世仁在一九八五年到一九九○年間，曾經擔任積石山保安族東鄉族撒拉族自治縣的縣長，現在是臨夏回族自治州政治協商委員會的副主席，屬於保安族的菁英。馬世清曾在青海省與西藏經商，也是位見聞廣博的人物。他們倆兄弟，基本上就相當於高趙家門宦的學董。馬俊事先用電話，告知了他們我要來訪的事情。我到了這裡，才知道馬俊也是高趙家門宦的一員。

馬世仁是位頭腦清晰的人物，他用簡明扼要的方式，向我說明了保安族的歷史與現狀；馬世清則話不多，只是在旁邊傾聽。馬世仁也贈送給我一本他編纂的《中國保安族》（一九九九年）。接下來我會敘述保安族與高趙家門宦的歷史，這些歷史主要是以馬世仁的口述、以及他所編纂的《中國保安族》為基礎，在此先說明一下。

馬世仁很尊敬老人家馬邦河與兄長馬世清，說話的時候，總是會流露出要同席兩人同意的語氣。老人家馬邦河雖然只有三十來歲、還很年輕，但沒有忘記尊敬門宦內的老知識分子。只見他頻

保安族高趙家門宦的教主馬邦河

繁起身，為我的茶碗添上熱水。其實我必須同時面對三碗茶，分別是西北中國獨特的蓋碗茶、加入八種乾燥水果的八寶茶，以及酥油茶。

蓋碗茶和八寶茶使用的是中國南方產的綠茶，酥油茶使用的則是四川與湖南省產的紅茶。馬世仁說，酥油茶一般來說都是藏人和青海省的蒙古人在飲用，保安族則是從藏人那裡引進這種茶類。他說，「不管是中國的東西也好、西藏與蒙古的東西也好，只要是好的事物，我們都會坦然接受，這就是保安族的精神。」

對於老人家馬邦河與馬世仁交換意見用的保安語，我雖然只能理解一部分，但也很認真在傾聽。馬世仁也曾到內蒙古自治區旅行，對蒙古語略知一二。不只如此，包括他在內的保安族人，都相當喜歡現代內蒙古自治區代表性的歌手——拉蘇榮的歌。昨天的餐廳內也播放著內蒙古自治區歌手的歌。

保安人對內蒙古自治區的蒙古人，抱持著一種特別的情感。「你們蒙古人和我們保安人算是親戚；不過，保安人不是皈依伊斯蘭的蒙古人子孫，我們是起源自中亞的色目人後裔。」馬世仁如此強調。

他所說「皈依伊斯蘭的蒙古人子孫」，是內蒙古一部分研究者採用的學說。色目人是蒙古帝國時代，對中亞出身者的稱呼方式；這些人在當時地位僅次於蒙古人，帝國的行政運作多半仰賴他們。

◎保安族的由來與語言

馬世仁這樣說——

保安族的祖先色目人，是成吉思汗大軍征服中亞後移居過來的。這些色目人以軍人的身分，屯駐在現今湟南州隆務河畔的同仁縣保安堡。當地還居住著藏人與突厥系的撒拉人等原住民。因為地區長官是蒙古人，所以色目人也都跟著操統治者的語言。從這裡開始慢慢形成了保安語；這是一種自蒙古語系發展出來，混雜了波斯語、阿拉伯語

和漢語的語言。

　　保安人的原鄉，在明朝時代一般稱為「保安堡」，現在則是稱為保安城。在附近有一座鐵城山。住在保安堡的人，當時自稱為「營武琿」；「琿」在保安語當中是「人」的意思，在蒙古語也一樣。營武琿以保安城為中心，居住在尕斯爾、下莊等三個地區；這三處合稱為「保安三莊」（見下圖）。

　　同樣出身保安族的馬文淵，在這方面也提供了頗為詳盡的情報。他所陳述的內容大致如下[28]：

　　同仁是連接中原與西域的要衝，歷代王朝都在這裡派遣屯田兵。屯田兵與地方住民融合，使得這個地區在明朝末期到清朝初期，逐漸

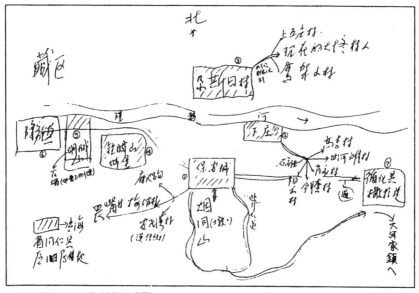

馬世仁描繪的保安族村落形成圖
① 從保安城移居的人，形成了麻池溝、梅坡村、畏嘴村、安民灣村。居民主要說漢語。
② 從下莊移居的人們，形成了高李村、甘河灘村、肖家村、斜套村、陽山村、石家窪村。
③ 從尕斯爾村移居的人們，創立了大墩村、鷹架山村。
④ 名為鐵城山的城堡。
⑤ 名為塌城的古城。
⑥ 隆務鎮。
⑦ 朝循化撒拉人居住地移動的路徑。

發展成多民族雜居的地帶。這種居住、分布情況可以稱為「大雜居、小集中」，也就是各集團在形成一定群體的同時，也與其他集團比鄰而居。具體來說，除了居住在保安城內的「營武屯」以外，還有土族人、藏人、回民、撒拉人，全部合稱為「保安十二族」。

這個地區也被稱為「四寨子」，指的是四座要塞——尕斯爾、年都乎、五屯，以及保安城。保安城內居住著「營武屯」，城外則又分為上莊和下莊。莊內的居住區稱為「坊頭」；上莊有「七族」創立了五個坊頭，下莊則是由純粹的保安人，建立起四個坊頭。尕斯爾的居民大部分都是保安人，也有少數土族人。

如上所述，從「十二族」或「七族」等稱呼屢屢出現來看，當地應該存在為數眾多的種族團體。不管馬世仁、還是馬文淵，在回溯歷史，進行談論與記述時，都是使用「民族」和「人」之類的詞彙。然而，不管是民族，還是我為了方便而使用的「種族團體」，究竟這個詞彙能夠正確表現當時的情況到什麼程度，不免讓我深感不安。當然，各團體間的界線未必就是不可跨越之壁，只是這種界線究竟具備多少機能，至今仍然不明。

再來是語言的問題。馬世仁說，他曾經在二〇〇〇年夏天，一度返回父祖的故鄉——青海省同仁地區。他在下河莊村與尕斯爾村，遇到了跟他們大河家鎮的保安族，操完全一樣「保安語」的人們。那些「說保安語的人」，現在稱為土族。馬世仁受到「說保安語的土族人」親切款待，還拿了當時拍下的照片給我看。

保安族的丁生智在一九九〇年代，曾經與一位住在保安城內、名叫趙煌的七十歲老人見面；據趙老先生說，保安人除了漢語外，主要就是說土族語。在下莊有一位八十三歲的土族老人也證實，保安語和土族語是同樣的語言[29]。

關於保安語，除了中國研究者之外，日本的語言學家佐藤暢治也做了一連串的研究[30]。

佐藤將保安語分成積石山方言與同仁方言兩大系統；其中同仁方言底下，又可辨認出年都乎方言等若干次級方言。中國研究者認為同仁方言主要是土族人使用，所以應當視為土族語底下的方言之一，但佐藤批判這種「要求民族名與語言名統一」的論調[31]。

至於我，相較於語言學者所議論的「同仁方言究竟該算是保安族還是土族言語」問題，更加著重在想像當時同仁地區各類團體混雜的情形。

當時的青海同仁地區，大致處於蒙古系、藏系、突厥系三種語言共存的狀態；各集團的成員都是雙語乃至多語的使用者。至於蒙古帝國時代統治者的語言——蒙古語系語言，則會視情況，被各集團間視為一種溝通用的共通語或中間語。

佐藤暢治從「語言接觸」的視角出發，推及到「民族間接觸」的論點，對保安族與藏族之間的關係，作出令人深感興趣的分析。他針對保安語內從藏語系安多方言借用而來的語彙作了詳盡分析，得出以下的結論[32]：

> 保安族與藏族間的民族接觸形態，從期間、程度以及方向性來看，大致狀況如下：接觸的期間，從借用語的形式來看，長達四百年以上。接觸的程度，從許多重要的部分一直延伸到身體名稱語這點，可以證明相當之強。至於接觸的方向，從關於婚姻的借用語來看，並非藏族對保安族單向傳播，而是保安族對藏族也有影響。另一方面，正如借用語的意義分野所示，我們可以想像，藏族對保安族的影響，並不單單只限於物質層面，也及於社會制度與精神活動。在這當中特別值得注目的是，關於畜牧與鍛冶的語彙相當之多。或許我們可以單純想成，當時住在青海省的保安族對畜牧與鍛冶這方面頗為生疏，但事實真是如此嗎？

佐藤的論述不只對思考保安族與藏族的往來接觸有用，對於保安人信仰形態的變化、乃至保安這個集團形成的研究上，也有啟發效果。

在保安族中，有各式各樣的自稱。居住在城內、和軍事有關的人自稱「保安人」[33]，城外各村的人則自稱為「土族人」，即「當地人」來展現自己的先住權。在進入近現代的過程中，隨著歷史、社會、宗教要素的加入，集團間的界線變得日益清晰。特別是進入中華人民共和國時代後，經由民族識別，終於以少數民族之姿，讓這種界線塵埃落定；於是，保安族就在一九五二年三月二十五日誕生了。但民族這個現代的概念，是無法正確描繪出當時的狀況，讓人焦灼。

◎從青海的同仁往東遷徙

保安人來到甘肅省積石山大河家鎮之前，原本的故鄉是在青海同仁地區。那麼，他們是在何時、又是基於何種理由展開遷徙的呢？

馬世仁說，遷徙是在一八六〇年代的同治年間展開；關於這段歷史，他是從祖父尕立哥珍聽聞得來。遷徙的原因相當複雜，但據說導火線是宗教糾紛。在自稱保安人的族群中，有穆斯林也有藏傳佛教信徒。當地的土族人與藏人作為佛教徒，有在農曆新年於鎮上扛著佛像遊行的習俗；保安人中的穆斯林，會被他們強逼參與。另一方面，還有從以前開始就紛爭不斷的隆務河用水問題。如此，隨著宗教與經濟上的衝突日趨激烈，周遭強逼信奉穆斯林的保安人改信的壓力也與日俱增。面對這種情況，各村落的保安人全都集結到城內，思考對策。

某天，和部分保安人關係友好的藏人朗加部落送來警告，要保安人即使進入深夜，也不要熄滅燈火。原來，藏人打算以是否點亮燈火為區別，來屠殺非佛教徒的穆斯林。勉強逃過屠殺的保安人在朗加部落保護下，從保安城的下水道逃離城區。他們帶著《古蘭經》，往同

屬穆斯林的撒拉人居住的循化地區避難。在循化過了三年後，他們往更東邊的地方遷徙，最後在渡過黃河的積石山地區，建立大河家鎮。

保安族的馬文淵也傳達了跟馬世仁幾乎相同的情報。以下是他所描述的內容[34]：

傳說之一，距今大約一百三十年前左右，居住在青海同仁保安三莊之一——下莊的保安人青年，和尕塞東部落的藏人間爆發關於灌溉用水的衝突，結果保安人青年遭到殺害。兩者之間就灌溉用水問題而發生的衝突次數相當頻繁，但是清朝的官吏並沒有公正處理。瑪巴與尕塞東部落的藏人與上莊的土族人聯合起來，意圖排斥穆斯林，事態最後發展成全面性的武力衝突。藏人計畫展開大規模屠殺，但保安人在事前接到一位名叫五屯王爺的藏人首領聯繫，要他們悄悄逃走。

藏人祕密通知保安人以外的居民，要他們徹夜點亮燈火；等到晚上，藏人士兵便會衝進沒點燈火的人家，展開屠殺。城內的保安人倉皇逃出城外，和下莊的保安人會合，前往東山避難；他們受到住在當地的藏人朗加部落保護，逃往循化地區。之後，住在隆務河西側尕斯爾村的保安人也感到危險，於是在長老馬牙拉、馬三哥、馬三十等人的率領下，跟著前面一批人逃離。

另一個傳說，則是起因於宗教上的衝突。

同仁地區隆務寺的高僧逼迫信奉伊斯蘭的保安人改信；保安人不從，於是受到歧視，在灌溉用水上也受到限制。在沒有辦法的情況下，他們只好移居他地。

從以上介紹的馬世仁與馬文淵所言，我們可以得知，移居的原因並不單是經濟上或是宗教上的問題，而是兩者複雜交錯的結果。

◎移居的真相

雖然馬世仁與馬文淵的意見毫無疑問代表了保安族內菁英的見

解，但仍有完全不同的傳說。由於這項傳說在當今保安族中屬於少數意見，所以我不能在此透露告訴我這項傳說的人士的真實身分。

這個少數派的見解如下所述：

原本保安人全都是佛教信徒，但自十八世紀中葉左右，哲合忍耶派蘇非教團的開創者馬明心在循化地區傳教以來，一部分的保安人皈依了伊斯蘭。即使保安人一部分信奉佛教，一部分變成了穆斯林，彼此之間依然相處得很好。直到同治年間，受西北回亂的影響，保安人於是發生了內鬨。這時，藏人偏袒信奉佛教的保安人，信奉伊斯蘭的穆斯林保安人只好逃往循化地區[35]。

這位不願具名的保安人，又補上這樣一句：「現在幾乎所有的資料都強調保安人與藏人的對立，對於信仰相異保安人間的對立卻隻字不提，這完全違背了事實。」

雖然無法確定具體的年月，但保安人移居的年代，正好就在同治年間西北回亂的前後。這個時期，各式各樣的蘇非教義傳播到同仁與鄰近的循化地區。詳細情況我接下來會說明，不過保安人間的蘇非教義，其實是從循化的撒拉人那裡傳過來的。因此，一旦發生衝突、陷入不利的時候，保安人首先會逃往同為穆斯林的循化撒拉人那邊；由此推測，穆斯林間應該存在著某種聯繫網絡。另一方面，同為穆斯林的宗教認知，也跨越了語言的高牆。操持蒙古語系語言的保安人，和以突厥語系語言為母語的撒拉人，在伊斯蘭的旗幟下，產生強烈的聯繫。這時候，同樣操蒙古語系語言的穆斯林與佛教徒，其分裂也就不可避免[36]。保安族人的記憶和居住在青海地區土族人的見解，基本上是一致的。

通過險峻的積石關要塞、東渡黃河的保安人，一度想以靠近黃河的大河家鎮為中心定居下來，可是因為當地漢人太多，所以便南下到札藏附近。然而，札藏的環境實在太糟，所以他們又折返到大河家鎮。原本住在尕斯爾的人創立了大墩村、住在保安城內的人創立了梅

坡村、住在下莊的人創立了甘河灘村，直到現今。青海同仁地區的分棲共生邏輯，在這塊新的定居地上也同樣適用。

大河家鎮底下的保安人村落名稱如「劉家集」等，大多是繼承了原本漢人的村落名號。大部分漢人後來都移居到別處，不過現在還是有些人留在那裡。保安人的遷徙與定居在大河家鎮，和同治年間回亂、以及其後清朝政府的「善後政策」，不能說毫無關係。回亂後，大河家鎮一帶成為回民領袖馬占鰲的勢力範圍；保安人若不是和馬占鰲有著良好關係，是不可能安居在大河家鎮的。馬占鰲因為有從回亂領袖搖身一變，成為鎮壓者的歷史，在現今中國仍然評價不一；也許正因如此，現在的保安人幾乎都不提和馬占鰲的關係。

大河家鎮的保安人與青海同仁地區的關係，也並非就此全然斷絕。據丁生智說，從同仁地區移居的保安人，約有一千戶以上。中華民國時代，在同仁地區有一位昂索喇嘛，呼籲應讓過去曾為當地屬民的保安人返回故鄉；回應他的呼籲，西寧府同意讓一百二十戶人家歸還故鄉，但保安人完全沒有返鄉定居的意願，因此這個計畫最終沒有實現[37]。

馬世仁在二〇〇〇年返回父祖的故鄉同仁；他在下莊村與尕斯爾村，發現當地的土族人說的語言，和自己的保安語完全相同，令他大受衝擊。同時他也指出，過去保安人居住的房舍還有部分留存。

大河家鎮的保安人對青海同仁地區，懷抱著強烈的鄉愁。保安族出身的作家、現任甘肅省政府文化廳廳長的馬少青，撰有一篇名為「隆務河緬懷」的文章。在文章中，有這樣一段話：

　　我從很小的時候，就聽祖父這樣說：「雖然一邊信奉佛教、一邊信奉伊斯蘭，不過在隆務這個地方，有跟我們的保安語，操完全一樣語言的人在。」對祖父的話，我一直難以忘懷。也因此，從小時候開始，我就對青海省同仁縣的隆務地區，抱持著一份好

奇與憧憬。

一九八○年，時任積石山保安族東鄉族撒拉族自治縣宣傳部長的馬少青，和同僚一起造訪同仁縣，受到「同樣操保安語」的尕斯爾村與下莊村盛情款待，便提筆寫下這段複雜的心境[38]。

◎行遍天下的保安人商人

關於保安人住在青海同仁地區的時候，除了駐紮之外過著怎樣的生活，我們並不清楚。同治年間他們遷徙到甘肅積石山大河家鎮後，從事商業活動的人數與日俱增。除了商業之外，他們也從事手工業和農牧業。

保安人的商業活動，是以稱為「客」的隊商為代表。對保安商人來說，「三件寶」（上路三件寶：一匹馬、一桿槍、一件皮大衣）——好馬、好槍，溫暖的毛皮大衣——是不可或缺之物。憑藉這「三件寶」，保安商人走遍了全世界。

這些商人按照活動區域，分別稱為「西藏客」、「松潘客」、「韃子客」、「中原客」等。「西藏客」會在三月時分，從保安人的故鄉啟程，帶著些許的資金，在河州（臨夏）購入商品，再到青海的西寧販賣。接著，他們會在西寧購入新的商品，越過藏人所在的草原，往「世界屋脊」拉薩前進。到了拉薩，他們同樣添購商品，越過喜馬拉雅山，

在印度加爾各答經商的保安族商人
照片提供：馬世仁。

進入印度，在印度教世界停留一段時間後，再循著同樣路徑返回。馬世仁這樣告訴我的同時，拿出一張保安人商人於一九三八年，在印度加爾各答拍下的紀念照片給我看。據馬世仁從保安族

保安族的小腰刀

長老聽來的說法，保安人實際前往印度是從一九二八年左右開始，到一九四八年為止，每年約有二十到三十人翻越喜馬拉雅山[39]。

　　沒有資本前往印度行商的人，就到附近四川與甘肅南部的「藏區」行商，這些商人稱為「松潘客」。繞行青海蒙古人地區和內蒙古西部的稱為「韃子客」，到重慶和上海討生活的稱為「中原客」。在這些商人當中，據說有位叫做馬明賢的人，曾經在一九四九年乘船訪問日本，在那裡購進珊瑚，帶回賣給藏人。

　　現在保安族的手工業，主要以「保安腰刀」的鍛造為代表。一九五〇年代以前的甘河灘村，居民約有半數都在從事「保安腰刀」的鍛造。關於「保安腰刀」有很多的傳說，一九八〇年代還誕生了以「保安腰刀」為題材的歌劇。像馬少青這樣的菁英，也曾發表以「保安腰刀」為題材的小說[40]。「保安腰刀」如今已經被視為展現保安人認同的文化要素之一[41]。除了腰刀外，保安人也鍛造蹄鐵、獵槍零件、為家畜剃毛用的剪刀等物品。故此，保安人視以腰刀為首的鍛造業為代表性手工業，需要他們產品的，便是過著游牧生活的藏人與青海蒙古人。馬世仁又說，除了鍛造業之外，在記錄上還有銀器的雕刻師傅；購入銀器的，同樣是藏人[42]。保安人的商人和工匠都熟習藏語，至於同語系的蒙古語就更簡單了。在連結農業地帶與遊牧地帶上，他們各自扮演很重要的角色。

馬世仁感嘆道，保安人雖然熱衷於商業與鍛冶，卻不擅長農業；直到現在，他們的農業技巧仍然不及漢人。男人出外行商之後，女人便要支撐農業。女人們耕作田地，並用水車進行麵粉加工。一九五八年以前整個大河家鎮約有十八座水車，為半徑十五公里以內的居民提供麵粉加工，保安人自己則領取麵粉代替工資。

四、保安族社會內的蘇非教團

◎崖頭門宦

在積石山保安族東鄉族撒拉族自治縣的劉集鄉團結村內，有黃河的支流劉集河流過。在劉集河的北側，聳立著巨大的斷崖；斷崖一帶被稱為崖頭坪，保安人社會中的崖頭門宦，便是以此得名。

當我造訪崖頭門宦的教主（老人家）韓哲民（六十七歲）時，教主碰巧有事前往臨夏市，不在當地。韓先生雖然是撒拉人，卻在保安人社會內的兩大門宦之一——崖頭門宦擔任教主，在保安人社會內擁有很大的發言權。韓先生現在擔任臨夏回族自治州伊斯蘭協會常務委員會的委員，平常停留在臨夏市的時間較多。在豪華的宅邸內，只有長子韓延虎（二十九歲）的夫人，以及教主姪子的夫人而已。韓先生的次子韓延成（二十五歲），目前正在伊朗留學。

獻給保安族崖頭門宦教主韓哲民的鏡框

韓教主的宅邸內，掛著許多教友奉獻的鏡框；在這當中，他被稱呼為「（韓）哲民吾斯達地哈智」。「吾

斯達地」是導師的意思，
哈智（哈只）則是對有
朝覲經驗者的尊稱。韓
教主曾經四次進行朝覲，
其中三次由夫人隨行。
從為數眾多的鏡框中，
可見教友們對屢次進行
朝覲的教主的尊敬之心。

蘭州市內的文泉堂清真寺

因為失去直接從教
主聽取崖頭門宦歷史的
機會，所以以下的敘述，
主要沿用馬通《中國伊
斯蘭教派與門宦制度史
略》中的記載。馬通在
序言中表示，他曾經採

文泉堂清真寺內的風景

訪過崖頭門宦的前任教主韓振緒[43]。在必要的時候，我也會援引崖頭
門宦出身的馬少青的記述[44]。

在敘述崖頭門宦的起源前，首先必須針對嘎德林耶派文泉堂這個
蘇非教團進行說明。崖頭門宦正式的稱呼是「文泉堂─崖頭門宦」，
其教義多半是傳承自文泉堂。

文泉堂教團的創立者，是河州大河家鎮出身的馬文泉（經名穆罕
默德‧易卜拉欣，一八四○─一八八二）。馬文泉曾經三度前往麥加
朝覲，在當地受到嘎德林耶派的夏伊夫‧阿卜都里‧卡拉姆薰陶，回
國後展開傳教活動。他有兩名弟子，一名是循化的穆撒，另一名是平
涼的橋店馬。穆撒的系統後來發展成崖頭門宦與撒拉教（四門全堂）
門宦，橋店馬的系統則發展成通貫門宦[45]。

馬文泉從麥加朝覲歸來的時候，帶了誦經用的人體圖回來；因

此，他被反對派密告，指為鼓吹偶像崇拜，推廣邪教。而清朝的官吏
對告密沒再作調查，直接將馬文泉處死；教友們為他的冤獄深感悲
傷，在蘭州市內的耿家莊建立拱北，稱之為文泉堂[46]。

馬文泉的弟子穆撒是循化街子工地方的人，教名為阿卜都里·尕
吉勒[47]。穆撒在馬文泉被處刑前，從他那裡接下了傳教權。馬文泉遭
殺害後，穆撒逃亡到新疆；他在新疆接獲莎車道堂的指令，返回故鄉
循化進行傳教[48]。

穆撒野和虎夫耶派的花寺門宦保持密切聯繫。光緒初年，花寺門
宦的馬如彪阿訇，在馬占鰲的援助與委託下，前往麥加朝觀[49]。馬如
彪歸國後，開始傳播新的教義，穆撒也受其影響。這樣看來，穆撒
至少受到馬文泉、莎車道堂以及馬如彪三者的思想影響[50]。穆撒在歸
真前，將傳教權交給了循化的撒拉人，阿卜都里·凡塔海（一作凡塔
思），別名韓胡個[51]。

凡塔海是奴榮吉尼的女婿。奴榮吉尼曾接受從阿拉伯前來傳教的
賽義德·阿卜杜里·卡拉姆的道統。後來因為財產繼承糾紛的緣故，
奴榮吉尼一家離開循化，在大河家鎮的崖頭落腳。奴榮吉尼和馬文泉
交情甚篤，曾結伴前往麥加朝觀。之後，奴榮吉尼也在馬占鰲的委託
與援助下，屢屢展開朝觀。途中，他將傳教權交給了在西安求學中的
女婿凡塔海，自己最後在麥地那歸真。於是，凡塔海帶著從穆撒與
奴榮吉尼承繼而來的思想，開始了傳教活動[52]。雖然馬通沒有明言，
不過從以上的記述來看，在崖頭門宦成立的過程中，以大河家鎮為據
點的西北回民領袖馬占鰲一族的理解與支持，無疑扮演相當重要的角
色。

凡塔海在一九三八年一月七日（農曆），以七十三歲之齡歸真。
因為他的兒子韓振緒（一八九〇一一九六〇）還沒有去過麥加朝觀，
所以教團的營運就暫由追隨凡塔海二十餘年、大墩村的撒爾基的尼
負責。韓振緒從年幼時就學習阿拉伯語，一九四三年前往麥加朝觀，

一九四六年回國後便負
責主持教團[53]。現任教主
韓哲民是他的兒子。

崖頭門宦的原則是，
以遵守聖法（舍若阿提）
為前提，進行祕密的修
練（妥勒蓋提）。他們
的誦經，除了導師之外

文泉堂崖頭門宦的拱北

絕不外傳[54]。據馬少青說，崖頭門宦誦唱經文的時候，首先會從先知
穆罕默德開始，接著讚美奈克什班迪教團的創始者白哈文丁·奈克什
班、馬文泉、奴榮吉尼、穆撒[55]。崖頭門宦的信徒現在不只在甘肅當
地，在青海省、西藏自治區、乃至新疆維吾爾自治區的伊犁、石河子、
昌吉等地也都有分布。

崖頭門宦的拱北，位在韓哲民宅邸以北數百公尺的地方。我在馬
邦文（門宦學董、回族人）的帶領下，進入了拱北當中。正門用中國

崖頭門宦拱北內的風景

文泉堂崖頭門宦的清真寺

有名的磚雕——臨夏磚雕建造，上面寫著「文泉堂崖頭拱北」。在拱北裡有一座玻璃環繞的建築物中，在其中沉眠的，就是凡塔海與韓振緒。在拱北南方，聳立著文泉堂崖頭清真寺。我稍微聆聽了一下清真寺阿訇與學董的話，這座興建於道光年間的清真寺，在一九二九年在年輕將領馬仲英對中華民國掀起反旗、遭到鎮壓之際，曾遭到中華民國軍隊燒毀。之後雖然重建，但在一九六〇年代的文化大革命時再遭破壞。現的的清真寺是一九九五年建立的。

雖然我向學董與阿訇詢問崖頭門宦的歷史，但他們卻比較關心美國占領伊拉克的問題，並提出如「美國為什麼要和伊斯蘭世界為敵？」、「美國不正是最大的恐怖主義國家嗎？」等批判的言論。

籠罩西方積石山峰頂的夕陽，將飄散空中的黃土粒子染成一片金黃。當我和這些對遭美軍逮捕的海珊總統深表同情的穆斯林握手告別的時候，他們問我說：「清真寺在文化大革命中遭到破壞，難道不能向政府求償嗎？」我不知道該怎麼回答，只是再次認知到，社會主義時代的歷史與現代的國際關係，至今仍糾纏不清。

◎高趙家門宦

保安族社會內另一個重要的蘇非教團，是嘎德林耶派的高趙家門宦。我靜靜聆聽教主（老人家）馬邦河與知識分子馬世仁的話語。教主的客廳裡點燃著火爐；教主從火爐上放置的茶壺中，為自己的茶碗添上熱水。我在接下來的文章中，會參考教主馬邦河與馬世仁的述說，以及教主的哥哥馬邦才所撰寫的「高趙家門宦」一文 [56] 來進行敘述。

門宦的創始者馬依黑牙（經名阿桑梅利沙梅），一八八七年七月誕生於一個貧窮的農家。他熟悉阿拉伯語，透過長久的修練，具備預知能力。某天，一名信徒捐贈了一塊布給馬依黑牙，但他說這是不乾

淨的東西，命令信徒拿回去；結果信徒向他懺悔，承認這塊布是自己偷來的。

馬邦才寫道，馬依黑牙是從文泉堂創始者馬文泉、以及他的弟子——循化的穆撒受教，在一九一五年創立了高趙家門宦[57]。換言之，他和崖頭門宦的創始者凡塔海，是同一個導師的弟子。

一九一八年，馬依黑牙帶著三十來戶追隨者，轉移到遠離故鄉的青海貴德苜蓿溝。他在貴德居住了四年，期間經常遭到青海當局干涉，不讓他進行傳教[58]。其主因在於他跟當時青海地區的統治者馬麒、馬麟兄弟之間，對教義的見解有所歧異。儘管如此，追隨馬依黑牙的保安人從大河家和劉集陸續集結到貴德，一時達到百戶。

大河家鎮的有力人士，對於部分保安人離開故鄉、在異鄉飽嚐艱辛頗為憂慮，不斷積極說服貴德的保安人返回故鄉。最後，青海省政府下令他們歸鄉，於是他們在一九二二年回到高趙家村。當時，馬依黑牙透過更進一步的修練，成為一位飽學之士，信徒也與日俱增[59]。而馬邦才並沒有明說誰是呼籲返鄉的「大河家鎮有力人士」。

馬世仁將高趙家門宦的歷史描寫成一段殉教史。他指的是，教徒為守護教團、反對俗稱「青馬」的馬麒、馬麟所推動、和新教依赫瓦尼派的強制整合，因而殉教的歷史。當時的積石山大河家鎮，也受到馬氏兄弟的強烈影響。馬氏兄弟支持新教依赫瓦尼派；他們派遣依赫瓦尼派的「新十大阿訇」到各地，強制推動與新教的整合[60]。

馬麒的兒子馬步芳，催促各門宦的教主和依赫瓦尼派整合，但高趙家門宦的教主馬依黑牙拒絕。一九二八年農曆三月十一日清晨，馬占鰲的孫子（馬占鰲長子馬安良的兒子）馬廷勷，率領一營士兵包圍高趙家村，帶走臥病在床的馬依黑牙；馬依黑牙的舅舅馬五九，遭到當場射殺。第二天，馬依黑牙與三名教友，也遭到槍決，罪名是參與「馬仲英的叛亂」。馬依黑牙遭到殺害後，由王・阿卜都・熱海穆負責教團運作。由於政治情勢不安，熱海穆前往循化的蘇哇什村

保安族高趙家門宦的拱北入口

伊斯蘭風格、遊牧民帳幕、以及中原樣式三者混合的保安族高趙家門拱北

避難，但遭到馬步芳的士兵逮捕，於一九二九年農曆九月十八日，以「勾結馬步英」的罪名遭到槍決。馬依黑牙殉教時年僅四十二歲，熱海穆殉教時年僅三十二歲[61]。馬世仁一再強調，他們兩位選擇了「命可捨棄、教義不可捨」的道路。

馬依黑牙歸真時，他的兒子海子日・哈比本拉海年僅十六歲。熱海穆遭到處死之後，一九二九年十月到一九四九年，教團由一位名叫馬桃花的女性負責運作。一九四○年，時任北京大學東方語系教授、中國回教救國協會祕書長、和國民黨中央軍訓部部長白崇禧頗有關係的馬宏道阿訇拜訪馬桃花，兩人就伊斯蘭進行了深談。之後，在馬宏道的運作下，中央政府給予他們正式的傳教執照，才稍稍有改善了高趙家門宦的苦難環境[62]。

馬桃花在一九四九年三月逝世，馬依黑牙的兒子海子日・哈比本拉海繼任教主。海子日・哈比本拉海由於健康狀況不佳，對外活動與教團內的一般儀式，都由夫人馬尕艾色主持。海子日・哈比本拉海在一九八四年逝世，他的兒子艾薩・如海龍拉海（馬耀武）繼承教主之位。艾薩・如海龍拉海歷任臨夏回族自治州政治協商委員會委員、甘肅省伊斯蘭教協會副會長等職務[63]，在二○○二年六月歸真。

高趙家門宦與所有的穆斯林一樣，在遵守五功六信的原則上，以聖法（舍若阿提）為基礎，反覆進行祕密修練（妥勒蓋提）。主要的修練是默念誦經。每年農曆三月十二日與十月十八日，也就是教團創始者馬依黑牙與第二代教主熱海穆歸真的日子，會舉行特別的聖會爾買里[64]。除此之外，馬世仁也說明高趙家門宦的特徵，包括尊重父母、禁止吸食鴉片、交易公平等。

高趙家門宦拱北內使用的臨夏磚雕
拱北上可以看到「古蘭經」的字樣。

高趙家門宦拱北內的讀經場所

　　高趙家門宦的拱北，位在教主（老人家）的宅邸咫尺之處。在拱北的南側，可以看見漢人的村落。在一九二八年建築的拱北，在文化大革命時遭到破壞；同時，也失去馬世仁的父親馬明成偷偷收藏的古老《古蘭經》，那是他曾祖父從青海同仁帶來的經典[65]。而我在教主馬邦河與馬世仁的引領下，進入了拱北。

　　現在的拱北是一九八○年代重建，並在二○○一年重建的。馬世仁說，它的設計結合了伊斯蘭、中原、還有遊牧民帳幕的建築樣式。瓦片是千里迢迢，從北京市郊外的門頭溝運來的；門頭溝的瓦曾用於建設紫禁城，現在提供給北京市內，做文物修復之用。拱北也使用了大量的臨夏磚雕。馬依黑牙、海子日與艾薩都沉眠在其中。教主在每

天早上禮拜後，一定要造訪拱北讀經。拱北內也設有讀經的專用場所。

◎馬通描繪的高趙家門宦

關於馬世仁所敘述的高趙家門宦歷史，我想有必要針對其整體樣貌重新整理。馬世仁說鎮壓教團的是馬步芳，但事情真是這麼單純嗎？

積石山大河家鎮屬於甘肅，照理說應該算是「甘馬」的轄下，但在馬占鰲逝世後，實際上是處於「青馬」的馬麒、馬麟兄弟影響下。支持新教依赫瓦尼派的馬氏兄弟，於一九二二年在青海首府西寧創立了「寧海回教促進會」，向各地派出依赫瓦尼派的「新十大阿訇」，強制排斥其他教派。在這種情況下，馬氏兄弟與大河家鎮的馬國良陷入對立，甚至發展成武力衝突[66]。

高趙家門宦的創始者馬依黑牙殉教，是在一九二八年的農曆三月十二日。但另一方面，馬步芳出現在政治舞台上，是一九三一年以後的事；一九二八年時，他只是受父親馬麒監督的一名青海軍年輕軍官而已。因此，就算武力鎮壓高趙家門宦的是青海軍隊，那也明顯不會是馬步芳軍。而馬世仁提出鎮壓者是馬步芳，是出於言外的理由——馬步芳在現今中國被認為是反動軍閥，把罪過歸在他頭上是不會產生任何問題。

關於高趙家門宦，馬通有著完全相異的記述。由於馬通的著作《中國伊斯蘭教派與門宦制度史略》已成經典，因此不能無視其存在。

馬通說，馬依黑牙原本是崖頭門宦教主凡塔海的弟子（murid）；他既不通漢文，也不懂阿拉伯語，是個宗教知識相當貧乏的人[67]。

馬依黑牙開始傳教活動後，受到其他門宦的歧視，在走投無路的

情況下，只好前往青海的貴德避難。到了貴德後，他在青海的馬步芳將軍安排下，住進一間佛教寺廟。過了一陣子之後，當時大河家鎮的有力人士、馬占鰲的次子馬國良命令他們返鄉，他們才回到故地[68]。從這段記述中可以推知，先前介紹的馬邦才所說「大河家鎮的有力人士」，應該就是馬國良。

回到大河家鎮後，馬依黑牙無視馬國良的「警告」，也毫不在乎其他門派的歧視，依舊繼續傳教事業。高趙村和李村的很多保安人，都成了馬依黑牙的信徒。這引發了崖頭門宦等教團的不滿，並前往馬國良的兒子馬全欽（又名馬廷斌）處，向他控訴馬依黑牙傳播「邪教」。當時身為年輕旅長的馬全欽，立刻派遣軍隊前往鎮壓，將馬依黑牙處死[69]。馬全欽是馬占鰲的孫子（見頁〇三〇），而馬占鰲則與崖頭門宦的創始者有密切關係。

按照馬通的說法，直接派遣軍隊的是馬占鰲之孫馬全欽；既然如此，那我們就有必要掌握一下馬全欽是怎樣的人物。在《積石山保安族東鄉族撒拉族自治縣志》的「人物篇」中，有馬全欽的略傳。據略傳所述，馬全欽與馬步芳親近，對維持甘肅、青海、寧夏地區馬氏家族的權力，有極大的貢獻。一九四九年八月，「青馬」一系的軍閥統治瓦解，中國人民解放軍王震的部隊占領了臨夏。在這段動盪期間，馬全欽拒絕跟馬步芳一起逃往台灣，反而追隨王震，因此被共產黨評為「立下功績」。在社會主義時代，他也歷任軍政要職，於一九八一年逝世[70]。馬世仁之所以絕口不提馬全欽的事，和對方的經歷應該脫不了關係。

據馬通所述，高趙家門宦採取「高念」，也就是高聲頌唱經文與聖者名諱的方式；當他們誦經時，還會一邊哭泣一邊跳舞。不只如此，他們也沒有特定的拱北[71]。對於馬通的說法，馬世仁持相反的意見，並反駁說「這不是事實」。馬世仁對馬通說法展現強烈的反感，原因似乎和馬通的過去有關。馬通在一九六六年，曾以「社會主義教育運

動」的一員，被派遣到積石山地區。當時，在馬通的指示下，高趙家門宦的拱北遭到了破壞。而確實，在馬通的文章中，可以看到不少馬克思主義的表現手法。而馬通對高趙家門宦的記述，也和對其他門宦的描寫不同，隨處可見堪稱負面的微妙筆觸。

作家張承志在針對馬通《中國伊斯蘭教派與門宦史略》所寫的書評〈黃土與金子——一部宗教史讀後〉中，對馬通著作的缺點作了以下的批評[72]：馬通對黃土高原的嚴酷環境分析，在性質上並不完整。對於各門宦的「非合理體驗」，也就是「神威、恐懼、和真主的親近，以及對此之感受」等體驗誕生的背景，他未曾充分重視。張承志認為要理解這些東西，就必須自己踏進聖域才行。

對於出身甘肅省張家川的馬通來說，黃土高原或許太過稀鬆平常了。馬通並沒有針對自己思想的發展歷程做出任何書寫；在社會主義時代，「聖域」的概念遭到共產主義意識形態所否定，因此馬通或許沒有餘裕，踏入張承志所追求的「伊斯蘭聖域」。

◎宗教政策與出身認知

馬世仁在元朝時代自中亞移居的色目人身上，尋求保安族的祖先。他也不否認色目人在元朝領土內定居後，有和其他民族進行混血。他也強調說，保安人的祖先在中亞時，就已經成為了穆斯林。馬世仁的主張，在我們思考現今仍住在青海省同仁縣內，操持和保安語完全相同語言、信仰藏傳佛教的土族語保安族的關係時，出現了矛盾。不只如此，實際上有證詞指出，保安人住在青海同仁時都是佛教徒，是哲合忍耶派的始祖馬明心傳教之後，才皈依伊斯蘭。從這裡來看，我們有必要重新檢視宗教在民族形成時所扮演的角色。

為了證明保安人自古便是穆斯林，馬世仁舉出古老《古蘭經》的存在為證據。對他來說，文化大革命的歷史，就是《古蘭經》遭難的

歷史。文化大革命時，人稱「積極分子」、和社會主義思想有共鳴的部分穆斯林，攻擊其他穆斯林；他們強制剃掉阿訇的鬍子，還燒毀《古蘭經》。就這層意義來看，文化大革命中，所有的穆斯林都等於被強迫殉教了一次。

從早在一九五八年便開始的宗教鎮壓來看，直到一九八〇年代為止的社會主義時期，堪稱是一段血淚交織的殉教史時期。殉教的歷史從清朝、中華民國，一直持續到最近。社會主義時代的宗教政策，對保安人的祖先認知，很可能產生了微妙的影響。大概是當時嚴格取締，「皈依伊斯蘭的蒙古人子孫」說就成為主流，等改革開放後，就開始稍微強調和中亞伊斯蘭的關聯性。在宣稱自己是中亞色目人子孫的同時，馬世仁也沒有否定自己的母語是蒙古語系。他熱愛保安語，對保安語的文字化運動也相當熱心。在訪談途中，他還相當親切地教我保安語，並將之跟蒙古語做比較。

在研究中國西北穆斯林社會時，蘇非教團門宦是個相當重要的概念。為了理解門宦，我們必須利用多重視野來觀察。從清朝、中華民國直到現在，教團發展的來龍去脈與教團之間錯綜複雜的關係，都反映在門宦的歷史上。

第七章
東鄉族社會裡的伊斯蘭

◎對寫下內容的要求

我從積石山保安族東鄉族撒拉族自治縣回到臨夏市，在市中心靠近廣場的旅館住宿。臨夏市與北京之間有著約兩小時的時差，而我以北京時間為準；因此，明明已是早上八點，外面的天色卻仍是一片昏暗。

房間的電話響起，我出房間一看，比我早一步回到臨夏市的高趙家門宦馬世仁，來到了旅館大廳，問我「要不要一起吃早餐」。我們在廣場周邊吃起羊肉泡饃；那是一種用羊肉湯配麵餅食用的餐點。馬世仁反覆對我強調，寫到門宦的時候，務必要慎重再慎重。看來，他對我有可能把聽來的話、看到的事全都寫下這點，抱持著某種危機意識。畢竟，門宦之間雖然在歷史上有種種糾葛，但現在還是必須維持良好關係才行。

告別馬世仁後，我走進新華書店，買了一些和伊斯蘭相關的書籍。我問店員說，「有張承志的作品嗎？」我想說，既然是讓黃土高原的穆斯林淚流滿面閱讀的著作，不管怎樣，買個一兩本也好。但

臨夏市內的民族用品商店
店裡堂而皇之擺放著狐狸和狼等禁
獵動物的毛皮。

結果是在書架上完全沒有張承志的作品。聽店員說,是進貨一瞬間就被搶購精光了。

臨夏市北街有很多保安族、東鄉族和回族經營的店鋪,漢族人稱這些店鋪為「民族用品商店」。造訪店面的客人,大多是少數民族。來到北街的主要客群,是甘肅省南部、四川省北部的藏人,其中又有大半是喇嘛。他們會在這裡購買狐狸與水獺皮、瑪瑙還有珊瑚帶回藏地。毛皮用來做衣服;寶石類則作為女性的飾品。有帶刀習慣的藏人,也會大量購買「保安腰刀」。事實上,這個地區過去便以「茶馬貿易」或「絹馬貿易」之名而興旺,因此多民族間的交易相當盛行。

我走進骨董店裡參觀;那家店的經營者是一位回族老人。在店裡,擺放著許多「鄂爾多斯式青銅器」,如以狼噬鹿為主題的帶扣與小刀等。「出得起價的話,我什麼都能賣給你喔!」老闆這樣說。

一、東鄉人的大地

◎往東鄉族自治縣的路程

我包了輛車,往東鄉族自治縣前進。

通往東鄉族自治縣的路是山道,因此司機最初很不情願前去,直到我表明自己的目的和身分,是「要去參觀穆斯林拱北的蒙古人」,他的態度便猛然一變,突然親切起來,並且滿口應允協助。這位司機

是屬於嘎德林耶派大拱北門宦的回族男子，開車技術相當好。

　　臨夏市雖然是回族自治州，但人口還是漢人最多。所以司機一開始，大概是把我當成從其他地方來的漢族了。漢族人通常不了解回族在想什麼，即使比鄰而居，也會向對方投以歧視的目光；正因漢族不願多去了解回族，所以兩者之間才壁壘分明，我在心裡這樣想著。「我正在進行有關拱北的研究，對回族的新教和老教也略知一二……」隨著對話持續進行，我愈感穆斯林其實相當具有紳士風度。

　　如前所述，東鄉族自治區因為位在河州（今臨夏市）的東邊，所以稱為東鄉。著名的回民領袖馬占鰲，則是出身西鄉。現在的東鄉族自治縣西抵大夏河、東至洮河，北邊則被黃河圍繞。全縣處於平均海拔二六一〇公尺的高原，年雨量不滿五百毫米，是塊極度乾

東鄉族自治縣

燥的山岳地帶（見下圖）。

我們沿著不斷攀升的道路前行。山麓並不是太高聳。在我們的眼下，是綿延不斷的恐怖山谷；山谷中沒有一滴水，少數利用山坡修築而成的梯田，一路延伸到山頂。我不禁想起天津《大公報》記者范長江的文章。當時，這一帶的山麓被稱為牛行山[1]：

> 從牛行山上往四方眺望，可以看見山巒起伏、各式各樣的景色展開在眼前。這副景象讓身為記者的我，對「山脈」這個詞不禁產生了疑問……（中略）就我在牛行山以及其南北高地所見，這裡原來是一片黃土層的大平原，經過不知多少年的風雨淘洗，被沖刷流失的部分一年比一年低下，變成山谷與谷底溪流，然後剩下來的部分，就成了所謂的「山」……因此這裡的山一點也不高，但谷地卻被水侵蝕得甚深。

經過幾千年歲月，黃土一直隨風雨流逝，最後終於達到大自然的極限。沿途到處豎立著「終止開墾、努力植林」的看板。相較於保安族的村落位在山麓，東鄉人的村落大多位在山頂或山脊。有種說法是，他們在歷史上因為遭到強力的集團壓迫，所以才往更高的地方遷徙。

東鄉族自治縣內的黃土高原

既然連山谷裡都沒有河了，那山頂和山脊自然更沒有水；因此，東鄉人都會建造水窖。他們會挖掘壺形的豎穴，在冬季時分將山背累積的雪與谷間的結冰運到豎穴中，至於夏天，則

訴求環境保護的看板　　　　　　　東鄉人的民宅

是期待偶爾來的降雨。在豎穴裡也會加入樹枝與羊糞；據說此舉能讓水不腐敗，但也會讓它處於輕微的發酵狀態。而這樣的水窖是一家的貴重財產，穆斯林不只將它做為飲水之用，在清潔身體方面，也是不可或缺之物。在調查中，我也曾在很多地方喝過水窖的水。就我的印象來說，它雖然表面上看起來沒有什麼特色，但其實頗為美味。現在，在台灣的援助下，各地村落正在進行引大夏河水的工程。

◎政府主導的官辦朝覲

我們抵達了東鄉族自治縣縣政府的所在地——鎖南壩。

鎖南壩是一座位在好幾條山脈交叉點上的城鎮。縣組織部的馬含珍部長，在辦公室裡等著我的到來。我立刻被引領到宗教局，並和汪生義（東鄉族，三十四歲）副局長見了面。看來在這裡，我的調查也要受到宗教局的管轄。馬含珍部長因為雙親要在十二月十八日前往麥加朝覲，所以正為準備忙得不可開交。在展開朝覲之前，先要召集親戚和左鄰右舍，還要請地方的阿訇來召開歡送會。

二〇〇三年，參加政府認證麥加朝覲團的穆斯林，在整個甘肅省達七百四十九人，其中東鄉族自治縣的參加者有七十三人。這個體系的運作方式是，沙烏地阿拉伯先決定好分配給中國的官方朝覲者人

數，中國政府再按照這個數量，分配給各省和各自治區。然而，官方的配額是不足以滿足穆斯林的期盼，因此用觀光名義前往沙烏地阿拉伯、或是經由泰國等第三國前去，從而完成朝觀的實際人數，遠比政府統計要來得多。

政府認證朝觀團的參與者要從蘭州到北京，參加中國伊斯蘭協會主辦、為期一周的事前研習，然後再搭包機飛往沙烏地阿拉伯。這種政府認證的朝觀，於一九七九年起重新舉行[2]。

◎白莊門宦與張承志

離開鎖南壩，我們沿著山脊，在西北方約十五公里的山道上奔馳。在山脊的最前端，有著東鄉族社會內最大的蘇非教團之一、與虎夫耶派傳承密切相連的白莊門宦第六代教主（老人家）——馬進成（七十八歲）的宅邸。這座宅邸在行政組織上屬於春台鄉。現在也有人稱其為「北莊門宦」，但本來該名為「白莊門宦」。這個名字的由來，是因為當地的東鄉語名稱讀作「察干果爾」（白色山谷）而得名。在甘肅省方言中，「白」和「北」同音，因此不知從何時起，「北莊」比起「白莊」更常被使用。我在宗教局副局長汪生義的帶領下前行，教主（老人家）已經在那裡等待了。在宅邸附近有一間小小的雜貨店，村中的老人排成一列，正在曬太陽。我用蒙古語跟他們打招呼，大家都露出笑顏，用東鄉語和我攀談。冬天溫暖的陽光，讓人感到安詳而靜謐。

東鄉族白莊門宦的老人家（教主）
馬進成

東鄉族白莊門宦老人家（教主）馬進成的宅邸　　東鄉族春台鄉的東鄉人

　　教主馬進成和我握手，迎接我進入客廳。在室內東側的牆壁上，掛著一幅長長的鏡框。那是作家張承志的隨筆「北莊的雪景」打字裱褙的成品。即使在這裡，也能體會到這位中國穆斯林社會偉大作家的存在。

　　張承志在「北莊的雪景」中說，他在一九八〇年代末或一九九〇年代初，曾經在一個雪夜裡，和白莊門宦的教主馬進成，有過一段溫暖、心靈相通的神祕交流。張承志這樣回想[3]：

　　　　放走騎乘已久的愛馬；手裡還拿著韁繩，就這樣注視愛馬奔馳到草原深處。我就是帶著這種感覺，踏入回族的世界。

　　這是張承志離開內蒙古大草原後，一步步接近自己追求的穆斯林世界時的感受。或許因為有曾被下放到內蒙古自治區的經驗，張承志對操持蒙古語系語言的東鄉人穆斯林感到興趣，於是千里迢迢，造訪在中國伊斯蘭世界中赫赫有名的馬進成老人家。馬教主當時正擔任中國伊斯蘭協會的副會長。

　　教主馬進成按照東鄉族的禮儀迎接張承志，將作家請到暖房的上座，自己則像當地的農民一樣，蹲踞在暖房下方、沒有鋪設地板的房間中。雪不斷地落下。這一晚，張承志從與教主馬進成的對話中，

體悟到一種「神祕的」體驗[4]：

> 我想到野放在內蒙古草原上的馬，那匹愛馬還戴著馬具。朦朦朧朧間，伊斯蘭的黃土高原已經接納了我。

對張承志而言，白莊門宦的教主馬進成，毫無疑問是把他領進伊斯蘭黃土高原的人物之一。野放到內蒙古草原的駿馬[5]，終於在黃土高原上疾馳起來。

事實上，張承志也知道其隨筆「北莊的雪景」被製成鏡框的事。他似乎頗為誠惶誠恐，其後再寫一篇「祝福北莊」，更深入描寫自己和教主馬進成之間的交流。教主馬進成絕非是個饒舌之人。在張承志筆下，他總是淡淡地訴說歷史，也不太顯露感情[6]。

◎文化大革命的災難

白莊門宦教主馬進成現在除了擔任中國伊斯蘭協會副會長外，也是全國政治協商委員會委員、甘肅省政治協商委員會委員。

我背對著張承志的鏡框，一邊啜飲蓋碗茶，一邊傾聽馬教主娓娓道出其生涯經歷。

馬教主說，「東鄉族是韃子皈依伊斯蘭後的民族。」韃子是一般漢人對蒙古人的蔑稱。至於究竟是何時、又是基於怎樣的理由皈依，則一切不明。東鄉人在家庭內大多是使用東鄉語；按照他的見解，東鄉語可以直接和土族語相通，和保安語也有極親近的關係。

馬教主的教名是舍木松的尼，是白莊門宦第五代教主馬紹宗的姪子。他從年少時期就在清真寺修行，一九四八年二十三歲時受教友的援助前往麥加朝覲，獲得了哈只的稱號。之後，一九五三年他在新疆的莎車停留了四個月，師事華哲・吾蔓若，學習阿拉伯語。他從華哲・

吾蔓若獲得了傳教許可，回鄉後被教友推舉為第六代教主[7]。

按照中國政府公認的《東鄉族自治縣志》所述，一九四九年中華人民共和國成立後，東鄉縣的情勢並不安定。縣志中寫道，一九四九年到一九五八年間，東鄉縣內屢屢發生叛亂。接著在一九五八年八月到九月，隔壁廣和縣發生叛亂，東鄉縣也捲入其中；叛亂遭鎮壓後，超過一千人被捕處死。從這項情報來看，叛亂的規模非常大[8]。然而，縣志完全沒有提及叛亂的原因，但恐怕原因和西藏的叛亂一樣——是急遽的公有化政策所導致。

政治上的災難從一九五八年開始。在《東鄉族自治縣志》中，詳細記載了有關社會主義時代災難的情報。

社會主義政權剛建立時，東鄉縣有清真寺和拱北合計五百八十六處。一九五八年叛亂被鎮壓後，政府下令「停止興建清真寺與拱北，並禁止禮拜」。然後，破壞便開始了。總計五百九十五處清真寺和拱北遭到破壞，被逮捕的教主與阿訇達到五百零六人，宗教學生（滿拉）與學董則有五百二十三人[9]。而類似的叛亂不只爆發在東鄉縣。據張承志所言，在甘肅省、青海省與寧夏回族自治區等溪北各地，陸續有回民爆發小規模的叛亂。張承志也指出，叛亂也讓一九五八年起對中國伊斯蘭、特別是蘇非主義的不當批判，變得益發強烈[10]。

白莊門宦的拱北也遭破壞，馬教主被逮捕。他在臨夏市的監獄裡待了整整二十年，直至一九七八年獲釋；也就是說，他最具生產力的年紀，三十二歲到

臨夏地區的武裝勢力成員
中國共產黨說他們是一群「壓迫人民」的人。摘自《甘肅省土地改革畫集》，一九五四年。

五十二歲的時間遭到剝奪。如張承志的描述，即使在講述社會主義的悲慘歷史時，馬教主的表情也不曾改變。張承志用「白倆」（bala，災難之意）來形容這段歷史。馬教主入獄期間，夫人一手將孩子拉拔長大；在他獲釋幾個月前，夫人逝世了[11]。馬教主有馬全福（五十二歲）、馬全英（四十九歲）、馬全山（四十七歲）三個兒子，其中的馬全福現任阿訇之位。

出獄之後，馬教主在一九八〇年，再次前往麥加朝觀。一九八六年，他完成第三次朝觀。馬教主一邊回顧過去，一邊頻頻催我享受餐點。端出饢（麵餅）、炒羊肚、蒸馬鈴薯，最後上的是主菜——用鹽水川燙的綿羊肉。

白莊門宦的拱北位在馬教主宅邸西北數十公尺處，入口處大書「東鄉北莊拱北」幾個字。拱北的外面，是深不見底的崖壁深淵。先前的拱北在一九五八年被破壞，現在的拱北是在一九八八年重建並擴建的。重建時也利用從其他清真寺與拱北帶來的匾額作裝飾。現在的拱北是中原式建築，也活用了臨夏磚雕作為裝飾。

東鄉族白（北）莊門宦的拱北

紀念拱北重建，設置在白莊門宦拱北內的匾額

在拱北庭園內，有為數眾多的陵墓。在拱北中央的殿內，白莊門宦的創始者沉睡其中。入口附近豎立著兩塊石碑，其中一塊是一八八二年

（光緒八年）八月，白莊門宦的有力人士馬悟真，為追悼祖父——門宦創始者馬葆真而豎立的「追遠亭碑記」。碑文一面是漢文；另一面是阿拉伯語，兩面都記載了創始者馬葆真的事蹟[12]，是了解東鄉族與內部白莊門宦歷史的貴重史料。另一塊比較新的石碑，也是記載門宦的歷史。

庭園兩側設有讀經的場所「誦經過庭」，以及祭祀用的房間。配置和「追遠亭碑記」中的記述一致。庭園又分為前院與後院。在後院內的主殿兩側的拱北上，覆蓋簇新的絲綢苫單。

東鄉族白莊門宦拱北內的磚雕
拱北上寫著「創建於乾隆年間」的字樣。

東鄉族白莊門宦拱北內的墳墓與苫單

◎馬通筆下的白莊門宦

據馬通所述，白莊門宦是東鄉族中勢力最大的蘇非教團，信徒達到十萬人[13]。

白莊門宦的創始者馬葆真（一七七二一一八二六）經名為豪木紗，教友稱之為「老太爺」。馬葆真誕生在一個農民家庭，從小就在清真寺學習，長大之後成為花寺門宦的信徒。一八〇〇年左右，二十八歲的馬葆真和友人——臨夏井溝村的瞎太爺[14]一起前往新疆，造訪在莎車傳教的夏伊夫·烏尼亞。夏伊夫·烏尼亞被認為是先知穆罕默德的第二十八代後裔，他從阿富汗進入新疆，

廣傳虎夫耶派的教理[15]。

然而，很不巧夏伊夫·烏尼亞回到阿富汗，因此沒能會面。馬葆真在莎車待了兩個月後返回東鄉。一八一二年，當時已屆四十的馬葆真，再次和瞎太爺結伴前往莎車。他拜夏伊夫·烏尼亞為師，進行為期約一年的修練；最後，他成為夏伊夫的弟子，獲得歸鄉傳教的許可。夏伊夫指示他，要先完成麥加朝觀，再進行傳教；兩年後的一八一四年，他完成朝觀，獲得哈只稱號，回到故鄉東鄉傳教。他的信徒與日俱增，最終形成白莊門宦[16]。

馬葆真共進行過三次朝觀，學養深厚、也深孚眾望。他每晚都不忘禮拜，也不斷進行誦經等修行。他的信徒不用對教主行跪禮，也反對信徒從教主獲得「進入天國的指示（口喚）」。他的主張讓格迪目派等其他宗派也讚不絕口[17]。

馬葆真有三個兒子：豪三、豪三尼、郁素福，信徒稱他們為大太爺、二太爺、三太爺。三人都是河州著名的阿訇，也留有著作。馬葆真歸真後，長男豪三成為教主。豪三雖曾前往麥加朝觀兩次，但沒有去過莎車道堂；他是靠著莎車道堂傳來的口信，登上教主之位的[18]。

老人家馬進成對我提及白莊門宦的第三代教主胎里會；關於這個人，馬通寫下相當有意思的記述。胎里會的意思是，在懷胎時就已通曉一切道理。因為他從小就很聰明，所以得到這個稱呼，而他的本名阿布都，則被人遺忘。胎里會在十四歲時完成學業，取得阿訇的資格。同治年間，他帶著十來人前往莎車，但當時正值西北回亂，結果他被捲入混亂，在新疆的奇台地區遭到殺害。由於他的不幸殉難，再加上超凡的知識，因此儘管他沒有實際參與教團運作，仍然被當成教主尊崇[19]。

繼承胎里會成為白莊門宦第四任教主是他的次子阿哈穆德（一八六五——一九一九）。阿哈穆德在莎車教堂進行一年修習後，直接從阿富汗前往麥加朝觀，在當地停留了五年。他是教團當中，學

養深厚程度僅次於創始者馬葆真。阿哈穆德沒有兒子，歸真後由他的姪子馬紹宗成為第五任教主（一八九七─一九五八）[20]。馬紹宗在一九三一年，在青海省的軍閥馬麟支持下，前往麥加朝覲[21]。當時，馬麒、馬麟兄弟因熱心支持新教依赫瓦尼派而廣為人知，但似乎也和屬於老教的白莊門宦有特別關係。馬紹宗也沒有兒子，歸真後由姪子馬進成 * 繼承第六代教主，直至今日。

白莊門宦在每年農曆十一月二十六日，會舉行創始者馬葆真的追悼儀式（爾買里）。二〇〇三年的爾買里，據說有將近兩萬名信徒前往白莊拱北參拜。不只是甘肅省，也有信徒千里迢迢，從新疆維吾爾自治區和青海省前來造訪。

◎政治舞台上的白莊門宦

馬教主對我說，白莊門宦的拱北是在光緒年間，由門宦中的有力人士馬悟真建立。如前所述，拱北內的「追遠亭碑記」石碑是在一八八二年（光緒八年）豎立，由此可知拱北的建設也是在同一時期。

馬通指出，馬悟真對白莊門宦的發展有很大的貢獻。馬悟真是馬葆真三子郁素福的長子，也就是白莊門宦第三代教主胎里會的堂兄弟。一八六二年左右河州回民對清朝掀起叛旗的時候，馬悟真是有力的領導者之一。之後起義軍推舉馬占鰲為領袖，在太子寺給予清軍重大打擊；直到投降為止，馬悟真一直是全軍的中心人物之一。歸順後，他擔任馬占鰲軍隊的左旗管帶，在鎮壓其他拒絕投降起義軍的戰鬥中，屢立軍功。從拱北的建設亦反映馬悟真當時的權勢。馬通嚴厲地

---

* 馬進成老人家已於二〇〇九年逝世。

批評馬悟真的作為，說：「馬悟真的政治活動是對同治年間起義的背叛，之後他也維持一貫的反動態度為清朝效忠，在鎮壓人民方面犯了重大罪過。」[22] 相對於此，《東鄉族自治縣志》則對他表示肯定的態度說，認為馬悟真「出於大局與民族生存考量，強烈支持馬占鰲的投降」[23]。但無論如何，不能否認的是，白莊拱北是馬悟真為增添故鄉光彩而建立。

白莊門宦的另一位重要人物是馬悟真的姪子馬璘（一八五三─一九三一）。馬悟真離開軍務後，馬璘繼為左旗管帶。一八九五年西北回民再次掀起大叛亂之際，馬璘追隨馬占鰲的兒子馬安良[24] 進行鎮壓，參與了稱為「善後」的屠殺。馬璘因此得以謁見西太后與光緒皇帝，深受寵愛。清朝瓦解後，他出兵攻擊贊成共和的陝西軍[25]，也暗殺共和派的政治家[26]。馬安良死後，馬璘繼任甘肅提督、甘肅鎮守使，在從麥加朝覲的歸途上，客死於香港[27]。

歷史學家片岡一忠指出，各門宦在同治年間的回亂後，都遭到清朝政府嚴格的取締，拱北也被摧毀，唯獨馬占鰲一派得以倖免[28]。從這條線索來思考，由追隨馬占鰲、馬安良的馬悟真等人率領的白莊門宦，並能持續保持巨大的政治力，也是不爭的事實。

二、東鄉族的胡門門宦

◎胡門門宦的拱北

我從大坂這個小城鎮，往西渡過洮河。

我仔細凝望著洮河。

「昔我七世上，飲馬洮河西」

這是元朝時代的詩人、父祖出身西域的馬祖常所寫的詩。在中國西北地區的歷史舞台上，洮河是一條有名的河。在西北地區，洮

河是漢與被稱為「西戎」
的各少數民族間的傳統界
線。萬里長城也是東起山
海關，西至洮河畔的臨洮
告終。漢人無心在更西的
地方建造防線，只是將洮
河認知為自然的界線。最
近的例子是西北回民大叛

東鄉人的小學生

亂過後，清朝政府將回民安置在洮河以西，東側則讓漢民定居，採取
分離統治政策。不過這項政策在回民領袖馬占鰲的反對下，實際上並
沒有發揮功能[29]；在洮河東側，依然住著大量穆斯林。

　　東鄉族自治縣內，最豐饒的地帶是縣東部的洮河沿岸。全縣大半
是黃土高原，唯一的平原是沿著洮河、南北縱走的細長地帶。洮河河
畔的大坂鎮位在從蘭州通往河州的幹線道路要衝上，現在是東鄉族自
治縣的經濟開發區。鎮上商店頗多，充滿活力。據地方幹部說，有很
多投資是來自新疆維吾爾自治區。當我從大坂鎮眺望洮河時，淘氣的
東鄉族小學生，團團圍繞在我身邊。

　　我朝著大坂鎮北邊的紅柳灘村前進。紅柳灘過去被稱為「紅泥
灘」，東鄉族社會內另一個重要蘇非教團——虎夫耶派胡門門宦的教
主居住於此，拱北也在此地。當我們沿著東流的洮河，向北驅車的
時候，對面忽然開來一輛高速行駛的「北京吉普」；坐在副駕駛座
上的宗教局副局長連忙擋下了那輛吉普車。原來，坐在吉普車內的，
正是胡門門宦的年輕教主馬正海（四十一歲）。他因為一位胡門門宦
所屬的信徒過世，要趕去參加葬禮而經過這裡。胡門門宦的信徒現在
除甘肅外，也分布在新疆維吾爾自治區、青海省、寧夏回族自治區、
乃至於中亞的東干人地區。太遠的地方自然無法前往，不過臨夏州內
的婚喪喜慶，教主還是會盡可能出席。

東鄉族胡門門宦的教主馬正海

東鄉族胡門門宦的知識分子馬世全

因為是遠道而來的客人，又是稱得上親戚的蒙古人，所以教主馬正海便折返宅邸。雖然時間不長，我們還是稍作談話。在教主的宅邸裡，陸續端出了葡萄乾、棗子乾，還有各式各樣的麵餅。當教主再次離開後，我從胡門門宦的知識分子陳有俊、負責管理拱北的馬世全（五十三歲）聽聞胡門門宦的歷史。馬世全在幾天前，剛剛完成了象徵學業大成的「穿衣」儀式，是位沉穩的學者；不久後，他也要前往麥加進行朝覲之旅。中國西北各門宦的特徵，就是他們一定具備有力的知識分子。

我在馬世全與陳有俊的引領下，參觀了胡門門宦的拱北。那是棟相當豪華的建築物，簷下有色彩鮮明的繪畫；其中有中原風格的山水畫，也有以聖地麥加為意象的畫。墳墓所在的殿內鋪設著高級絨毯，牆壁上點綴著

東鄉族胡門門宦的拱北

東鄉族胡門門宦拱北建物所描繪的聖地麥加

族內女性製作的玫瑰與水果刺繡。這座紅柳灘的拱北中，沉眠著第三代教主者麻龍吉尼（一七九二一一八七二）到第七代教主馬世麟（一九四四一？），至於創始者馬伏海與第二代教主馬成海的拱北，則在隔壁的廣河縣。

◎來自內部的門宦史

令我佩服的是，胡門門宦在第六代教主馬國泰（一九二五一一九九九？）領導下，編纂了自己的歷史。這部名為《聖源堂光輝史——胡門門宦》的書，詳細敘述教團歷史，其編纂是自一九八○年代末起，在馬國泰的主導下進行。馬國泰是在自古相傳的阿拉伯語、波斯語文本，以及「小經」類的漢譯基礎上，敦促門宦內的知識分子展開編輯[30]。

所謂「小經」，是用阿拉伯文字書寫的東鄉語典籍，又稱「土話小經」[31]。經過反覆改訂後，這部門宦史在一九九八年十一月底，終於推出最終決定版。除此之外，他們還推出了全兩冊的《艾布則吉的路道就是古教》，詳細記述門宦創始者艾布則吉‧馬伏海與歷代教主所行的奇蹟與主要事蹟，以及門宦內部的儀式。《艾布則吉的路道就是古教》第一冊在一九八七年，由廣河縣的阿訇馬成麟依據馬國泰保存的阿拉伯語、波斯語文本，以及「小經」類典籍編纂而成。這部作品的編纂在門宦內部不免掀起爭議，之後在何世明、汪生德等人的修訂下，於一九九九年再度刊行。我從教主馬正海獲贈的是一九九九年再版的版本。《艾布則吉的路道就是古教》第二冊也是由阿訇馬成麟編纂，於一九九六年印行。接下來，我就以《聖源堂光輝史——胡門門宦》和兩冊《艾布則吉的路道就是古教》為基本材料，來敘述胡門門宦的歷史。馬國泰稱這些書籍為「教團的內部史料」[32]。

馬通說，胡門門宦在傳播四大蘇非學派之一——虎夫耶派的教義

同時，在宗教儀式上，則與格迪目派大同小異[33]。相對於此，馬國泰則說，胡門門宦並不屬於四大學派之一，而是創始者艾布則吉在西安求學時，直接透過先知海子勒傳授了接近真主阿拉的學問，從而創立門宦[34]。海子勒又被稱為「綠之男」，是被視為蘇非主義精神領路人的聖者。以下是關於這對師徒的傳說：

　　艾布則吉（一七一五—一八一二）的祖先，和先知穆罕默德的後裔有所關連。他們在敗戰後經海路來到中國，之後移居到河州，時間大致在清朝初期。艾布則吉自六歲起就在清真寺就學，學會阿拉伯語和波斯語，一七四七年起在西安的崇文巷化覺清真寺留學。兩年後，一七四九年齋月的某個夜裡，他遇到了先知海子勒。海子勒往他的口中吹一口氣，傳授給他真理（hagigah）。他在返鄉之行中展現奇蹟，晨禱後離開西安，到了早餐時已經抵達紅泥灘。奇蹟（賢徵）實現後，他開始提倡結合聖法、祕密修練以及真理三者的教義，這就是門宦的開始[35]。

　　馬國泰稱艾布則吉為「真人」（wali），在阿拉伯語是聖者的意思，也有「親近某人者」的意思在；因此將之解釋為「到達真理」的蘇非信徒，認為「真人」就是「親近真主之人」[36]。按照此解說，「真人」具有引發在水面行走、在空中飛行、和動物說話等種種奇蹟的能力[37]。

　　一七九八年三月十七日，已經高齡八十、鬚髮皆白的艾布則吉，鬍子忽然一夕之間變成漆黑。艾布則吉稱這個現象是「來自真主的口喚，作為我和先知海子勒相遇的象徵」。因為鬚在漢語中稱為「鬍子」，所以艾布則吉的門宦便稱為「胡（鬍）門門宦」[38]。艾布則吉留下了阿拉伯語、波斯語以及「小經」類的諸多著作，但部分在文化大革命時期佚失。

　　值得一提的是，艾布則吉還在世時，便建造了自己的拱北。一七八五年（乾隆五十年）時，應信徒的熱烈要求，在廣河寺興建了

艾布則吉的拱北；為了紀念，還建了一塊「恭贈馬老師懿行序」石碑。這塊碑在一九二九年被國民軍所破壞，殘片留在廣河縣太子寺的拱北中，碑文則收錄在《聖源堂光輝史》內[39]。據研究碑文的東鄉族馬志勇說，拱北建設時，當時河州周邊的穆斯林門宦、花寺門宦等都捎來祝賀[40]。據碑文記載，拱北的建設，也有當時的陝西誥受奉直大夫加二級米天成、陝西撫標左營千總軍功記錄三次隨帶加二級馬士傑等官員和軍人加入[41]。這些人應該都是胡門門宦的信徒，要不然就是與之有共鳴的人物。

◎祈雨的奇蹟

據作為教團「內部資料」的《聖源堂光輝史》所述，胡門門宦基於創始者艾布則吉的指示，採取「父傳子受」世襲制的方式傳承。艾布則吉歸真後，五個孩子全都以「教主」的身分展開傳教活動，但其中最熟知經典的長子歐斯麻乃（學名馬成河）據說從父親那裡，獲授了傳教口喚與祈雨的祕術[42]。

獲父親傳授祕術的第二代教主歐斯麻乃（一七四〇―一八二三），一八二三年在蘭州進行了祈雨儀式。當時，他把一顆羔羊的頭丟進黃河的漩渦中，結果連續三年大旱的甘肅就降雨。甘肅總督向道光皇帝報告歐斯麻乃的功績，皇帝賞賜了自己親筆書寫的「聖源道堂、人能宏道」八字匾額給他[43]，這就是胡門門宦自稱「聖源堂」的由來。歐斯麻乃在蘭州祈雨後就患病，於是將祕傳的祈雨術轉授給自己的姪子者麻龍吉尼（一作哲馬龍的尼）。

者麻龍吉尼（一七九二―一八七二）又被稱作大馬，是創始者艾布則吉的三子爾里（馬成江）的長子。他以爾里長子的身分，從伯父歐斯麻乃那裡獲授傳教的口喚。但另一方面，爾里將自己的傳教權（口喚），交給了三子格吉如。格吉如又被稱為三馬；從這時候起，

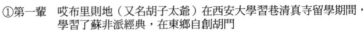

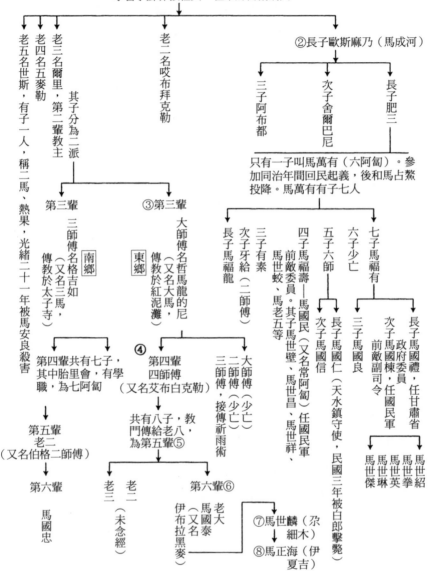

胡門門宦傳教世系表

根據被視為內部資料的《聖源堂光輝史》改編。

胡門門宦內部實質上已分為兩個派系（見左頁）。者麻龍吉尼繼續在東鄉的紅泥灘傳教，格吉如則在南鄉的太子寺創立據點[44]；因為兄弟兩人各自從伯父與父親接受口喚，於是便各自分開進行傳教任務。《聖源堂光輝史》是由大馬（者麻龍吉尼）的直系繼承者馬國泰所編纂，其中詳細記述的是者麻龍吉尼一系的紅泥灘派歷史。

胡門門宦紅泥灘派的第四代教主，是者麻龍吉尼的四子艾布白克勒（學名馬萬勝，？——一九一二）。者麻龍吉尼將傳教口喚傳給四子，不過祈雨祕術則是傳給了三子伊黑拉索。艾布白克勒有八個兒子，當中的幼子白舍勒艾米尼（學名馬福良，一八七九——一九五七）成為第五代教主。白舍勒艾米尼被信徒稱為八爺，深受他們所信賴。

一九三六年，胡門門宦的紅泥灘派接受南鄉太子寺派的挑戰，針對教義解釋，展開一場名為「講經」的大論戰，胡門門宦內的有力政治家與軍人，也加入這次論戰。八爺白舍勒艾米尼依據道祖闡述的尼斯白提（nisba，亦即「人的由來」），就穆斯林譜系重新確認了門宦內的基本理論，從而防止了分裂。《聖源堂光輝史》對這段事件的來龍去脈，有相當詳盡的敘述[45]。胡門門宦透過重新確認教義得以統整，從而抵抗馬步芳等軍閥要求皈依新教的壓力。

繼承八爺的第六代教主，是他的長男伊布拉黑麥（學名馬國泰，一九二五——一九九九？）。一九五七年伊布拉黑麥（馬國泰）接任教主後不久，便參與了在北京召開的第二屆中國伊斯蘭會議，獲毛澤東接見。但在第二年（一九五八年），隨著大規模反宗教、反伊斯蘭運動的展開，馬國泰在八月十五日以「反革命罪」遭到逮捕；同時，胡門門宦南鄉太子寺派的教主馬國忠也一併被捕。馬國忠不久後死於獄中，馬國泰則在二十年後的一九七八年十月九日獲釋出獄。一九六七年的文化大革命中，位在太子寺的道祖艾布則吉拱北無法倖免於難，遭到破壞[46]。這座拱北直到一九八四年十月一日才得以重建[47]。之後，馬國泰歷任甘肅省政治協商委員會委員、甘肅省人民代表大會代表，

於一九八八年前往麥加朝觀[48]。

　　馬國泰只有一個獨子尕細木（學名馬世麟，一九四四—二〇〇二？），《聖源堂光輝史》編纂時，馬國泰、馬世麟父子都尚在人世。當我造訪時，則是由尕細木的獨子馬正海（經名伊夏吉）擔任現任教主（第八代）。

◎胡門門宦的政治活動

　　胡門門宦和其他門宦一樣，熱中參與政治；在《聖源堂光輝史》中就為此特設一章詳述。胡門門宦道祖艾布則吉在政治上被視為「忠君愛國」，而獲得獎勵，而他也對五個兒子分派任務，要他們各自走上政治和宗教的道路[49]。

　　出身胡門門宦的第一位有力政治家，叫做馬萬有。馬萬有是艾布則吉長子歐斯麻乃的長子。他從年少時期便學習伊斯蘭經典，實際上是一位阿訇。同治年間回民在各地掀起叛亂時，馬萬有與河州的馬占鰲一起對清朝揭竿造反。之後馬占鰲歸順清朝時，馬萬有不願就任官職，於是棄官返鄉；但他因為害怕被左宗棠懷疑有叛意，所以命令兒子馬福壽、馬福保加入馬占鰲軍隊。之後，馬福壽跟隨馬占鰲，參與鎮壓其他回民叛軍的活動，不久便升上了統領之位。民間稱為「五統

清朝時代的東鄉人士兵
芬蘭探險家馬達漢（Mannerheim, C.G.）於一九〇八年三月二十二日的記錄。摘自《1906-1908 馬達漢西域考察圖片集》。

領」的馬萬有，之後跟隨甘軍名將董福祥，在北京和八國聯軍作戰，因爆破法國大使館而立下戰功。當西太后逃離北京、前往西安避難時，馬福壽也和馬占鰲的長男馬安良，一起護衛西太后[50]。

馬萬有有好幾個兒子，其中五子的兒子馬國仁，從小就跟著父親度過軍旅生涯。當清朝衰微、中華民國成立之際，西北的回民軍人幾乎都對清朝保持忠誠；在這個時期，馬國仁率軍進入陝西，和共和派的革命軍展開戰鬥。清朝瓦解後，馬國仁在甘肅南部的天水擁兵自重，成為稱霸一方的穆斯林軍人。故此，出身於胡門門宦創始者艾布則吉、長男歐斯麻乃等派系的有力政治家與軍人，直到中華人民共和國成立為止，在西北地區都占有重要的一席之地，這是相當值得注目的現象。

◎胡門門宦與白莊門宦的衝突：馬通的記述

門宦之間常會因為宗教、政治、經濟上的對立，頻繁地發生衝突。以下就介紹馬通在著作中舉出、有關胡門門宦與白莊門宦間衝突的實例。

胡門門宦與白莊門宦最初的衝突，是發生在同治年間。雖然起因只是典型的發音爭議，最後卻演變成流血事件。某天，住在東鄉西北部考勒村的胡門門宦信徒，攻擊住在牆溝村的白莊門宦教徒四、五十戶，對他們大加屠戮。為了報復，白莊門宦也動員大量教徒進攻考勒村，造成百人以上的死傷。當時，兩個門宦都和清朝政府締結有密切關係，因此雙方也動員各自的政治勢力，對峙情勢益發嚴峻。馬占鰲對事態惡化深感憂慮，於是找來胡門門宦的馬萬有與白莊門宦的馬悟真進行調停，勉勉強強把事情壓下去[51]。

胡門門宦和白莊門宦都具有強大的政治力；因此，兩門宦出身的政治家與軍人在政治世界的對立，也時常會以將教團捲入其中的形

式爆發衝突。一八九五年（光緒二十一年），西北回民再次掀起叛亂之際，追隨馬安良鎮壓叛軍的白莊門宦馬璘，殺害了胡門門宦的有力人士，使得一度平靜的雙方對立再度表面化；直到中華民國時代，這種狀況仍不見改善。有一次，一名住在東鄉東部汪百戶的胡門門宦信徒前往白莊門宦信徒家賭博被發覺，白莊門宦的阿訇於是拷問胡門門宦信徒，將他拷打致死。此事成為導火線，雙方的武力衝突再度急遽升高，造成許多死傷。但這時，卻出現了阻止兩門宦對立的意外要素——在馬步芳等「青馬」軍閥支持下，新教依赫瓦尼的勢力日益擴大，為了應付這種狀況，同屬老教陣營的胡門與白莊門宦，不得不攜手合作[52]。

三、東鄉族社會裡的其他蘇非教團

　　白莊門宦與胡門門宦的創始者都是東鄉人，至今仍有很多東鄉人是這兩個門宦的信徒。就像白莊、胡門門宦的信徒除東鄉族外也有回族，同樣地，不少東鄉族人成為外地人所創設門宦信徒的例子（見右頁表格）。其中之一就是大拱北門宦。

◎大拱北門宦

　　大拱北門宦屬於嘎德林耶派，創始者為祁靜一。祁靜一在一六七四年（康熙十三年），從霍加・阿卜杜拉那裡接受了嘎德林耶派的教義，歷經苦行與修練後，創立了屬於自己的教團。大拱北門宦最初取創始者祁靜一的姓，稱為祁家門宦。這個門宦的特徵之一，是建造比其他門宦更加豪華的拱北；於是，在第六代出家人祁道和的提議下，教團名稱改為「大拱北門宦」[53]。

　　祁靜一遵守師教，終身不婚；負責守護大拱北門宦的專職人員

門宦	教派	信徒人數
白莊門宦	虎夫耶派	35,000
胡門門宦	虎夫耶派	35,000
大拱北門宦	嘎德林耶派	30,300
張門門宦	庫布忍耶派	15,000
穆夫提門宦	虎夫耶派	7,600
花寺門宦	虎夫耶派	5,000
沙溝門宦	哲合忍耶派	7,500
瘋門門宦	？	500
丁門門宦	虎夫耶派	200

東鄉族自治縣內的伊斯蘭各派、各門宦的信徒數（一九八五年時）
資料出處：《東鄉族自治縣志》，一九九六年，一四五頁。

也持獨身主義，稱為「出家人」。大拱北門宦的各拱北，有稱為「當家人」的墓廟管理者。當家人會招收弟子，以師徒相繼的方式傳承教義。所有的拱北，都是前代當家人的墓廟。出家人大致在十歲左右出家，但也可以還俗，門宦不會干涉；只是，一旦還俗，就不能再次出家。教團承認的出家人，其生活費用全由教團提供，但出家人都以晴耕雨讀為美德。一位出家人在拱北內生活三年，之後便轉移到別的拱北[54]。

據馬通說，大拱北門宦尊崇的是先知穆罕默德的堂弟兼女婿阿里。眾所周知，阿里及其子孫是被伊斯蘭的什葉派當成領袖來尊崇，大拱北門宦內部的文獻也有「道出什葉」的字句。可是，大拱北門宦的創始者祁靜一傳的是蘇非主義，而非什葉派[55]。大拱北門宦的內部資料也明言，嘎德林耶派是由阿里創立，帶有蘇非主義色彩的教派[56]。大拱北門宦的信徒會在創始者祁靜一的墓前焚香祝禱，但他們解釋說，這不是為了祁靜一，而是為了真主；祁靜一被認定為「真人」（wali），也就是「親近真主之人」。馬通在分析大拱北門宦的宗教特色後指出，這個門宦使用了道教用語，明顯受到道教思想影響[57]。

一九五八年中國展開鎮壓宗教的政治運動之前，大拱北門宦合計有一百五十位左右的出家人。社會主義時代，出家人被迫返家，當中也有人結婚；拱北則被改成公園，或是遭到破壞。現在，大拱北門宦的信徒約達八萬人[58]；順道一提，為我擔任嚮導的東鄉族自治縣汪副局長，他的夫人也是大拱北門宦信徒。

◎伊哈池拱北

東鄉人的伊哈池拱北

伊哈池拱北位在縣政府所在地往南幾公里處的山脊上。伊哈池在東鄉語中，意指「造碗工匠」、「製碗者」；在蒙古語中，這個詞的發音則是「阿亞卡契」。

擔任伊哈池拱北當家人的，是青海省民和縣出身的回族張敬傑（三十五歲），他和十多名出家人一起過日子，這些出家人大半都是東鄉族。張敬傑是家中四個孩子的老三，他在十八歲時出家，在故鄉民和縣學習阿拉伯語，之後在臨夏市進一步深造。因為他身邊多半是東鄉人，所以自然而然熟習東鄉語。

據當家人張敬傑所述，伊哈池拱北內長眠的是馬能雲（一七六七—一八四五）。每年農曆九月二十九日，也就是馬能雲的歸真日，這邊會舉行追悼的爾買里。在介紹馬能雲時，首先必須提及「國拱北」。

國拱北是大拱北門宦中，最為重要的拱北之一。國拱北第一代「道統傳人」陳一明，與大拱北門宦的創始者祁靜一同時代；換句話說，國拱北就是陳一明的墓廟。據張敬傑提供給我的國拱北內部

資料《臨夏國拱北簡史》所述，陳一明（一六四六一一七一八）出身河州八坊，是嘎德林耶派導師霍加‧阿卜杜拉的弟子。當他成為霍加‧阿卜杜拉的弟子後，便前往麥加朝覲，回國後積極展開傳教活動。因為他曾經幫助過微服出巡的康熙皇帝、治好皇帝的病，因此被授予「保國」的稱號。也因此，當他歸真後，政府下令為他建造拱北，所以這座拱北就稱「國拱北」[59]。

管理伊哈池拱北的張敬傑

在伊哈池拱北長眠的馬能雲是國拱北的第四代「道統傳人」。馬能雲出身河州西川，經名為哲麻龍吉尼。他的師承來自於大拱北門宦創始者祁靜一的高徒——馬騰翼。馬能雲在四川和陝西各地擔任當家人，最後在東鄉地區的伊哈池歸真，教徒因此在一八四五年，建立了這座伊哈池拱北。

一九二八年年輕將領馬仲英起兵反叛國民政府時，有許多東鄉人加入馬仲英的部隊；因此，伊哈池拱北遭到了前來鎮壓馬仲英的國民政府軍所破壞。雖然不久後獲得重建，但拱北在一九五八年中國共產黨的反宗教運動中再次遭到破壞，出家人無一例外，全都遭到判刑勞改。現在的拱北是在一九八〇年重建的，直到我造訪時，重建工程仍在進行。

當家人張敬傑頻頻請我吃手抓羊肉與饅；他說，前夜汪副局長打電話來知會，所以準備了豪華的餐點。看樣子，他們平常應該是過著極端樸素的生活。不管是煮飯還是洗衣，一切全都是出家人自己負責。

大概是聞到了羊肉的香味，一隻波斯貓昂首闊步走了進來，另一隻黃色雜種貓也跟著進來。我在當家人張敬傑的引領下，進入拱北之

中參觀，有三隻雉雞，在附近的黃土田地上邁步行走。在太陽光的照映下，雉雞的羽毛顯得閃閃發光。若是在漢人居住地區，這些雉雞應早就被抓來下鍋了。畢竟在天上飛的，除了飛機之外什麼都能吃的民族嘛。在嚴格的修行生活中，貓和雉雞對出家人而言，一定是帶來溫柔撫慰的存在。

◎樸素的池那拉拱北

在汪副局長的熱心安排下，我不管走訪哪個地方，都能享受到豐盛的美食，這讓我覺得有點受寵若驚。不只如此，在事先知會的情況下到訪，就不會出現撲空的狀況。只要事前有聯絡，好客的東鄉人就會和中亞的其他民族一樣，準備好豐盛的一餐。但我為了想觀察他們平常的生活，所以和汪副局長商量，希望即使會撲空，也想在沒有聯絡的情況下進行造訪。

池那拉拱北，位在縣政府所在地東北約十公里處的北嶺鄉。古時候，這裡被稱為秤鉤灣。我和汪副局長造訪的時候，七十二歲的當家人馬億芳正在田裡工作。

池那拉拱北是大拱北門宦的分支之一，是間相當樸素的拱北。馬億芳向我列出了歷代當家人的姓名，其順位如下：

初代當家人	雅哈蘇雷奇・佩多倫迪尼
二代	大太爺易卜拉欣
三代	二太爺長漢太
四代	三太爺海里祿
五代	四太爺由努斯
六代	五太爺馬六娃
七代	老四太爺
八代	馬億芳

據馬億芳說，自初
代當家人雅哈蘇雷奇·
佩多倫迪尼到第三代的
長漢太，都是「西域
人」，第四代以後則是
東鄉人。而「西域人」
與東鄉人有著明顯的區
別。所謂「西域」，據

池那拉拱北

說指的是沙烏地阿拉伯[60]。「西域人」是在約千年前，為了傳播蘇非
主義而從沙烏地阿拉伯來到東鄉人的聚居地。據說雅哈蘇雷奇·佩多
倫迪尼開始傳教時，帶著一桿秤和泥土；他到處探尋跟沙烏地阿拉伯
土壤、土質相同的土地，最後在東鄉人居住地找到完全一樣的土壤，
於是便在定居下來開始傳教。馬億芳所說的傳承也直接刻在拱北內的
石碑上。雖然所謂「千年前」這種說法難以盡信，但從譜系來計算，
至少是清朝中期以降的事。

據碑文記載，池那拉拱北是由第
二代當家人——大太爺易卜拉欣與第
三代當家人——二太爺長漢太所建
設。伊哈池拱北同樣在一九二八年，
一度遭到國民政府的軍隊所燒毀，
一九五八年又被共產黨政府破壞，一
直等到一九八八年，才獲得再次重
建。

大拱北門宦的出家人雖不能結
婚，但可以「抱養」養子。池那拉拱
北的當家人馬億方也有一位名為馬敬
祥（四十二歲）的養子，預定將會成

銘刻池那拉拱北歷史的碑文
碑文上寫著關於聖者從西域前來的
內容。

管理池那拉拱北的馬億芳與養子馬敬祥

為次代當家人。從次代當家人是由前代指名、並收養為養子這點來看，大拱北門宦可以算是類世襲制。出家人對當家人，都滿懷尊敬的稱之為「太爺」。

馬億芳對我陳訴說，因為自己太過貧窮，所以沒能去麥加朝觀。這座拱北只有四、五畝田地，而且去年開始還因為「退耕還林」──中止耕作，增加植林的生態保護運動──政策的展開，被禁止耕作。「退耕還林」的時候，政府每一畝地會配給約兩百五十公斤的糧食，但現金則是一毛都沒有。信徒雖然會捐贈一點金錢，但光靠這些錢，仍不足以前往麥加。

迄今為止我所造訪的拱北，幾乎無一例外都會端出豐盛的菜餚，但池那拉拱北，只提供了冷冷的蒸麵餅與綠茶。這大概就是他們出家人的日常。不，就算是蒸麵餅與綠茶，對他們來說，應該也「很不平常」了。在黃土高原的一角，這些出家人由衷深信著「千年前西域人」傳來的蘇非主義，不斷認真修行。在政府主導才能前往麥加朝觀的情況下，他們前往聖地的夢想變得益發強烈。有別於公辦的朝觀，他們想要的，是像過往一樣背負著行李的朝觀之旅。

◎張門門宦

張門門宦又被稱為大灣頭門宦，是以東鄉族中的張氏宗族為中心發展而成的蘇非教團。張門門宦是中國四大伊斯蘭學派之一──庫布忍耶派的代表性教團；換言之，庫布忍耶派實質上就是由張門門宦（大灣頭門宦）獨力撐起的派系。

如前所述，據歷史學家指出，庫布忍耶教團很有可能在十三世紀，就已經在蒙古帝國的首都哈拉和林建造了修道場（哈納卡，參照第六章）。可是，現在的庫布忍耶教團，似乎已經忘記這種歷史認知。

據某研究指出，將庫布忍耶派學說傳到東方中國的，是傳說中的沙烏地阿拉伯人穆呼引的尼。穆呼引的尼曾經三度前來中國；當他在廣東、廣西、湖南、湖北遊學後，便於明末清初之際，在東鄉地區的大灣頭村定居下來。當時大灣頭村的居民以張姓漢人居多，但也有一說指出，他們被稱為「韃子張家」[61]；從這點來看，他們應該跟現在的東鄉人一樣，是操持蒙古語系語言的人。「韃子」一般是漢人對蒙古等遊牧民的稱呼。穆呼引的尼在大灣頭村使用張這個漢姓，自稱為張玉湟[62]。從此以後，身為中國庫布忍耶派思想中心旗手的張門（張家）便誕生了。

穆呼引的尼（張玉湟）有三個兒子，其中一名返回故鄉，剩下兩名則留在東鄉地區，與父親一起攜手傳教。穆呼引的尼歸真後，在大灣頭建起作為他墓廟的拱北。因為穆呼引的尼並不太擅長東鄉語，所以他的思想主要是停留在阿訇與宗教學生等宗教專業人士層級。第二代的阿哈麥迪‧卡比爾積極推廣傳教活動，讓許多張姓漢人都皈依了伊斯蘭。但是，他也引發了部分漢人的不滿，被告發「傳播邪教」，結果遭到逮捕，死於獄中[63]。

庫布忍耶張門門宦傳到第十代時，發生了分裂。當時，張星武和張海如兄弟爭奪教團的主導權，張星武以大灣頭村為據點，張海如以康樂巴松山為據點，各自傳教；不過也有一種看法把張星武看成第十代教長、張海如看成第十一代教長[64]。據馬通說，張海如與張星武，分別是第九任教長的正妻與妾所生。張海如在一九六〇年歸真，張星武則因為對共產黨掀起叛亂而遭到處死[65]。

庫布忍耶派張門門宦的大灣頭拱北，位在東鄉族自治縣北嶺鄉大灣頭村，前述池那拉拱北東北方約十公里處。我造訪這座拱北時，

庫布忍耶派張門門宦的大灣頭拱北

張門門宦大灣頭拱北使用的臨夏磚雕
拱北上刻有漢詩。

教長張明義正赴蘭州參加會議，不在當地。

大灣頭拱北位於南面的山腹上。我攀上山坡，進入拱北。庭園
內的樹上，點綴著穆斯林女性做的刺繡紋飾。拱北到處都使用了臨
夏磚雕，是座藝術性很高的建築物。看拱北內的匾額，上面寫著
「一九八四年重建」等文句，看來這座拱北也沒在一九五八年的反宗
教運動風暴中倖免於難。聖源堂胡門門宦的馬國泰在其重建之時送上
祝福的匾額。

正午，當我要走出拱北時，一位年邁的穆斯林正好抵達，據說是

胡門門宦贈送給張門門宦的匾額

參拜拱北的穆斯林

來獻香的。我們擦身而過時，彼此說了聲「色蘭」*。不久，我身後傳來老人祈禱的聲音；聲音抑揚有致，莫名地引人入勝。

我一邊想著老人，一邊走出拱北。有一名少年站在入口處，眺望遠山。宗教局的汪副局長沒有進入拱北，而是等在山麓處；看來，每天陪著我到處造訪拱北，已經快讓他受不了。

◎超越特定門宦的拱北

哈木則嶺拱北是以東鄉族的哈木則宗族為中心建立，屬於最古老的拱北之一。《東鄉族自治縣志》說，這座拱北的起源可以追溯到元朝[66]。

哈木則宗族現在全都姓馬，他們的祖先哈木則是葉門人。大約在一三四〇年左右，哈木則率領四十名夏義夫（教師）抵達元朝，在各地展開傳教活動。其中包含哈木則本人在內的十四人停留在東鄉地

哈木則嶺拱北

哈木則嶺拱北內的墳墓與苫單

---

* Salaam，阿拉伯語「祝平安」之意。

區，在龍家山建立清真寺，吸納信徒。博學的哈木則在一四○○年左右歸真後，子孫在龍家山建立拱北。之後，龍家山便被稱為「哈木則嶺」，拱北也被稱為「哈木則嶺拱北」[67]。這座拱北不屬於特定的門宦。

哈木則有五個兒子，分別被稱為大太爺、二太爺、三太爺、四太爺、五太爺，或是大房頭、二房頭、三房頭、四房頭、五房頭。兄弟五人的子孫之後創立了五個村，成為東鄉社會內的大集團。

但是，後來四太爺、五太爺兩個系統的集團毀滅了。乾隆年間青海循化的哲合忍耶派領袖蘇四十三掀起叛亂，四太爺的子孫積極支持、投身叛亂行列。因為中國哲合忍耶派的創始者馬明心和五太爺出身同一個村，馬明心也曾前往哈木則的故鄉葉門留學，所以兩者的關係相當緊密。

蘇四十三的叛亂被鎮壓後，清朝政府實施徹底的「善後」政策；四太爺的子孫不是被屠殺，就是改換漢人姓名、消失殆盡。另一方面，五太爺的子孫則是在同治年間參與回亂，也在清朝的「善後」政策下，為了保命被強迫放棄伊斯蘭，脫離穆斯林社會[68]。

姑且不論哈木則是否真為葉門人，事實上，東鄉族常有西方世界來的成員加入。如此，新成員傳來蘇非主義、並留下拱北。而在這座哈木則嶺拱北中，就凝聚了深厚的歷史底蘊。

四、從東鄉人社會開始的新教依赫瓦尼

以上敘述的東鄉人社會內形形色色的門宦教團，一般都被歸入老教的範疇，但東鄉族也有很多新教的信徒。所謂新教是相對於舊有各門宦（蘇非教團）與格迪目派的稱呼，指的是一八八九年左右由阿拉伯學成歸國的馬萬福所創設的依赫瓦尼派。從創始者馬萬福是東鄉人這點來看，可以再次得知東鄉人在伊斯蘭社會扮演多麼重大的角色。

依赫瓦尼在阿拉伯語中，意味著「同胞」或「兄弟」。雖然它在中國伊斯蘭教中被定位在改革（復古）派，但它的起源是否能追溯至興起於阿拉伯半島的近代伊斯蘭改革派——瓦哈比運動，研究者對此的意見頗為分歧。馬通認為，中國的依赫瓦尼雖然和阿拉伯的瓦哈比運動沒有直接關連，但多少也有受到其思想啟發[69]。相對於馬通，勉維霖則認為中國伊斯蘭改革派依赫瓦尼的誕生，就是受到瓦哈比運動的影響[70]。

馬萬福（一八四九——一九三四）出身自東鄉果園村，因其出身地，也被稱為「馬果園」。他原本是白莊門宦的信徒，二十二歲完成代表學業大成的「穿衣式」，被認為是門宦內前途大好的阿訇。一八八八年馬萬福經新疆前往麥加朝覲，在聖地學習，從而湧現了改革中國伊斯蘭的意志。歸鄉後，他批評白莊門宦的老人家（教主）將信徒引向邪道，並退出門宦。他以同樣退出白莊門宦的阿訇、以及格迪目派的有志之士組成的「十大阿訇」為中心，組成「兄弟」（依赫瓦尼），力陳對「漢化」的中國伊斯蘭進行改革。他們打出「十大改革綱領」，其中也包含了「不參拜拱北」[71]。

一八九五年西北回亂之際，馬萬福也加入叛亂，在今日廣河縣的三甲集一帶和清軍作戰。然而，他同時也和擔任鎮壓軍先鋒的馬安良保持聯絡，巧妙地從叛亂中全身而退。之後，馬萬福在馬安良的弟弟馬國良支持下召集學生，持續廣傳依赫瓦尼學說[72]。

馬萬福的思想漸漸變得明確起來。他進一步主張，「穆斯林應當追隨真主與先知，不認虛偽的導師與聖者」、「打倒門宦、摧毀拱北」、「依赫瓦尼必須統一各門宦」。馬萬福的這種主張，當然不被各門宦所接受；花寺門宦的馬安良向蘭州總督告發馬萬福犯了異端罪，總督於是下令處死馬萬福。但是，馬安良並沒有因此殺了馬萬福，而是命令他離開甘肅便算了事[73]。

◎依赫瓦尼派邁向國教之路

即使清朝瓦解，國家轉變為民國，依赫瓦尼派和各門宦的對立還是沒有緩和。一九一四年，馬萬福離開河州前往新疆避難，同時傳播依赫瓦尼思想。他的行動引起哈密王的不快，於是遭到統治新疆的楊增新逮捕。順道一提，楊增新曾在光緒二十三年（一八九七年），要求清朝政府「裁改回教門宦」。一般認為，門宦這個詞是在這篇上奏中首次登場。

楊增新對於如何處置馬萬福頗傷腦筋，於是和馬安良商談。在馬安良的暗示下，馬萬福從新疆被護送到甘肅，但在途經河西平番的時候，被青海軍閥馬麒、馬麟兄弟救出，前往青海。在這一連串的戲劇化發展中，馬安良的兒子馬廷勷發揮了積極的作用[74]。

馬麒、馬麟兄弟和馬安良、馬國良兄弟有著特別的關係。兩方的父執輩——馬海晏與馬占鰲，作為親朋好友一起在同治年間率領西北回民叛亂，也在叛亂平定後，繼續保有穆斯林社會領袖的地位。中華民國成立後，馬麒搖身一變成為西寧鎮總兵，和弟弟馬麟，兒子馬步芳、馬步青、馬步瀛等人，一起形成人稱「青馬」的青海軍閥。另一方面，馬安良、馬國良兄弟，則盤踞在積石山的大河家鎮。

馬麒、馬麟兄弟為了強化青海的地盤，自然必須拉攏伊斯蘭。但是，在門宦林立、各教團互相牽制的情況下，建立政教合一的體制實在很困難。因此，作為新興勢力崛起的依赫瓦尼派，便成了他們注目的對象。

迎接馬萬福前往青海西寧的馬麒、馬麟兄弟，立刻在一九二二年，組織側翼機構「寧海回教促進會」。他們將西寧東關清真大寺改建成海乙寺（聖拉爾清真寺）；馬萬福就以此為據點，宣傳依赫瓦尼教義。他派遣新培養的「新十大阿訇」，在武裝士兵的護衛下前往各地，強硬推動新教依赫瓦尼。

◎街子工血案與汪百戶事件

　　得到馬麒、馬麟兄弟支持的依赫瓦尼派，其勢銳不可擋。一九二三年，馬萬福派遣「新十大阿訇」之一前往撒拉人居住的循化街子工[75]，強迫當地人皈依依赫瓦尼。由於反對皈依的聲浪很強，很快演變成導致死傷的衝突。面對這種狀況，馬麒不只派軍前往循化，還提供依赫瓦尼派武器，使情況變得更加惡化。反皈依派沒有辦法，只好尋求大河家鎮馬國良的支持。結果，有馬麒和馬國良等派系參與的武裝衝突持續了三個月，雙方各有六十多人死傷。事件最後是以馬麒陣營的勝利作收，依赫瓦尼派幾乎掌控青海全境[76]。

　　從街子工血案事件可以得知，馬麒、馬麟兄弟與馬安良、馬國良兄弟，雖然有時候會合作解決穆斯林社會的問題，但也存在對立的時候；雙方之間其實保持某種微妙的平衡。

　　一九三〇年馬麒逝世後，暫時由弟弟馬麟掌握青海，但一九三六年馬麒的兒子馬步芳推翻了叔父馬麟。馬步芳在自己的統治區域內，給予依赫瓦尼派「國教」的地位。馬步芳的哥哥馬步青駐紮在甘肅河州，因此河州地區的依赫瓦尼派勢力也日益強盛。依赫瓦尼派和各門宦的齟齬有增無減，其中典型的一例，就是一九四〇年六月的汪百戶事件。

　　當時日中戰爭正值高潮。

　　馬步芳改變手段，打出「在抗日戰爭的非常時期，不應再強調新老教的差異」口號，來推動改信依赫瓦尼派。馬步青計畫在東鄉人居住、屬於胡門門宦的汪百戶村，建設依赫瓦尼派的清真寺，還下令摧毀胡門門宦的清真寺，將木材用在依赫瓦尼派清真寺的建設上。六月二十九日，馬步青派遣的軍隊抵達汪百戶村的清真寺時，東鄉人殺死軍隊的指揮官，開始抵抗。青海的馬步芳派出一營士兵鎮壓，東鄉人不分男女老幼，全都拿起武器與之對抗；這起事件到完全平定為止，

花了整整三年，東鄉人犧牲了一百五十多人[77]。東鄉人社會中特別是胡門門宦，在事後遭到嚴重的打擊。

依赫瓦尼派繼青海、甘肅之後，在寧夏也獲得強力的支持者，那就是寧夏的軍閥馬鴻逵[78]。依赫瓦尼派主張的「改革中國伊斯蘭」口號，和軍閥意圖增加對地區的掌控目標是一致的。於是，依赫瓦尼派在中華民國時代，和西北穆斯林社會的有力軍人密切結合，獲得重大的發展。作家張承志對這種現象，有著以下的看法[79]：

> 確實像蘇非派這樣，尋求個人與真主間的仲介，結果漸漸變成被某人牽著鼻子走、世俗化的案例，不只在中國國內，在世界各地都可見到這種現象。依赫瓦尼派對伊斯蘭一神教原理的嚴格強調，也可以想成是伊斯蘭的成長。

張承志等回族出身的知識分子，也注意到依赫瓦尼派之後的發展。因為蘇非教團（門宦）的組織相當堅固，所以招來共產黨官員的不安；結果，在社會主義中國受到禮遇的，還是依赫瓦尼派。張承志指出，除了一九六〇年代的文化大革命外，至今，政府仍然明顯採取對基本教義派的依赫瓦尼優待的政策[80]。

◎果園村的依赫瓦尼派

從東鄉族自治縣縣政府所在地往南約五十公里，是八仙河河谷。在這座河谷稍微往東處，是果園村。開創依赫瓦尼派的馬萬福（馬果園）就是出身於此村落。

八仙河南岸，聳立著依赫瓦尼派的清真寺；我前去訪問住在那裡的依赫瓦尼派阿訇馬文雲（五十歲）。正午的清真寺沐浴在陽光下，顯得閃閃發光。馬文雲正在為宗教學生（滿拉）授課，一聽到有內蒙

內蒙古自治區呼和浩特市內的清真寺　　依赫瓦尼派的阿訇馬文雲

古人造訪，立刻停止授課，將我帶到他的家中。馬文雲曾於一九九二到一九九七年，在內蒙古自治區首府呼和浩特市內的清真寺擔任阿訇。呼和浩特市內有清真大北寺和小北寺兩座依赫瓦尼派清真寺，其他則是格迪目派的寺廟。馬文雲在內蒙古自治區時是呼和浩特市政治協商委員會委員，和蒙古人頗為親近，也大致懂得蒙古語。或許因此把我這樣的蒙古人，稱呼為「東鄉人的親戚」。

當馬文雲在內蒙古擔任阿訇的時候，培育了兩名弟子，兩人都成為阿訇；據他說，其中一人現在正在敘利亞留學，另一人則從巴基斯坦留學歸國，但傳來消息說，歸國弟子最近辭去阿訇的職務，改當計程車司機了。不管一生擔任阿訇，還是中途退出投身市場經濟社會，在依赫瓦尼派中都是自由決定。

一名年方十歲、甚至更年少的滿拉，很快為我們端上茶。母語為蒙古語系的馬文雲，為什麼會在內蒙古自治區長期居留呢？畢竟在內蒙古自治區的都市地帶，幾乎沒有蒙古人穆斯林。在自治區西部阿拉善地區過著游牧生活的蒙古人穆斯林，有大約兩千人左右。據我確認

也有很多東鄉人在他們當中擔任宗教領導者[81]。蒙古人和東鄉人都是操持蒙古語系語言，這和內蒙古的阿訇多為東鄉人應該有著某種程度的關係。

◎文化大革命：依赫瓦尼嚴重受難的時期

馬文雲是馬萬福四子馬遇德的孫子；換句話說，傳下依赫瓦尼派的馬萬福，是馬文雲的曾祖父（見下圖）。

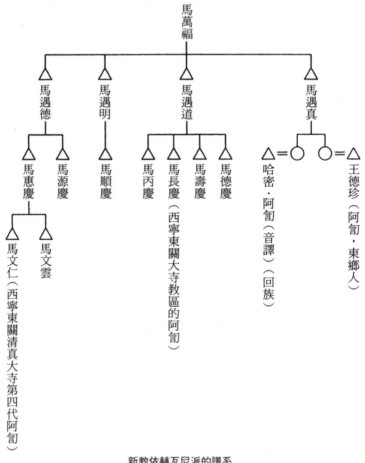

新教依赫瓦尼派的譜系

以青海為據點，持續擴張勢力的依赫瓦尼派，在社會主義國度成立後的一九五一年，馬家舉族從青海省首府西寧返回故鄉東鄉。因為在政府強勢控制、嚴厲否定宗教的時代下，所以依赫瓦尼派的領導者和白莊、胡門門宦之間，並沒有發生大規模的齟齬。

一九五八年反宗教運動開始後，馬文雲的祖父馬遇德、父親馬遇慶，以及堂伯馬遇明首當其衝，遭到逮捕，還被強迫剃掉鬍鬚。據回族出身的勉維霖記載，對依赫瓦尼派的穆斯林來說，剃掉鬍鬚就等於是殺害天使一樣[82]，因此馬遇德等人寧死也要抵抗，堅決不肯剃掉鬍鬚。

馬遇德和馬惠慶被拘留在東鄉縣的拘留所，馬遇明則被拘留在廣河縣的拘留所。不久後，馬遇德和馬遇明死在獄中，馬惠慶因為罹患嚴重的腰脊椎炎，於一九六二年一度獲釋，但兩年後再度被逮捕。當他在一九七九年被釋放並獲得平反之際，已經是無法起身的殘病之軀，而政府只支付了一百元的慰問金而已。

眾所周知，穆斯林認為豬是不潔的東西，禁止食用豬肉。故此，在中國近現代史上拿出豬或豬肉侮辱穆斯林的事件不勝枚舉，甚至會演變成大規模的紛爭。可是，中國共產黨似乎忘了這種悲慘的過去，在獲得政權後，高興到忘乎所以。一九六六到一九六八年，馬文雲家族中男性幾乎全遭逮捕、只剩女人小孩，男性被派去從事養豬的侮辱性作業。

馬家養了四隻豬，夏天在流經村莊的八仙河谷濕地放牧豬，冬天沒辦法，只好餵食飼料。一九六八年夏天，來自雲南省的紅衛兵，在遠征途中偶然經

呼籲鎮壓剝削階級的中國共產黨課程
摘自《甘肅省土地改革畫集》。

過果園村，他們認為強迫穆斯林養豬違反了毛澤東思想，這些穆斯林才從這種侮辱性的勞動中解放。最後，他們養了三年的豬，被村裡的漢人歡天喜地地分走了。

馬惠慶即使臥病在床，仍心心念念想前往朝覲；馬文雲於是在一九九三年，揹著父親、帶著母親前往麥加。名正言順獲得哈只稱號的父親徹底重拾活力，於二〇〇二年逝世。父親逝世後，在甘肅臨潭地區擔任阿訇的馬文雲，一肩扛起故鄉依赫瓦尼派清真寺運作的任務。

據馬文雲說，甘肅省全境現在約有五十萬名依赫瓦尼派穆斯林。在依赫瓦尼發祥之地果園村，約有一百六十戶東鄉人居住；其中十來戶是瘋門門宦 * 的信徒，其他都是依赫瓦尼派信徒。馬文雲現在每天為二十五位滿拉，教導伊斯蘭教義與阿拉伯語。這些滿拉中，有遠從雲南省、新疆維吾爾自治區、寧夏回族自治區前來的孩童；有的人只在這裡待半年，也有已經在此辛勤向學十年的孩子。

馬文雲是位相當威嚴的人物，看事情相當準確，也沒有什麼隱諱不言。和我約定再見、相互告別後，他便急急忙忙，朝滿拉等待的清真寺方向走去。

五、旅程的終幕

◎貴重的女性照片

結束保安族、東鄉族社會的調查後，也差不多是該回蘭州的時候。在這次調查中，我鮮少有機會和穆斯林女性直接對談。除了在

---

* 又稱靈明堂，屬於虎夫耶派，因為創始人馬一龍長年破衣行乞、舉止如瘋似顛，故以得名。

保安族居住的大河家鎮三個村，為我擔任嚮導的馬春芳以外，不管我走到哪裡，幾乎都沒有女性出現。說到底，馬春芳因為是青年幹部，所以能夠出現在大眾面前，但大多數女性依然是以家庭為基礎，在背後支持男人的活動。穆斯林社會的男人，其實相當慣於接待客人；即使是蓄著一把漂亮鬍子的大漢，也能靈巧地用大手倒茶。那些動作勤快的男人，身影看起來相當賞心悅目。

東鄉族的女性（女兒和母親）

「我拍了很多留鬍鬚的男人，卻沒拍到美麗的女性呢。」

像是在安慰我般，東鄉族的司機拍胸脯

東鄉族的女性

說：「沒問題，就包在我身上吧！」他說：「我在大坂有一個經營農機具修理店的朋友，他的女兒是個美女，我去跟他交涉看看拍照的事情！」那個女孩剛結婚，偶爾會回到娘家。

拍攝完修理店女孩的照片後，我們繼續朝蘭州前進，結果在路上被一輛警車攔下來，原來是司機沒有綁安全帶，必須繳納罰款。在司

機和警察交涉的期間，我看見在道路附近，有在等巴士的女性；向她們搭話後，得知她們是東鄉族人。這次我用破爛的東鄉語，請求她們同意攝影，她們毫不猶豫便答應了。

「你還真有兩下子呢！」繳完罰金的司機，半開玩笑地對我說。過了一陣子之後，他又把安全帶給解開了；「我討厭被束縛」，他這樣子說。

◎反恐時代的悲哀

我在蘭州和臨夏市搭計程車時，常會遇到健談的司機；他們為我提供了各式各樣的情報。某一天，有個司機這樣說：「對恐怖分子的查緝，愈來愈強化了呢！」確實，在我展開這次調查前的二○○三年十二月十六日，日本媒體大幅報導，中國政府發表了十餘名恐怖分子的名單。

所謂恐怖分子是指，出身新疆維吾爾自治區，以建立維吾爾人獨立國家為目標的「東突厥斯坦分離獨立運動」成員。從以前開始，中國就對和獨立運動派有關聯的人士進行鎮壓，也被外國視為壓抑人權的例子，大加批判。可是，隨著美國展開大規模反恐戰爭需要中國的支持。所以今天，中國也公布了恐怖分子名單；簡單說，這是大國之間的一場交易。在反恐的大義名分下，日益強化對新疆維吾爾自治區的鎮壓。

在從北京飛往蘭州的飛機上發放的報紙中，也刊載了「東突恐怖分子」附照片的名單。就算是在臨夏回族自治州調查時，每天也有關於恐怖分子的報導。很快地在十二月二十三日，時機相當湊巧地傳來一則新聞：一名恐怖分子在巴基斯坦境內難民營中，被該國的軍隊射殺。對我頗為照顧的宗教局幹部也接獲通知，要召集阿訇們舉行會議。如前面所詳述，中國西北地區各蘇非教團與新疆間，有著形形色

色的聯繫。政府對此也心知肚明，於是下達嚴令，要他們不許窩藏恐怖分子。

如果計程車或包車的司機是穆斯林，我一定會問他們屬於哪一個門宦。「你很了解我們穆斯林嘛！」司機總是這樣回答，然後一定會反問我說：「你是哪族人啊？」我答「蒙古人」，他們就說：「什麼嘛，原來你也是少數民族啊！」然後開始講起嘲諷「老大哥」的話題。中國雖然有五十六個民族，但漢族總自認為是各少數民族的「老大哥」，以下就介紹一個關於「老大哥」的故事。

中國現在將法輪功指定為邪教組織，陸續逮捕他們的成員。但在一般中國人的理解中，他們就是個透過修練氣功，維持健康的團體罷了。幾年前，法輪功包圍靠近北京天安門的共產黨中央黨部，於是被前總書記江澤民認定為邪教。以下就是在穆斯林間，召開檢舉法輪功、批判法輪功會議時的故事：

> 某天，漢人幹部來開了場「法輪功批判大會」。因為發言要是不得體，很可能會導致民族間的衝突，所以大家講話都很謹慎。漢人幹部一遍又一遍要求我們發言，到最後終於有一位阿訇站起來說：
>
> 「法輪功確實是反動宗教、法輪功毫無疑問是邪教──還有，法輪功是你們漢人的宗教。」
>
> 聽完阿訇的發言，台下響起了如雷的掌聲。

說到底，帶有道教色彩的法輪功，從一開始就跟穆斯林沒有任何關係。明明沒有關係，卻強逼穆斯林舉行批判法輪功的會議，這只是凸顯漢人幹部的無知罷了。可是，在中國這個國家，一旦有人引發問題，便會立刻讓全國國民，陷入引火燒身的危機當中；從這個笑話可以清楚看見這一點。

◎哲合忍耶派所呈現的中國伊斯蘭現狀

　　作家張承志寫下蘇非教團哲合忍耶派的悲情歷史。一九五〇年代，西北各地的穆斯林掀起了好幾次小規模的叛亂，據說負責指揮的是過去和國民黨關係深厚的人物[83]。可是，這些叛亂並沒有獲得廣泛的支持，因此在我看來，毋寧說是共產黨的激進公有化政策，將穆斯林逼入要反叛的絕境。

　　一九五八年八月，共產黨批判哲合忍耶派的領袖馬震武。馬震武是將哲合忍耶派傳入中國的馬明心繼承者，也是哲合忍耶派的第八代領袖。共產黨不只用批判領袖的方式進行侮辱，還把哲合忍耶派的阿訇全部逮捕入獄，為數達到數百人之多。以前參加過叛亂的貧窮農民，也遭逮捕處死；因此，在寧夏黃土高原上，出現了許多只剩女人小孩的村落。張承志將這樣的哲合忍耶派稱為「殉教的中國伊斯蘭」，藉此描繪出穆斯林在中國近現代史中，付出了多麼大的犧牲[84]。

蘭州市內的馬明心拱北

　　蘇非教團哲合忍耶派的歷史，確實是充滿血與淚。開派教祖馬明心的拱北，位在蘭州市內的農民巷；我走訪了這座距離名校蘭州大學不遠的拱北。在拱北附近的清真寺裡，有一位三十五、六歲的阿訇，因為我和他同為少數民族，所以他相當歡迎我的到來。這位阿訇戴著哲合忍耶派獨特的六角帽，請我喝上一杯濃茶。

　　一七八一年，馬明心在蘭州被清朝政府處死；之後在蘭州城內建

立了一座小小的拱北，但在一九五八年遭到破壞。此後直到一九八〇年代，這裡一直是白地。但當開發的觸手終於伸向這塊聖地的時候，無數的哲合忍耶派信徒挺身而出。他們和政府展開談判，設法將土地拿回。一九八五年三月二十七日，在人民解放軍的包圍中，數萬名哲合忍耶派信徒，重新建立了馬明心的拱北[85]。當時，張承志自始至終，觀察整起事件的發展。

我詢問阿訇，在第八代領袖馬震武之後發生了什麼事。馬震武有個名叫馬烈孫的兒子，馬烈孫又生了馬捷。「哲合忍耶派的領袖全都進過監獄，就算是社會主義時代的現在也不例外。」阿訇淡淡地說道。

馬烈孫的兒子馬捷原本是西北第二民族學院大學的教師。馬烈孫另外還有一個姪子，叫做馬福禮。一九九三年，住在寧夏回族自治區西吉縣的哲合忍耶派教徒間，發生了細微的「教團內部問題」。原本是信徒彼此充分溝通就能解決的問題，但政府認為這是擊垮哲合忍耶派的良機，於是不單不作調停，反而煽動部分信徒，讓事態更加惡化。等到死傷上百人之後，政府就出動軍隊鎮壓，並追究教主的責任；結果，馬烈孫、馬捷、馬福禮全遭逮捕。馬烈孫被送到陝西省南部的渭南縣監獄，二〇〇二年獲釋。當他在獄中的時候，每年都有近兩萬名信徒前來探望。馬捷現在被關在甘肅的天水監獄、馬福禮被關在蘭州市的大沙坪監獄。阿訇認為被遭逮捕的哲合忍耶派領袖，是「實質上的政治犯」——儘管中國政府對外宣稱，國內並不存在政治犯。

我沒有深入質問初次見面的阿訇「教團內部問題」是什麼。傍晚，一位年輕的滿拉用優美的聲音宣禮，呼喚大家進行禮拜。我告別了阿訇，搭上從蘭州出發的夜車，前往下一個調查地點——寧夏回族自治區。

在列車的同一節臥鋪車廂中，坐著寧夏回族自治區的高官，還有駐紮在黃河青銅峽的人民解放軍營團長同行。這位高官是山西省出身

的漢人，也是北京大學畢業的菁英。我在無意間，提到了有關哲合忍耶派領袖馬烈孫的話題。

這位高官其實對寧夏回族自治區的宗教狀況知之甚詳。據他說，馬烈孫在一九五〇到六〇年代，曾是寧夏回族自治區的幹部，還當過一陣子水利廳廳長。馬烈孫也曾說，哲合忍耶派應該到自己這一代就解散。關於這一點，馬通確實也有同樣的記錄。簡單說，教祖馬明心在葉門修習的時候，他師父跟他說，哲合忍耶在中國的道統，大概只能持續到第七代；從馬明心開始追溯傳承，到馬震武正好是第七代[86]。馬烈孫大概是基於政府幹部的身分，才會對哲合忍耶派的將來做出這樣的發言。相對於馬烈孫的態度，姪子馬福禮則似乎不希望哲合忍耶派解散，想自任教團領袖。

但是進入一九八〇年代後，退出政壇的馬烈孫再次對宗教熱中起來，開始以自己為中心來展開教團的整合。馬福禮不贊成馬烈孫的行動，最終演變成衝突。

以上是高官的證詞。雖然是「教外之人」的說明，但某種程度上，也反映了上述提及的「教團內部問題」。

六、少數民族對策與少數派彼此的視線

在這次的調查中，我遇見形形色色的穆斯林。他們跟我陳述教團殉教的歷史，以及社會主義時代的苦難。殉教和苦難是他們在生活中，記憶最深刻的部分。若是不了解這種生活方式，歷史敘述就毫無意義。有一句座右銘說，「歷史敘述就是對事實的探究」。對事實的探究固然永無止盡，但最終仍然要歸結到生活方式上，而描述這些事實的我，又能貼近他們的心靈到什麼地步呢？

我自己也是中國少數民族的一員；因此，在以同等的少數民族為對象、進行調查研究時，絕不能刻意偏袒某一方，或對另一方大加批

判。西北地區的回族、保安族、東鄉族、撒拉族⋯⋯幾乎所有少數民族，各自都有一段殉教歷史。張承志將神祕主義教團哲合忍耶派的殉教歷史，寫成一部心靈史——當然，他也不是全然無視其他教團的殉教史。對於回族和撒拉族的關係，我們往往得透過他們和其他民族間具有能動性的關聯，方能捕捉其歷史。同樣身為少數民族，我希望至少能好好把這些人的生活方式傳達出來，這就是我的目的之一。

另一方面，透過對他者、對其他少數民族的研究，也可以重新認知自己所身處的狀況。透過這次和保安族、東鄉族、回族人們的交流，我得以從別的角度，對居住在內蒙古自治區內蒙古族人的立場，以及蒙古文化的遞嬗，進行重新的思索與認知。

◎對少數民族統治的剛與柔

中國四千年歷史中，對外交涉的歷史主要部分，對應的就是北方遊牧民族的歷史。結果，漢族從這段歷史中學到很多東西。即使在近現代，漢族對列強的外交堪稱無能透頂，但對周遭各民族的交涉，倒還頗能掌握訣竅。

在現代中國民間，有一段表現如何順暢統治少數民族（見頁二九〇）的俗諺：

> 要統治蒙古人，就把他們拉下馬；
> 要統治藏人，就替他們蓋廟；
> 要統治回族，就允許他們自由做生意。

這實在是相當狡獪的統治理論。就像「下馬的蒙古人就不算蒙古人」這句蒙古諺語說的一樣，住在現今內蒙古自治區內、過著定居生活的蒙古人，完全失去了向中國積極提出自己主張的意願與活力。

矗立在北京市中心天安門廣場西側的宣傳看板
看板上描繪了五十五個少數民族；其中勞工、農民、知識分子和解放軍士兵，全都是漢人。
左圖漢人士兵左側的維吾爾女性拿著水果，表示是綠洲的居民，至於蒙古人和藏人，則拿
著和遊牧全無關係的花束。

可是，光是保障宗教與商業的自由，是絕對無法讓藏人與回民感到滿
足的。

中國共產黨對各少數民族的統治，總是採取軟硬兼施的手段。

有一件相當奇妙的事：在內蒙古自治區，由政府主導執筆出版，
展現社會主義成果的地方志，完全不准郵寄到國外，就連申請國際
標準書號（ISBN）也不行。我問郵局人員理由究竟為何，他們說「這
是為了防止向外國傳遞不正確的資訊」。一副責任感強烈的模樣；看
來，內蒙古自治區的政府幹部似乎相當擔心，「不正確的資訊」流到
外國，會讓外國研究者據此寫下「不正確的論述」。但是，只要跨出
內蒙古自治區的邊界一步，不管什麼的地方志都可以郵寄；隔壁的陝
西省也好、北京也好，也是如此。

幾年前，我和日本的某個學術調查團一起造訪了內蒙古自治區的
巴林右旗，由我擔任團長的通譯。當地共產黨書記為我們舉辦了歡迎
晚宴；席間有蒙古人，也有漢人，因此我將團長的日語演說按順序，
先翻成蒙古語再翻成漢語。

但是，我此舉讓漢人書記相當不滿。在乾杯之後，只見他迅速地
站起身，對我說：「翻譯的時候要先翻成漢語，然後才翻成蒙古語！」
從北京一起同來的中國社會科學院蒙古籍研究者也勸我說，「要稍微

現實一點！」會場的氣氛一下子降到冰點，但我的內心卻熊熊燃燒起來。在內蒙古自治區，公用語應該是被認定為「主體民族」（非多數者！）的蒙古族母語，巴林右旗的共產黨書記卻忘了這點——不，漢人幹部其實應該是打從心底覺得很不可思議，為什麼蒙古人不放棄自己落後的母語，改說「文明」的漢語呢？

在軟硬兼施方面，內蒙古自治區的統治較傾向哪一邊呢？答案應該算是「軟」的一面。雖然偶爾會有政府把不經許可創設研究會的知識分子、或是組成樂團的年輕人逮捕入獄的情況，不過像對伊斯蘭哲合忍耶派領袖發動的強權鎮壓，倒是相對少見。可是，在內蒙古自治區，有另外一種肉眼看不見的壓力。在企業與政府機構內，只要稍微敢主張一點蒙古族的權益，恐怕就得面臨到升遷無望、被趕出重要位置的命運。因為直接逮捕會遭到外國批評「壓抑人權」，但對於這種巧妙的手段，要監視是有其難度。特別是地方幹部為了避免在自己任內出現問題，於是會推行自我閹割、防範未然的政策。因此，即使中央政府沒有下令禁止地方志寄送到外國，他們也會憑著自己的判斷下達禁令。與其等到問題發生——說實話，地方志究竟會產生什麼「問題」，我還真是想不出來——被追究責任，他們的想法是，還不如先下手為強。面對這種巧妙的手段，有一部分蒙古人還主張「要現實一點」；這些準變節者的存在，更導致自治區內的少數民族人民，自我放棄本來應該確保的權益。

◎貞操與漢化之間

她滿懷希望地凝視著我的眼睛，猶豫了一下。突然又用熱烈的、興奮的聲調對我說：「如果，如果你將來有了孩子，而且……她又不嫌棄的話，就把那孩子送來吧……，把孩子送到我這裡來！懂嗎？我養大了再還給你們！」

這是張承志名著《黑駿馬》終章中的一幕。這是主角之一「我」過了好幾年後，拜訪過去的戀人；在我們再度告別時，她跟「我」所說出的話。曾是戀人的她，在「我」離開的這幾年間，在不可抗力的情況下，跟草原上的某個小混混懷孕生了孩子。但是，她和所有蒙古人一樣，把生下來的女兒當成是一條寶貴的性命在養育。就像她一直沒有忘記「我」一樣，她生養的女兒也把「我」當成是真正的「父親」──一位宛如蒙古古老民謠描述般，騎著黑色駿馬的「父親」。

張承志所描繪的，正是蒙古人的生命觀。沒有比生命更重要的事物；不管家畜也好、人也好，大家都是一體的。遊牧民的小帳蓬平時是人的棲身之所，但在寒冷時，也會讓孱弱的家畜入內避難，一切都是為了守護生命。家畜和人是同等重要的存在；無數的蒙古民間傳說和故事都在講述這一點。而張承志只是把其中一則古老故事，編織進自己的小說。

可是，內蒙古自治區的優雅文人、以及難以取悅的評論家，並不喜歡張承志的《黑駿馬》，反而對它猛烈抨擊。他們的理由是：「蒙古女人最重視貞操了，怎麼可能這麼簡單生下別人的孩子、養育別人的孩子呢！」。

這完全是胡說八道。在歷史上，北亞遊牧民一直抱持和中華世界迴異的價值觀。對草原民族來說，中華儒家高唱的理念，不只偽善而且毫無用處。所以當和外部世界自由交流的時候，他們選擇西方的波斯文明與印藏文明，來顯示自己與中華世界的異質性，並保持自己的認同。隨便拿起一本編年史就可以看見，直到十八世紀為止，蒙古的知識分子都主張，成吉思汗王家是和印藏密切相連，跟中華的三皇五帝則一點關係都沒有。

我認為那些抱持草原女性會有「儒教的貞操觀」，這種空想的現代內蒙古自治區文人，他們完全缺乏和外部世界的交流，才會產生這種毫無道理的認知。更準確來說，他們比回族的張承志，漢化得更屬

害。甚至他們會主張，「草原的女性都跟嫁給匈奴的王昭君，學來了纏足的習慣」。

在文化大革命史無前例嚴酷的政治環境中，從大都會北京被下放到草原的青年張承志，受到草原老婦人溫柔的對待，也一直把她當成母親尊敬。在他的著作中寫到，「我有兩個母親」；他回顧起來，認為自己和母親的關係，絕非社會學與人類學概念能輕易表現[87]。

雖然是比較單純的說法，回族出身的張承志對蒙古有一份特別的愛。他對蒙古的愛，也對我的伊斯蘭社會調查研究產生很大的影響。當我受到它的刺激、反覆思量之際，總有一種叛逆的快感油然而生。

第八章
蒙古系穆斯林的脈動

一、「科學」與認同的動搖

◎保安族女性代表的重責大任

二〇〇四年底。

我在甘肅省積石山保安族東鄉族撒拉族自治縣縣政府的所在地──吹麻灘鎮，再度與縣政府辦公室主任馬成會面。

在二〇〇三年調查時承蒙他多次幫助，所以這次是帶期中報告來給他過目的。馬成主任也向我介紹一位在縣公安局任職、名叫馬彩雲的女性。她曾經以中國甘肅省代表的身分，參加過一九九五年九月在北京舉行的「聯合國世界婦女大會」。

這次在北京舉行的聯合

保安族全國人民代表大會代表馬彩雲（圖左）
圖右為中央民族大學教授薩楞格雷爾。

國世界婦女大會雖然是個非政府組織（NGO）論壇，但美國派了第一夫人希拉蕊參加，中國的代表也是在政府主導下選出，因此這是一場政治色彩濃厚的聚會。中國為了表示各少數民族跟漢族一樣，女性的地位在社會上有明顯提升，因此才選中了保安族出身、且能說英語的她。

馬彩雲現在是相當於中國國會的全國人民代表大會代表。據說她是人才輩出的保安族中，第一位晉身全國人民代表大會代表（人大代表）的人物。

我很了解馬彩雲身為人大代表，其責任之重。中國透過自一九五〇年代起展開的「民族識別工作」進程，創造出五十五個少數民族（現為五十六個）。不管是具備千年以上的歷史、過去曾經創造出橫跨歐亞大帝國，且認知彼此相通的人群；還是不論文字或聯繫意識，彼此不通的人群，全部在政府創造的「民族基準」下，被各自匯聚成群。中國政府完全不考慮歷史的比重，他們高唱各民族平等，其實是給予由數百萬人構成的民族，和僅僅數千人的民族同樣一票，然而這實質上剝奪蒙古、藏、乃至於維吾爾等族的權利。在社會主義制度確立之初，創造出許多「少數民族」的目的，就是把擁有牢固認同的蒙、藏、維吾爾族人的地位相對貶低。這是一個昭然若揭的陰謀。

馬彩雲代表和馬成主任表示，希望保安族能和蒙古族一樣，派遣學生海外留學。他們相信，海外學習一定能拓展視野，也能向世界傳遞自身民族的文化訊息。

我認同他們兩人的看法。但是，據在北京政府機關工作的朋友說，中國政府今後，將會對少數民族青年留學海外，採取更加嚴格的限制政策。

中國政府大概是認為，對於這些文化「落後」的少數民族，國內的教育便足矣。然而，更重要的是，中國政府抱有一種危機感，擔心一旦少數民族留學海外，便能掌握自己民族真正的歷史與文化，那中

國政府迄今為止所實施的歷史教育，其政治成分會被暴露。簡單說，共產黨政府的考量就是：海外留學不能夠妨礙到中國人的利益。

◎民族名稱的變更與血型的「科學」性

告別積石山保安族東鄉族撒拉族自治縣的馬成主任後，我動身前往臨夏市。

在臨夏市，我再次見到去年認識的保安族馬世仁、東鄉族馬志勇。馬志勇的表情顯得相當神清氣爽，他說，他把自己的主張——東鄉族不是皈依伊斯蘭的蒙古人，而是成吉思汗從中亞徵召來的撒爾塔人——加以彙整，寫成一本名叫《東鄉族源》的作品。他之前為此相當苦惱，原因是內蒙古的蒙古人研究者都「戴著有色眼鏡看東鄉族」，從而導出「東鄉族就是皈依伊斯蘭的蒙古人」這種結論。因此，他認為我也是抱持同樣想法，所以不太願意跟我見面。後來是在馬世仁的勸說下，才和我見上一面。然而，今年他卻是願意等著我來。

我試著搜尋中國出版的東鄉族相關書籍。事實上，幾乎沒有什麼作品明確指出，東鄉族就是「皈依伊斯蘭的蒙古人」。比方說，一九八三年的《東鄉族簡史》（初稿完成於一九五九年）說，東鄉族有「回回人的成分」；因為持續和身為穆斯林的回族通婚，所以民族形成時期和回族相近。另一方面，語言在民族形成時扮演了很重要的角色，東鄉人的母語是蒙古語系，所以蒙古人也是其主要構成部分。當然，他們也必然和當地自古以來的住民（如漢人與藏人等）混血——這是該書的見解[1]。

之後，一九八六年的《東鄉族自治縣概況》明白表示，東鄉族當中「雖然有回回色目人、漢人、蒙古人的成分，但主體還是回回色目人」。作為證據，該書列舉了東鄉人與中亞人相似的各個特徵：男人鼻梁高挺、眼窩深邃、留有鬍鬚，女人則肌膚白皙[2]。如此，東鄉人

留著鬍子的東鄉人

的「蒙古」色彩日益被褪去。

　　馬志勇將這種意識的變化，透過「科學知識」層面加以強化。他對中國西北民族學院劉桂枝所撰論文「西北地區七個民族 ABO 血型分布特點及分析」[3] 中得出的結論深信不疑。在中國西北地區，相較於漢族、蒙古族、藏族的血型是 O>B>A 的順序，東鄉族則和突厥系的維吾爾族一樣，是呈現 B>A>O 的順序；因此馬志勇主張，東鄉族是原居中亞、突厥系撒爾塔族的子孫[4]，且積極向政府提案，希望能將東鄉族的名稱變更為撒爾塔族。

　　「撒爾塔」這個詞原本來自印度的梵語，指的是隊商領袖；後來進入至古突厥系的語彙當中，一開始用來指商人，後來慢慢演變成對全體定居民的統稱，還帶點微妙的侮辱之意[5]。現在，遊牧民仍會稱新疆維吾爾自治區的綠洲居民為「撒爾塔」，但會引發對方激烈的反彈——我親眼目睹過這個景象。我告訴馬志勇，但他對此似乎毫不在意。

　　他們提倡變更民族名稱的原因，或許不是為了復興伊斯蘭，也不是因為討厭蒙古，而是和中國最近彙總國內各民族、創造名為「中華民族」的均一「國民」事件有所關聯[6]。

　　從馬列主義系統汲取思想的社會主義民族理論，具有強烈的歧視性；它將民族一刀兩斷，劃分為「扛起歷史的民族」與「沒有歷史的民族，也就是部族」。

　　以東鄉族的情況，如果他們被定位為「皈依伊斯蘭的蒙古人」，直接被視為「蒙古底下的某個種族群體」，從而陷入恩格斯和史達林所標榜、「沒有歷史的民族」的危險中。相對於此，向中亞尋求

自己的原鄉，則能獲得自古以來信仰伊斯蘭、和蒙古平等、屬於「扛起歷史民族」一員的地位。這才是他們要求變更民族名稱背後的真正目的。

二、本土人類學者與少數民族研究

◎人類學者與當地民族文化的保護

保安族的馬世仁在二〇〇四年八月，再次造訪百年前的故鄉——青海保安城。他給我看當時他所拍攝的影像——在保安城跟土族人的交流情況，以及保安人曾居住過的舊居與墓地。而其中也有他拜訪當年援助保安人逃離的藏人蘭迦部落的畫面；蘭迦部落的人們直到現在，仍然透過各種的方式，和住在百年前故鄉的同胞們進行交流。

馬世仁也發現了相當貴重的資料。

他從一位住在同仁縣的報紙記者那裡，獲得了有關保安人的古老文件。我看了其中一部分，內容是清朝同治四年（一八六五年），對保安城居民配給糧食和銀兩的記錄。接受配給的名單中，也有姓「馬」的人存在；馬是在西北穆斯林社會中，人數最多的姓氏。如果古文件中的馬姓人士真是穆斯林的話，那至少到同治四年、即到一八六五年為止，保安城內還留有信奉伊斯蘭的集團。由於這份古文件是清楚界定保安人移居時點的有效證明，因此我向他提議，務必把這些資料以照相版的形式公開。

保安族和東鄉族都沒有自己的文字，因此馬世仁對創造用來標示保安語的文字相當熱心。在東鄉族方面，《東鄉語漢語辭典》（甘肅民族出版社）已經在二〇〇一年出版，這讓他感到相當羨慕。

我又向馬世仁、馬志勇兩位先生提議，出版一本有關「保安族、東鄉族研究」的學術雜誌。我告訴他們，在內蒙古自治區，如旗或蘇

木等村鎮等級的單位，也都有雜誌編輯發行。我身為人類學者，對於被調查的對象如何保存自身文化、又如何靠自己的力量深化研究，除了提供建議之外，也會持續進行調查。畢竟，不管怎樣的研究者，對於當地人想更進一步保護、發展自己文化的渴望，都無法視若無睹。

◎具發展潛力的保安族、東鄉族史研究線索

對不具備文字的保安族、東鄉族歷史，今後應當怎樣研究才好呢？關於這個問題，我透過調查，以及從蒙古史研究出發的視野，提出以下的看法：

一部分保守的蒙古史學者——那些只對漢文文獻有興趣的蒙古史研究者——除了漢文外，對任何事物都毫不關心；對於活在現實之中的人們、也就是歷史當事者的子孫，究竟背負怎樣的歷史而活著，他們也完全不感興趣。他們認為蒙古語的編年史太過「文學」，而非嚴密的「史料」，所以比起蒙古語史料，更偏愛漢文資料。不只如此，他們也對蒙古人自古以來，用敘事詩、口傳方式敘述歷史的表現手法，感到相當不滿。

然而，這些對蒙古語史料不滿的研究者，卻對俄羅斯人或德國人的研究成果，出乎意料地深感興趣。他們寧可引用俄羅斯人、德國人透過蒙古語史料考察出來的成果，也不肯親自去理解蒙古語史料。這種態度完全違背歷史學「直接碰觸原典」的基本手法。對他們來說，比起充滿草原香氣的史料，俄羅斯人和德國人帶著香水味的假設，顯然更有魅力。

當我們調查保安族或東鄉族等中國西北穆斯林，或是圖馬特人、胡同人等現在操持蒙古語系母語的少數族裔歷史之際，要從他們的社會內部發掘史料，是件相當困難的事。關於西北穆斯林，雖然有相當豐富的漢文資料，但究竟哪些和保安人有關、哪些又是指涉東鄉人，

都需要花費很大的努力來界定和釐清；隨著情況不同，無法界定的案例也相當多。

對穆斯林而言，清真寺和拱北是他們生活方式的縮影。伊斯蘭對他們來說不只是「宗教」——伊斯蘭是超越「宗教」，將歷史、文學、價值觀等一切事物，全都包含其中的存在。因此，考究「宗教」與「純粹的歷史」的劃分是毫無意義。也因此，我才會四處走訪清真寺和拱北，從與之相關的口語傳承中，將他們體驗過的歷史、以及對歷史的再解釋抽繹出來。

雖然現在幾乎是用漢語來標記，不過在保安人和東鄉人的社會內，仍存在無數的敘事詩與詩歌。除此之外，還有很多用漢字或阿拉伯字書寫，稱為「小經」的典籍。這些「小經」都是利用教團內部的資料，也就是「來自內部的歷史」編織而成。今後，我們有必要利用來自內部的視角，對歷史進行重新建構。

後記

◎善惡二元論與研究立場

　　人生總是會遭遇到形形色色的喜怒哀樂。這次當我在青海省調查期間，收到從故鄉鄂爾多斯傳來了一個悲傷的消息：我的舅母過世了。舅母出身克烈部，是一位相當能幹的女性。當我在離家很遠的小學上課時，經常會繞到她家吃飯。當時正值文化大革命期間，學校提供的餐點一天三餐都是玉米粉做的麵包，沒有任何肉類。這種時候，我只有在舅舅家，才能偶爾吃到加了肉的飯。這是我一生難忘的記憶。

　　舅母在幾年前被蜜蜂螫到，自此身體狀況每況愈下。內蒙古自治區鄂爾多斯的一部分從一九五〇年以來逐漸農耕化，成為漢人農民的天下。少數派的蒙古人農民在技術面上不如漢人、人口數量上也不足以對抗，所以只被賦予貧瘠的土地。為了多少改善一點糟糕的經濟狀況，舅母帶著幾頭綿羊，在危險的山岳地帶放牧，結果在羊吃草的時候，遭到蜜蜂的攻擊。之後她就患了失語症，餘生輾轉病床，最後在二〇〇四年十二月下旬過世。

內蒙古雖說面積遼闊，但沒有可供蒙古人放牧的土地，不到危險的山岳地帶就找不到草，這樣的變化確是事實。舅母的過世，跟這種社會變化不能說毫無關係。這樣的看法，或許會遭到某些日本研究者猛烈抨擊，認為這是用善惡二元論來看社會，但我覺得用二元論觀察是相當合理。因為出身少數民族的緣故，我不管去到哪裡，都會抱持一種想為身處弱勢、少數立場的人們，傳達他們的主張與文化的心情。

　　以前，當我在寫一篇有關現代內蒙古漢人殖民的文章時，有日本人類學者批評我，指出我欠缺透過人類學觀察的多方面記述，應該要抱持更高的客觀性才對。然而，「多方面記述」與「客觀性」，是自李維史陀《憂鬱的熱帶》以來，始終未曾解決的難題。所謂「站在被調查者的視角」這種人類學的基本方法，其實在「客觀性」的面紗下，若隱若現帶有東方主義本質的影子。以「客觀性」為武器，批判少數派出身者的「自身文化研究」，其實和用意識形態攻擊少數派，沒有任何差別。而且，這種批判也有被持續壓抑少數派的執政陣營利用的危險性。至於那些容易站在第三者立場、屬於「其他文化」的人類學者，我也希望他們在進行「客觀的記述與解釋」（假如有這種可能）之前，能夠努力發掘事實。

◎作為民族問題的日中關係——對日本中國觀察者的贈言

　　「中國大概不知道什麼時候，就會土崩瓦解了吧！」日本的中國研究者，經常會作出上述的發言；在日本的人類學者中，也有很多人對這種說法深感共鳴。確實，回顧中國漫長的歷史，分裂與整合總是反覆上演；從這個角度來看，中國就算土崩瓦解，也不是什麼奇怪的事。

　　可是，這種論述有一個很大的缺點，那就是無視現在活著人們的

想法。至少，生存在現代中國的人們，不管是漢人、保安人還是回族，儘管他們很清楚中國存在無數問題，但都不會期望中國在一瞬間土崩瓦解的。和紙上談兵的中國觀察者不同，這些當事人每天都要面對腐敗與壓抑的現實，即便如此，比起中國瓦解，他們更期望富裕起來。

當我前往中國腹地的時候，經常可以看見手持行動電話的騎馬遊牧民、一邊眺望羊群一邊發簡訊的牧童、還有利用讀經的空閒時間玩起遊戲機（GameBoy）的小喇嘛。搭著自用車四處旅行，用太陽能發電觀看電視的人也增加了。先富起來的一部分人生活，令大眾欽羨不已，從而忘我地朝致富之路邁進。他們透過電視畫面，得知戰亂的波士尼亞、阿富汗與伊拉克狀況，也透過收聽美國之音（VOA）與BBC等廣播，得知外國對中國人權狀況的批判——不，更正確來說，經過十年以上、廣及全國國民的「文化大革命」政治傷害後，住在中國的人們，早就比誰都清楚，中國是多麼可怕的存在。

儘管如此，他們大多還是不希望中國現在馬上瓦解。人們都不希望被受到同胞的炸彈攻擊而死，或是被某國的空襲破壞家園。畢竟，他們也是最近，才從戰亂與政治動亂當中逃脫出來。特別是日本對戰亂還要負一部分的責任，因此日本人在說出「期待中國瓦解」這種發言前，最好還是慎重一點吧？

我對中國壓迫少數民族的政策，一貫抱持批判的態度；在我的作品中，也是傾聽弱勢立場人們的聲音。即使被中國的漢人研究者批評成「民族主義者」、日本人研究者批評成「我族中心主義者」，我也不會對自己的想法，做出任何改變。

手裡拿著 Gameboy 的藏傳佛教小喇嘛

和經濟先進的日本相比，中國隱含的問題相當多。中國雖然標榜社會主義，但貧富差距恐怕是史上最甚。「金錢至上」的拜金主義橫行；人們把政府官員主張的「中國特色社會主義」當成一種黑色幽默來看待，卻沒有膽量揭下它的假面具。這就是他們為了想要富裕起來而選擇的生活方式。中國還沒有土崩瓦解，不只是因為世界最大的政黨——中國共產黨，撒向社會各個角落、無孔不入的監視體制，更是因為明明清楚認知到共產黨的惡質，卻為了想要富裕而默許這種罪惡的人民所致。

　　現在的中國正實行一種「亞洲式獨裁」或「開發中國家的獨裁」，至於將來是否能透過富裕達成民主化，則尚不明朗。然而，就算成功實現民主化，中國也未必會給予少數民族比現在更多的自治權。對於中國會朝哪個方向前進，其民族問題又會以怎樣的形式展開，持續觀察是必須且不可或缺的。

　　我們少數民族所獲得的自治權相當有限；可是，我們也沒有在腰上綁炸藥、進行自殺炸彈攻擊的勇氣。中國如果一下子土崩瓦解，西北穆斯林追求富裕的夢想，也會跟著徹底幻滅。現在，他們正在摸索一邊走在邁向富裕的道路上、一邊思考和中國的應對方式。

　　當然，如果明天中國就瓦解，我這番言論，大概也會以黃粱一夢的方式告終吧。

文庫版附錄 1

沙甸村的殉教者紀念碑

　　在中國雲南省南方，有一處名叫沙甸的小小村落。這個村落位在首府昆明南方約兩百公里處，距離越南相當近。雲南人在邁入近代以後，比起往北連通中國內地，更加傾向於興建鐵路，尋求南方海域的出海口。通往越南海防的鐵路越過蒙自這座城市，沙甸村就位在蒙自的正北方。一九七五年，人民解放軍在這座村莊進行了大屠殺；我在二〇一二年八月七日親自走訪現場。

◎一、沙甸為世界所知的理由

　　沙甸村的居民都是信仰伊斯蘭的虔誠穆斯林。伊斯蘭傳入雲南，是在蒙古帝國的元朝時代；當時，蒙古帝國把雲南的政治運作，交給從中亞移居此地的穆斯林。元朝滅亡後，他們和當地居民不斷通婚，卻仍堅守著原本的信仰。也因此，儘管他們漸漸忘卻中亞的阿拉伯語和突厥語，卻形成一個以中國話為母語的穆斯林集團。每當中國發生易姓革命、王朝交替之際，他們便成為壓抑的對象。不管在中國人的明朝、滿洲人的清朝還是中華民國時代，這些穆斯林的政治地位

清真寺風的沙甸區公所

沙甸大清真寺

總是很低，但對他們鎮壓最猛烈的，是中華人民共和國。殘酷的鎮壓，以大屠殺的形式呈現；殺戮從一九七五年七月二十九日起，整整七天八夜，造成將近兩千人犧牲，事件震撼全世界。

我從昆明市搭乘往蒙自市的遠程巴士，搖搖晃晃六小時後來到沙甸村。村子的入口處，有一棟奇妙的簇新建築物——為什麼中國的國旗會插在清真寺上頭？再仔細一看，上面寫著「中國共產黨箇舊市沙甸區公所」；原來區公所採用清真寺的風格。儘管如此，在圓頂上插上五星紅旗，還是會讓人產生一種共產主義和伊斯蘭共存的奇妙感。我自一九九一年起便廣泛遊歷中國西北部穆斯林聚居之地，但這是第一次見到清真寺風格的黨政機關建築物。

一群年輕女性颯爽地騎著摩托車，經過這棟獨特的區公所大門。她們的身上都裹著長袍，當中有些是帶著頭紗、把頭髮整個包住的少女。也有很多年輕人，正邊走邊傳簡訊。

「請問沙甸村大清真寺在哪裡？」

我向少女問路。其實從區公所已經可以看見清真寺，但我為了多做溝通，所以試著向少女搭話。少女纖細的身體裹在深黑色的長袍

中，頭上戴著粉紅色的頭巾。雖然只能看到她的雙眼，不過那雙微微帶著藍色的眼眸，相當美麗。

「就在那裡唷。」

少女指往清真寺的方向後，帶我一同前去。在宏偉的清真寺前面，聚集了十多名年輕人，少女加入他們的行列；看來，她大概是要去約會吧！

◎二、殉教者的紀念碑

在清真寺的兩側，豎立著「愛國」、「愛教」的看板。中國也是穆斯林的祖國，要同時熱愛中國與伊斯蘭，展示宗教與共產主義可以並存；這兩面看板，正是最徹底的洗腦教育象徵。在中國全境的有伊斯蘭所在的地方，均能看見這種宣傳口號；最近連內蒙古和西藏地區，也被強制灌輸上述概念。

「我想去紀念碑那邊。」

我對計程車司機這樣說。「喔，是沙希德（shahid，殉教者、犧牲者之意）碑嗎？」司機回應。「好，我帶你去！」說完，他便一腳踩下油門。紀念碑位在距清真寺幾分鐘車程處，村子北側的山坡上。我跟司機說因為關心伊斯蘭，所以從日本前來調查沙甸村屠殺事件，司機聽了之後勉勵我說：「請務必把這起事件詳細寫下，在日本廣為宣傳！」然後，他堅決不收我計程車車費。看來，這起事件讓沙甸人至今仍然耿耿於懷。

往沙希德碑前進，需要經過一片廣大的墓地。伊斯蘭都採土葬方式，也有很多新建的墳墓；一個人走在路上，確實會感到害怕。首先，我抵達了第一座比較小的沙希德碑。在這座碑上用漢文寫著簡單的事件來龍去脈，內容是將屠殺的責任，歸咎於以毛澤東夫人江青為首的「四人幫」。從這裡再登上石造的階梯，另一座巨大的沙希德碑便

聳立在沙甸村的殉教者紀念碑

聳立在眼前。在紀念碑正面刻著以「滿江紅」為題的詞，內容是哀悼血腥屠殺；在碑的底部台座上，則分別刻著九百名殉教者的名諱。上面也有用阿拉伯語寫成，簡單彙整事件概要的文字。在這裡，儘管是紀念碑也要分成兩座。

當我仔細端詳紀念碑，正準備離去的時候，一位姓王的七十多歲老人，帶著孫子一同前來。王老先生說，自己是來上墳的；他的親戚遭到解放軍殺害，就長眠於此。王老先生雖然運氣好躲過一劫，但家裡卻遭到砲擊，被燒成一片白地。而他幾乎每天都會來這裡祭拜。

這時正值全世界穆斯林的齋月期間，鎮上的餐廳不到傍晚是不會營業的。我在傍晚時分，踏進一對據說是來自新疆維吾爾自治區昌吉回族自治州的年輕回族夫婦經營的店裡。因為我在一九九〇年代曾經去過昌吉回族自治州好幾次，所以我們很快就聊開。這位丈夫曾在沙甸村的伊斯蘭學校就學，相當喜歡氣候溫暖的沙甸；不只如此，因為新疆維吾爾自治區的宗教鎮壓政策實在過於苛酷，為了追求自由，他才移居到沙甸村。

在和回族夫婦閒聊一陣後，外面傳來悠揚的喚禮聲，召喚人們前去晚禱。男人們慢慢走向沙甸村的大清真寺，我一邊遠眺他們祈禱的景象，一邊朝旅館前進。這次我搭的是一位維族青年駕駛的車。他也是為了追求新天地，從不自由的新疆維吾爾自治區前來沙甸村的一員。維吾爾人在自己的故鄉，被身為「後來者」的中國人剝奪自由，這個事實在南國的雲南省也展露無遺。

◎三、穆斯林的集體記憶

第二天的清晨，我在喚禮聲中醒來。雖然我不是穆斯林，但不知為何打從心底喜歡喚禮聲，總覺得有種讓人神清氣爽的感覺。

早上的第一項任務，就是前往那座清真寺風格的區公所；我和沙甸村的副書記王莉萍（音譯）約好在那見面。王小姐是雲南大學的熟人介紹給我的，她是一位充滿知性的女性，對村中的歷史知之甚詳。我在事前得到建議，因為現在正值齋月，不只白天不能吃東西，有些虔信的穆斯林，甚至連吞口水也不行，因此訪談時間在一小時內為佳。王小姐為身為客人的我端了杯茶，但因為在齋月期間，所以我也客氣地推辭，然後便開始聽她訴說：

> 我出生在一九六八年，親身經歷了那場戰禍。我家有六個兄弟姊妹，當時七歲的我，對那場戰禍直到今日，仍然恍如隔日般記憶猶新。我的母親在那時候殉教，村子遭到七天八夜的砲擊；數不盡的燃燒彈和汽油彈，一直射進村莊當中。
>
> 遭到砲擊的村民，全都躲進建物中避難，可是建物也瞬間就燃燒起來，變成一整面的火海。我的母親為了守護姊姊和妹妹，在床上被砲彈擊中；繼母親之後，姊姊也跟著殉教，父親則失去了雙眼。我也親眼目擊到好幾個孩子，在我眼前被汽油彈擊中，整個人被大火包圍著殉教。
>
> 沙希德紀念碑上銘刻的九百人，只是名字可以確認的部分罷了。在那個時代，不管那個家庭，最少都有四、五個孩子；經過一周以上的持續屠殺後，有很多家庭都是全體殉教。當紀念碑刻上名字的時候，殘存的我們都只記得大人的名字，卻不知道被殺害孩子的姓名。所以沙希德紀念碑上，其實只記載了大概半數犧牲者的名字。

王小姐靜靜地說著。她用穆斯林的表現方式，將「犧牲」說成「殉教」。

我問她，為什麼沙甸村的穆斯林會被中國共產黨選為屠殺對象呢？她的回答是：

原因有兩個，一個是宗教鎮壓，另一個是貧困化。

一九四九年前的沙甸村相當豐饒，信仰也很自由，堪稱是幸福的世外桃源。但社會主義制度來了以後，馬上徹底否定了宗教。他們說宗教是鴉片，下令不准信仰宗教；不滿十八歲的人不准去清真寺，大人也被強逼著放棄信仰。不只如此，他們還強迫村民養豬，也就是採取刻意逼穆斯林做伊斯蘭忌諱的事，從而否定宗教信仰的政策。我們打從一出生就是穆斯林，從小開始與其說是前往清真寺禮拜，不如說是在清真寺薰陶下長大；因此政府的禁令，實在讓人相當受不了。

接踵而來的還有貧困。那是個食物嚴重不足的時代。連續好幾年災荒，僅存的些許收穫也被國家強制徵收，農民手邊連一點糧食也沒有。農民只好私下進行物物交換，在避人耳目的地方，悄悄耕作能換錢的作物。這件事被政府察知之後，認為是資本主義的死灰復燃，於是朝村裡派遣工作隊，將村民置於監視下。

工作隊進駐清真寺，直接就睡在裡面。他們不只吃豬肉，還刻意將骨頭丟進村中的井裡。村民雖然逼不得已必須養豬，但從不吃豬肉，如今生活用的水井被丟進豬骨頭，已經讓人無法再忍耐下去了。村民前往昆明市向省政府陳情，結果卻反而被政府認定村民在計畫反革命暴動；於是政府下達了出動解放軍的命令，要在「二十四小時內收拾反革命暴動」。大屠殺就這樣開始了。

即使是在壓抑的時代，人們還是默默地、堅強地守著信仰。在屠殺中倖免於難的村民被帶到蒙自市；年輕人被送進政治學習班，

接受洗腦教育；家人被殺害後，還得接受政府做出、犧牲者都是「反革命分子」的結論。我也進了醫院，接受砲擊受傷的治療。

即使洗腦持續進行，屠殺的記憶也不會消失。就算是站在外面的十來歲青少年，也都知道那場大屠殺；沒有一個家庭，沒有出現被害者。這是民族的集體記憶。

王小姐看著窗外訴說。在清真寺附近，聚集了許多的少年少女。風景，昨日依舊。

◎四、突破政府管制的情報

關於沙甸村大屠殺，中國至今仍不允許研究。我也是從著名穆斯林作家張承志的著作《回教所見的中國——民族、宗教、國家》（中央公論社，一九九三年）才得知這事。這起事件長期以來一直被扭曲成「反革命暴動」，但在馬萍的〈解放軍在沙甸的大屠殺〉（宋永毅編《毛澤東的文革大屠殺》，原書房，二〇〇六）中，有比張承志更加詳盡的報告。

中國政府雖然對沙甸屠殺事件設下了嚴格的管制，但網路上仍然刊載許多的情報。王小姐也告訴我說，「雖然被刪除不少，不過在『中國穆斯林網』[*]上，還有很多關於沙甸事件的文章喔！」我回國之後，立刻試著檢索；在「中國穆斯林網」上，既刊載了被鎮壓一方、也刊載了實際參與屠殺的人民解放軍的回憶文。

一位筆名為「msl 卡夫卡（穆斯林卡夫卡？）」的人士於二〇一二年二月二十二日發表的文章，以及「奧斯瑪」於二〇一二年八月

---

[*] 中國穆斯林網於二〇一六年底遭到政府封禁，故日本原書附上的參考網址皆已失效。

二十三日公開的報告（筆者在二〇一二年九月四日瀏覽），對事件的來龍去脈有詳細的描述，以下是其概要：

由雲南省革命委員會派遣，約一千名左右的人民解放軍部隊，於一九六八年十二月八日進駐沙甸村。他們住宿在神聖的清真寺內，還在裡面開舞會；他們吃豬肉，吃完之後把骨頭丟進清真寺的井內，刻意侮辱伊斯蘭。不只如此，他們還把穆斯林聚集起來施予暴行，強迫他們模仿豬的動作。一九六九年一月三十日的批鬥大會中，有六十幾名穆斯林被吊起來，命令他們學豬嗷嗷轉身。這天，有一名懷孕的婦女被凌虐流產，另外有十四人被殺害。

一九七三年十月，穆斯林突破政府的嚴格宗教否定政策，重啟了遭到封鎖的清真寺，開始進行禮拜。政府認定這是「宗教的復活」、是「反革命集會橫行」，於是派出民兵包圍村子。

沙甸村方面選出馬伯華等十人前往北京陳情，但政府全然無視，而是在這段期間中，逐步進行武力解決的準備。雲南省的領導人——中國人周興向北京密告說：「沙甸村有核子武器，村民意圖與國民黨間諜一起創立伊斯蘭共和國，實施民族分裂活動。」就這樣，一九七五年七月二十九日早上三點，政府展開了武力鎮壓。在激烈的砲擊中，村子化為一片火海。經歷七天八夜攻擊的結果，有四千四百戶民家遭到破壞，九百餘名穆斯林遭到殺害，而當時沙甸村的人口，不過七千七百人左右。

另一方面，負責鎮壓的解放軍陣營，其記錄則如下：一名叫做于化民的退役士兵，在他所寫的「沙甸村平亂」中寫到，作戰命令是由時任總參謀長的鄧小平下達，參與作戰的部隊包括了解放軍八〇五〇四部隊三〇四團（屬二砲部隊〔火箭軍〕）、三五三一〇部隊（砲兵六五師）、三五二一八部隊（十四集團軍四十二師，現已裁撤）、

空軍三六九三部隊、以及第十四集團軍。另一位名叫劉長信的退役士兵，則在二〇〇九年七月三十一日發表的文章中這樣說：

「處理沙甸的叛匪，跟和日軍和國民黨軍作戰都不同，只要使勁地把大砲往村裡轟就行了。砲擊之後，整個村子幾乎變成一片白地；我們殺掉了大約一千五百到一千六百名叛亂分子。」

就像這樣，解放軍士兵以誇耀軍功的方式對事件作出回想。

除此之外，根據穆斯林馬紹美的證言，八月四日，有大約一百五十七名老弱婦孺，在走投無路的情況下向人民解放軍「投降」；當他們高舉雙手，走在村中的田埂小道上時，遭到機關槍掃射，全部死亡。解放軍還對沒有當場死亡的人，逐一補槍（馬紹美〈沙甸事件概述〉《沙甸回族史料》，內部史料，一九八九）。

◎五、沒有墓碑的蒙古人與解明真相

沙甸村的屠殺事件，之後獲得平反；官方將之定位為「四人幫極左路線的結果」。然而，主導文化大革命的，並不是只有四人幫而已；「中國人民的偉大領袖毛澤東」和「人民的好總理周恩來」，才是推進運動的最高負責人。不只如此，敵視宗教原本就是共產主義思想的本質，和四人幫沒有關係。換句話說，儘管基於共產主義思想的社會主義制度，才是整起事件的根本原因，但中國共產黨卻用大屠殺的善後處理方式，巧妙掩蓋問題的本質。另一方面，從作戰命令是由「推動改革開放的開明政治家鄧小平」所下達這點，也可以看出，對少數民族進行強權支配，是所有中國人政治家共通的特徵。

沙甸村直到現在，仍有中國政府的工作隊駐留。他們表面上是為了提升村民的生活、以及處理大屠殺的後遺症，但實際上是為了監視村民的行動，特別是要警戒正以猛烈之勢復興的伊斯蘭信仰。

我從沙甸村的穆斯林身上，感受到強烈的生命力。內蒙古自治

區也在文化大革命中，遭到長期且大量的屠殺。據政府的官方見解，約有三十四萬人遭逮捕，兩萬七千九百人遭殺害；以當時蒙古人口約一百四十萬人來計算，平均每一戶家庭就有一人被逮捕，五十人當中就有一人遭殺害。可是，連一座刻有蒙古人犧牲者姓名的紀念碑也沒有。不只如此，就連研究或是談論也都遭到嚴格禁止。我將蒙古人在現代史中的這段遭遇，稱為「沒有墓碑的草原」（楊海英《沒有墓碑的草原》，上、下，岩波書店，二〇〇九、《續篇·沒有墓碑的草原》，岩波書店，二〇一一）[*]。當然，我並非刻意強調穆斯林與漢民族、蒙古人與中國人對立殘殺的過去。只有歷史開始解明真相，民族之間才有可能達成和解；相反地，一味隱瞞屠殺的歷史，對記憶和研究加以限制，那是無法解決民族問題的。沙甸村的殉教者紀念碑，正是一座展示戒除暴力、達成真正和解有多麼重要的紀念建築物。（《中國21》三七卷，二〇一二年十二月刊）

---

[*] 《沒有墓碑的草原》：繁體中文版由八旗文化出版，二〇一四年。

文庫版附錄 2
現在正是行使
真正民族自決權的時代

　　二〇一三十月二十八日，一輛汽車衝進北京市內的天安門廣場，
猛烈撞上高掛毛主席畫像的城樓，燃燒起來。車上有一名年老的維吾
爾人母親與她的兒子媳婦，據情報指出，媳婦還懷有身孕；可以想像，
對這家人來說，這是一場決死之戰。這起事件也將附近的市民捲入其
中，包含一名日本人在內，一共造成四十三人死傷。看到那直衝天際
的黑煙，讓我不禁想起二〇〇一年九月十一日，在紐約爆發的大規模
恐怖攻擊。如九一一是宣告伊斯蘭與西方世界對決般，我認為這起事
件，也可以定位為中國版的「九一一事件」。從這裡我們可以清楚得
知，維吾爾人不只在中國人（漢民族）稱為「西域」的新疆進行抗議，
也在首都北京展開了抵抗行動。

　　相關專家從以前開始就指出「新疆會變成中國的巴勒斯坦」，呼
籲中國政府改善統治方法（王力雄《我的西域，你的東突厥斯坦》，
集廣舍，二〇一一）[**]。然而，情勢卻不斷朝惡化的方向演變。侷限

[**]　繁體中文版名為《我的西域，你的東土》，大塊文化，二〇〇七年。

於菁英階層、高舉民族自決口號的分離獨立運動，這樣的古老民族運動形式已經消失無蹤。從普通女性和她的農民兒子都投入戰鬥的事實，可以看出這場紛爭已經擴展到整個民族之間的層級，而維吾爾人的鬥爭已超越故鄉，朝中國人居住地蔓延。

◎一、在自己故鄉受到的壓抑與剝削

我在二〇一三年三月，進行了一場睽違二十年的新疆維吾爾自治區之旅。到一九九三年為止，我曾在那裡進行長達三年的調查。二十年來的劇變，如下所述：

我在自治區首府烏魯木齊市往西端的喀什市的來回旅程中，每晚我都睡在市區的旅館。所有設施的大門口都設置金屬探測器，外國人和中國人可以自由出入，但只要被看作維吾爾人，就一定會受到嚴格的盤查。

維吾爾人信仰伊斯蘭，每天做五次禮拜，對他們而言是不可或缺之事。可是，不管是旅館或餐廳，到處都貼著「禁止禮拜」的告示。不要說宗教自由了，這根本就是赤裸裸地限制信仰。

我搭車在高速公路上奔馳；每隔幾十公里就設有一處檢查站，在手提自動步槍的解放軍監視中，人們戰戰兢兢地通過哨卡。儘管如此，中國人和外國人只要亮出身分證就能通行，但維吾爾人卻得排成一長列，接受另外的檢查。他們的身分證要經由特製的設備解讀，判斷是否為危險人物。如果有蓄著鬍子的男人，就會被當成「伊斯蘭激進派」，當場遭到監禁。

我在庫車歇息。庫車是古代的龜茲國，這裡歌和音樂以「龜茲樂」而聞名，也傳到了日本。可是，往日繁華的龜茲國、現在的庫車，卻籠罩在陰慘的氛圍之中。所有的維吾爾人門口，都貼上附有管區警察照片與行動電話的海報，上面寫著「如果發現進行民族分裂活動的

人，立刻向我們通報」。當然，中國人的門口，沒有張貼這樣的海報。由此，可以看出他們對維吾爾人明顯的歧視與懷疑。

和我長期居留的一九九〇年代相比，高樓大廈確實增加了，看上去似乎是有所「發展」；可是，住漂亮公寓、在豪華政府廳裡辦公的，幾乎都是中國人。「維吾爾人就算申請經商，許可證也不會下來；但中國人就算沒有文件，也可以為所欲為。」一位維族朋友如此感嘆。

新疆是塊乾燥的地方，只有在少數大河畔，零星散布著些許綠洲。這些綠洲無一例外，都被中國人組成的生產建設兵團[*]所占據。生產建設兵團是一種半軍隊的組織，由政府供給新式的武器。每當維吾爾人和中國人因為灌溉用水而產生衝突時，中國人就用最新的武器射擊維吾爾人。我在旅程的途中，也在阿克蘇市的近郊看到警車包圍維吾爾人的村落，槍聲大作。

在柏油路上，有一列的大型卡車經過；那是將塔克拉瑪干沙漠出產的石油，運往中國內地的車隊。當地的維吾爾人，和石油的利益完全無緣。塔克拉瑪干沙漠東北部的羅布泊，是中國的核子試爆基地。中國人不只一次在維吾爾人、藏人和蒙古人的故鄉進行核子試爆，卻從不曾在中國人居住的地方進行試爆。我的司機對我說，因為核爆的緣故，維吾爾人罹癌的比例變得很高。

如此，維吾爾人在自己的故鄉，遭到後來的中國人壓抑與剝削。

◎二、從維吾爾人的立場思考與中國的關係

對於新疆發生的種種，日本傳媒大部分都是從中國人的政治壓抑、民族歧視、以及嚴峻的經濟剝削，來進行分析與報導。這樣的觀

---

* 新疆生產建設兵團，即「中國新建集團公司」位於中國新疆維吾爾自治區，為中國最大的兼具戍邊屯墾、實行「軍、政、企」合一的特殊社會組織。

點固然正確，但仍有必要從維吾爾人的視角，來剖析民族問題的結構。

維吾爾人是突厥系民族的一員。突厥系民族分布橫跨歐亞大陸東西，總人口超過七億人。在這個突厥系民族的大家庭中，唯獨維吾爾人沒有自己的民族國家；其他同胞不是已經獨立，就是在俄羅斯聯邦（前蘇聯）中形成自治共和國。在中國的維吾爾人只享有「民族區域自治」權利而已──假如真的有。

維吾爾人如歐亞大陸的同胞般，致力於建立獨立的民族國家。他們在一九四〇年代，曾經建立過一個「東突厥斯坦共和國」。在「東突厥斯坦共和國」中，也有新疆的蒙古人、哈薩克人與韃靼人加入，採取融合的體制。這個國家一直運作到要決定就此成為以維吾爾人為主體的國家、還是加入蘇聯的關鍵時刻。可是，在蘇聯和中國間有關戰後體制的協定中，他們被決定留在中國領土內，而這種建構戰後體制的決定，作為少數民族的維吾爾人根本無權參加。大國憑著一己意欲，任意決定弱小民族的命運。換句話說，現在的戰後體制，是建立在少數民族的犧牲之上，因此瀕臨崩解是自然不過的發展。

中國共產黨從一九二〇年代建黨之初到中華人民共和國成立前夕，答應給予邊境各民族「民族自決權」，這是眾所周知的事實。然而建國之後，政策立刻做了一百八十度大轉彎，主張「因為美帝在新疆、西藏與內蒙古等地謀劃分離運動，所以不能給予民族自決，必須變更為區域自治」。在各民族看來，迄今為止中國共產黨掛在嘴上的「民族自決」云云，就是為了遏止邊疆人民脫離而採取的手段。因此，被欺騙的記憶一直在維吾爾人、藏人與蒙古人腦海裡揮之不去。

◎三、具有「中國特色」的殖民地支配本質

新疆維吾爾自治區自從納入中國疆域後，就發生激烈的轉變。在

人口面上，一九四九年漢人僅有二十九萬人，現在已經膨脹到八百萬人以上。這不包含各地駐紮的人民解放軍，因此實情更是不明。

對於中國人的侵略，我們該怎麼理解呢？我把移民屯田看做典型的殖民地體制，並進行研究（楊海英《化為殖民地的蒙古──中國的官定民族主義與革命思想》，勉誠，二○一三）。中國正在推動古典的殖民地主義支配，日本的研究者與輿論界卻對此事實視而不見。因為他們認定殖民地支配是西洋與日本帝國主義的產物，作為「人類理想國度的社會主義國家」是不可能有殖民地這一面的，所以遇到這點就陷入思考停頓的狀態。

所謂共產主義，是妄信國際主義，宣稱貧窮無產階級與貧窮農民可以越過民族界線團結為一，建設「美麗理想國度」的馬列主義者編造出來的謊言。在日本也有很多人相信這套謊言。然而，歧視、壓抑貧窮的維吾爾人、藏人與蒙古人的，卻是那些稱不上富裕的中國人，這個事實又要怎麼解釋呢（楊海英《沒有墓碑的草原》，岩波書店，二○○九）？這正是十九世紀以來擺在人類眼前，未曾解決的課題。

◎四、透過賦予民族自決權，來解決民族問題

解決中國民族問題的有效突破口，究竟在哪裡呢？我認為，唯一的解決方法，就是立刻賦予各民族真正的民族自決權。讓居住在資源產地的原住民，管理開發當地的資源。讓各民族自由使用母語，並使用母語進行自由的言論活動。地方上行使權力的首長，不應是外來的中國人共產黨書記，而是由當地的少數民族來擔任。不只如此，如果少數民族不想和中國這個國家、乃至所謂「中國人」的群體朝夕共處的話，也應該給予他們分離獨立的權利，如此民族問題自然化於無形。這樣一來，各民族滿足於民族自決權，而中國人也能從給予周邊民族自決權的寬容中，獲得自信感。畢竟中國人不是經常表示「我

們是飽讀孔孟經典的文明人，對於順從的邊境集團，都會給予籠絡」嗎？

給予各民族真正的自決權，不只能夠解決民族問題，對中國人而言也是一件幸事。今天，我們應該要清晰認知一個事實，就是維吾爾人的抵抗運動已經不限於其故鄉，而是波及到中國人所在的地區。中國人要是想安穩過日子，那就應該停止占據他人故鄉、刻意逆轉人口、並獨占各種權利的殖民式手段。

我們必須要求中國人，從意識上認知何為寬容的革命態度。抱持古來華夷思想的頑固中國人，又遭到了共產黨洗腦；因此，不管中國政府還是中國人都毫無根據地深信，一切所作所為都是對少數民族有益。將滅絕少數民族文化的同化舉動理解為「文明開化」[*]、將把他人地下產出的資源運回中國內地的掠奪行為視為「經濟發展」，這樣的思維非放棄不可。但是，要中國人產生這種意識變革，相當困難。一九三〇到四〇年代在中國進行觀察的美國史家拉鐵摩爾，就一語道破以下的狀況：

中國人一面對西方列強改造其固有習慣、促進其文明開化的行為感到憤慨不已，但另一方面，他們自己對各民族的鎮壓與同化，卻又遠甚西方列強（拉鐵摩爾《滿洲國的蒙古人》，太平洋問題調查會，一九三四）。拉鐵摩爾所見的中國，和現在的中國並沒有什麼不同，這是不爭的事實。

◎五、民族問題是國際問題

既然不能指望中國人在意識上做出改變，那世界又該怎麼辦呢？

_* 文明開化是指在明治時代，西洋的文明傳入日本，導致在制度及文化上出現巨大轉變的現象。

首先，民族問題絕非中國主張的「內政問題」，而是國際問題。新疆的維吾爾人是歐亞大陸突厥系各民族當中的一員，同胞被中國人虐待的事實，突厥系各民族絕對不會漠視。藏人和印度共享同一個文明。內蒙古自治區的蒙古人和蒙古國的蒙古人，也同樣以「成吉思汗的子孫」自居。不管哪個民族，在中國疆域外有著共同生息的同胞，也都形成了另外的國家，故此，維吾爾、西藏、蒙古問題，自然打從一開始便是國際問題。

　　日本也和「中國的民族問題」脫不了關係。以新疆為例，過去中亞的文化就是透過絲路，一路傳抵日本。邁入近代以後，日本也和住在新疆的伊斯蘭教徒一起，欲創立包含阿富汗在內的共榮圈，以抵抗共產主義。西藏是佛教聖地，很多日本僧侶為了追求佛典，朝著世界屋脊前進。至於內蒙古，則是所謂滿蒙的一部分；日本人在此，和蒙古人、滿洲人一起建設、推動滿洲國的營運。中國政府與中國人以蒙古人在滿洲國時代曾和日本人「合作」為藉口，於一九六六年到一九七六年，對蒙古人展開大規模屠殺（楊海英《沒有墓碑的草原》，岩波書店，二〇〇九）。日本不管在古代或是邁入近現代，都與維吾爾人、藏人，乃至蒙古人的故鄉密切相繫；故此，對這些地方居民遭受巨惡壓迫、剝削的現實，自然不應坐視不理。

　　中國的民族問題完全是人權問題。日本媒體也有報導，中國政府現在以「反恐」為藉口，日夜侵襲維吾爾人的村落，每次的犧牲者都以數十計。這樣的行動，經常伴隨人道危機，而人道危機是全體人類應當共同面對處理的事務。如果只因為有很多日本企業在中國設廠經營、或因為「日中友好」這種空洞的論調，就無視於少數民族面臨的人道危機，那我認為，這就是一種共犯關係（楊海英〈殖民地支配與大屠殺、以及文化清洗——中國民族問題研究的新視角〉，二〇一二，岩波書店《思想》）。

　　最後，僅僅基於「中國若是解決民族問題，則中國人亦幸甚」這

樣的願景，我想再次強調：比起「邊境野蠻人的幸福」，即便只是以自己的幸福為優先，給予包括中國人在內各民族真正的民族自決權，仍是唯一的解決方策。當民族自決權在中國確立的時候，天安門應該就不會再燃起黑色狼煙了吧！（本文為筆者新撰）

文庫版後記

　　對於在蒙古高原到中亞這片廣闊世界進行調查研究的我而言，近代以來在各國掀起熱潮的探險記，是宛若聖經般的存在。在俄羅斯的普利瓦熱斯基穿越蒙古高原、進入藏區的活動記錄《蒙古與青海》（生活社，一九四〇）中，我的故鄉——南蒙古的鄂爾多斯也有登場。謝苗諾夫（Aldan Semenov）從剛被俄羅斯征服不久的中亞進入天山，對當地的植物與遊牧民留下詳盡的記述。他因此被授予「天山先生」的榮譽稱號。在差不多同一時間，斯坦因和赫定也踏足絲路，發現了許多古代遺跡與「飄移的湖泊」[*]。在日本則有河口慧海從印度勇闖世界的屋脊拉薩，大谷光瑞也不以輸給歐美探險隊的精神奮起，陸續將年輕隊員派往敦煌與新疆。

　　這些令人熱血沸騰、雀躍不已的探險故事，將我們導向未知的世界。絲路和西域這些詞彙，對日本人有著特別的意義，畢竟佛教是透過這些地方而傳抵日本。

---

* 　指羅布泊。

我出身於探險家們造訪的地區，屬於被探險對象的一員。儘管如此，我故鄉的草木、動物以及居民，在西洋和日本是以怎樣的形式被近代的知識體系所認知？這實在是一個相當引人深思的問題。由於「中央歐亞」的概念在近代教育體制中相當晚才被確立下來，因此探險家的記錄，便成了我認識自身文化與歷史的良好啟蒙讀物。

　　我在一九八九年春天來到日本，第二年進入位在大阪的國立民族學博物館研究院就讀；之所以來這裡就學，是因為我很崇拜當時擔任館長的梅棹忠夫先生。我讀了梅棹先生的名著《蒙古族探險記》（岩波書店，一九五六年）後，才知道原來在阿富汗，也有蒙古系的人們居住。

　　大學生時期，我曾經在青藏高原流浪，但因為年少無知，所以沒有對此加深認識的想法。之後我來到日本，閱讀研究所恩師松原正毅先生的《青藏紀行——前往長江流域源頭》（中央公論社，一九八八年），才獲得有關藏人遊牧民生活的知識。之後，我跟著松原先生在天山和阿爾泰山中進行遊牧民的調查，不知不覺也興起了仿效先賢，展開探險活動的念頭。可是，「未知的世界」在中亞已經不存在了。遊牧民的世界幾乎毫無例外，都被納入俄羅斯（蘇聯）或中國的疆域中，人們也被迫轉變為定居生活；不只如此，他們的傳統文化也陸續遭到破壞，受到社會主義的洗禮。過去人們未曾觸及的動植物領域，也無法從開發的魔掌中倖免於難。儘管如此，站在遍體鱗傷的中央歐亞大地上，仍然讓我充滿無限的感動。我為了將在當地體會到的幾分感動，透過當地人的視野傳達給日語圈的讀者，所以寫下了這本書。

　　我為了撰寫本書，漫步在青海省、甘肅省與蒙古高原；每當我漫步的時候，彷彿能慢慢地滿足對於探險的渴望。儘管無法和那些偉大的先賢比肩，但至少能把當地人的聲音傳達給世界，如此便已幸甚。

　　本書承蒙風響社石井雅社長的厚愛，於二〇〇七年付梓。這是戰後第一本以日語寫成、有關中國西北穆斯林世界的民族誌。這次增添

若干內容，以文庫版方式刊行，則要感謝文藝春秋紀實作品局仙頭壽顯先生的鼎力相助。東京大學的池內惠教授在百忙之中，為本書撰寫一篇倍增光彩的解說，我在此也要致上最深的謝意。在文庫本中，接受訪談的各位人物，其年齡仍然以單行本付梓實為準；另外，書中的一部分照片進行了更替，在此也特地說明一下。

二○一三年晚秋

解說

文：池內惠／東京大學教授

　　當我們看中國的時候，總會順理成章地透過「漢族」的眼鏡來觀看。畢竟，我們都是學習漢字、身為漢字文化圈一員的意識，所以在觀看中國的歷史與現在時，總會莫名抱持一種親近的感覺；這樣的想法已是根深蒂固。對特別喜歡看有關王朝更替、基本上用漢字寫成的歷史敘述的日本人而言，要讓他們理解到中國實際上是個多民族國家，中國史要是抽掉異民族統治時代的繁榮與發展，就不成其歷史，並不是一件易事。對於漢字以外種種我們無法解讀的文字，隱藏在那些文字背後、位於中國疆土外廣大文明圈的人們和中國史的往來互動，以及他們直到現在，仍然占地圖所見「中國」相當大的一部分，這些也很容易被忘記。

　　歐美社會對西藏問題抱持著高度關心，知道西藏的人應該也不在少數。在維吾爾問題上大概也是如此，大家一面對中國官方說「這是伊斯蘭世界恐怖主義波及中國的產物」半信半疑，一面開始注意到它的存在。然而，就算有這樣的意識與關心，我們還是無法徹底擺脫中國政府給予的認知，即是所謂的「少數民族問題」框架。當我們把上述的事件，用「少數民族問題」來加以掌握的時候，我們就已經落

入「中國是由領導群倫且先進、擁有悠久歷史的漢民族，和其他成群的少數民族所構成」這樣的漢族中心史觀，以及由這種史觀所支撐、當今政權的官方意識形態羅網當中。在這樣的情況下，我們對蒙古或伊斯蘭之類，與中國以及中國史框架外廣大地區、歷史傳統彼此相繫的人群、信仰、思想的想像力，全都受到了阻礙，從而陷入一種錯覺——認為他們都是沒有文字、歷史，也沒有值得一提的背景，更沒有獨立的規模和氣概，只要不在漢族領導下就發展不起來、必須要在漢族庇護下才能安心度日的弱小民族。

　　既然如此，那要如何才能從這種錯覺中解放出來呢？這就是內蒙古出身的作者所背負的課題。可是，若只是一味頌讚、試圖找回「蒙古民族凌駕漢民族的榮耀歷史」，那很有可能又會陷入另一種蒙古民族中心史觀。而且，蒙古人的統治也是一個帝國王朝，因此要預設它比漢族各王朝、各政權的統治更加優秀，這樣的前提本身是無法成立的。

　　在這裡作者著眼的，是作為另一個民族與宗教，被中國所吸納的伊斯蘭。中國的穆斯林各民族，大致可分為三類：（一）從漢民族皈依伊斯蘭的回族；（二）突厥系等出自中亞的各民族；（三）原本信奉藏傳佛教（喇嘛教）、後來皈依伊斯蘭的蒙古系與藏系民族集團。

　　中國現在是由漢族以及其他五十五個少數民族所構成；這是中國共產黨在確立其統治權威的過程中，進行「民族識別」的結果。由於民族的數量與分野，在實際上極為錯綜複雜，因此對民族的認定，毫無疑問是利用政治權力恣意為之的結果。「民族識別」是中國共產黨對少數民族、少數宗教進行掌控，並把其殘酷鎮壓的權力正當化的機制之一。作者在書中就這樣說：

　　「他們高唱各民族平等，其實是給予由數百萬人構成的民族，和僅僅數千人的民族同樣一票，然而這實質上剝奪蒙古、藏、乃至於維吾爾等族的權利。在社會主義制度確立之初，創造出許多『少數民

族』的目的，就是把擁有牢固認同的蒙、藏、維吾爾族人的地位相對貶低。這是一個昭然若揭的陰謀。」（見頁二九六）

若是讓「蒙古」的民族意識，隨著同系的語言、共通的祖先與歷史文化等共通點不斷團結高漲，或是讓具備同樣信仰的「穆斯林」，在共同體意識與共通的政治歸屬意識方面日益高漲，對以漢族為主體的共產黨統治，都會造成威脅。少數民族政策乍看之下是尊重多樣性，但實際上是一種阻礙有能力對抗漢族的民族集團形成、防止他們團結起來的巧妙統治手法與機能。

然而，對少數民族的認定，必會伴隨「肯定性行動」，即提供一定好處的舉動；而被分割開來的各民族間，也會因此萌生出對抗意識。結果，制度塵埃落定後，反過來制約實際狀況；「壓倒性多數且單一的漢族」與「分裂成許多小族群的各少數民族」，這種存在中國社會間的區分不但沒有改變，反而變本加厲。

作者走訪了涵蓋各個範疇的穆斯林民族土地，跨越被政治、制度與意識形態分割的各民族與宗教的限制，獲得屬於自己的獨特視野。讓他得以掌握視野的線索，一項是他出身內蒙古、作為少數派的認同，另一項則是回族出身的作家、史家，據說是文化大革命中「紅衛兵」一詞的首倡者——張承志。之後在下放運動中，在內蒙古度過遊牧生活的張承志，寫下了許多以中國北部和內蒙古大草原為舞台的作品。

回族出身的張承志投向蒙古人的目光，並非中央政府統治的視線。他所描述的穆斯林各民族歷史，既非依據馬克思主義史學，也不是依據漢族中心主義的公定史觀。他的筆法，是從虔信穆斯林的生活方式之中找尋出方法論，也就是所謂「生存方式的歷史」。在本書中，作者每當在旅行地點遇到某些事情的時候，就會思索「張承志在這種時候會說些什麼呢」，然後再用作者自己的話語來下定論，如此反覆不已。中國的蒙古人和穆斯林在地理上頗有銜接，作為少數民族的

遭遇也如出一轍，但未必就能和睦相處。張承志身為回族，卻融入蒙古、熱愛蒙古；彷彿把回應他的熱愛當成責任、深深放在心底般，作者在本書將近尾聲處，寫下了這樣一段話：

「回族出身的張承志對蒙古有一份特別的愛。他對蒙古的愛，也對我的伊斯蘭社會調查研究產生很大的影響。當我受到它的刺激、反覆思量之際，總有一種叛逆的快感油然而生。」（見頁二九三）

作者在中國西北部、屬於穆斯林各民族的土地上四處漫遊。本書就像是田野調查過程中映出的公路電影一般；這不只可以看成是對張承志這位異民族「舊友」幻影的追尋之旅，同時也可以視為是作者在個人與民族方面的尋根之旅。不管怎麼說，在穆斯林各民族中，很多從人種、語言或歷史上，都可以回溯到蒙古系，或是和蒙古系各民族有著深厚關聯。讓我們試著大致列舉出作者前往的場所、以及遇到的人們：作者在內蒙古自治區的阿拉善，造訪了身為蒙古系穆斯林的胡同人（第三章）；往南渡過甘肅省，來到寧夏回族自治區的回族聚居地（第四章）。他又往西轉赴青海省，踏入突厥系、藏系、蒙古系各民族，以及漢族回族複雜交錯的地區（第五章）。從維吾爾系有人轉為回族、以及說藏語的穆斯林被認定為回族等事例中，可以得知有很多狀況，是回族的定義──「由漢族皈依伊斯蘭的人們」所無法涵蓋，同時也赤裸裸呈現了少數民族政策的恣意妄為。接著他回到甘肅省西部，走訪臨夏回族自治州的保安族，以及東鄉族自治縣（第六、七章）。他按照順序，一一拜訪將中國穆斯林信仰與政策加以組織化、固定下來的蘇非教團（門宦），記下其歷史與現在，同時對十九世紀末的新教依赫瓦尼派，也深感興趣。

作者明白想要呈現的，是即使中國政府想要用統治意識形態與官方史觀掩藏，但也掩蓋不住的事物，那就是中國社會多元性的廣大與深厚。將中國各地區以及居住其上的人們，還有其所屬的文明文化圈，全都當成一種「統一事物」來看待，這是將「漢族」或「漢民族」

的優越性當成不證自明之理的意識形態與制度、以及大力推廣這種思維的政治權力之所為。中國共產黨的現行體制，明顯和其革命理念相反，是繼承了歷代王朝傳統的漢族統治手法。中國作為近代國際社會中的一個國家，為了存續、發展、與他國為伍，或許有一些不得不為之的選項；可是正因如此，在中國大地上實際發生過的歷史影響、現在各式各樣文化傳統、信仰、以及人與人之間的聯繫和共通性，紛紛遭到了掩沒。在慎重避開談論「大民族」、「大文明」之類堂皇語彙的同時，作者透過「伊斯蘭中國」所呈現的，是由人們的聯繫與共通性所編織出來的，有著豐饒精神的「另一個中國」。

蒙古與伊斯蘭中國

中國伊斯蘭關係簡略年表

1206　鐵木真即位，稱成吉思汗

1219　成吉思汗展開為期七年的中亞遠征

1227　蒙古軍征服西夏，成吉思汗逝世

1260　忽必烈即位，後世稱其為「徹辰汗」（賢明的大汗）

1368　蒙古人退出長城以南，朱元璋在中國樹立明朝

1449　衛拉特蒙古的也先太師在北京北方的土木堡，俘虜了明朝的正
　　　統皇帝

1578　蒙古各部再度引進藏傳佛教

1634　蒙古最後的大汗林丹汗在青海溘然長逝

1636　後金國改國號為清。蒙古和碩特部的固始汗，開始統治青海

1662　編年史《蒙古源流》成書

1682　馬守貞創立穆夫提門宦

1689　大拱北門宦誕生

1723　青海蒙古爆發抵抗清朝合併的叛亂

1740　馬來遲創立花寺門宦

1750　東鄉人艾布則吉，創立胡門門宦

1757　準噶爾汗國瓦解

1759	清朝併吞東突厥斯坦，命名為新疆
1815	東鄉人馬葆真，創立白莊門宦
1862	西北各地爆發回民叛亂；叛軍入侵蒙古南部的鄂爾多斯
1864	東突厥斯坦各地爆發伊斯蘭教徒叛亂
1868	回民馬化龍部入侵鄂爾多斯
1875	清朝政府授予左宗棠軍務統轄權。沙溝、南川門宦誕生
1893	東鄉人馬萬福，在故鄉創立新教依赫瓦尼
1895	西北各地穆斯林再掀叛亂
1899	義和團（拳匪）之亂爆發
1902	德穆楚克棟魯普（後來的德王）誕生
1911	辛亥革命；翌年中華民國成立
1913	寧夏回民馬福祥，將內蒙古獨立派旺丹尼瑪逮捕送往北京
1921	中國共產黨出現
1932	滿洲國成立
1933	德王自治政府成立
1935	中國共產黨紅軍逃亡到陝西省北部
1937	日中戰爭爆發
1939	蒙疆聯合自治政府在內蒙古成立
1945	日中戰爭終結，國共內戰開始
1949	國民政府遷往台灣，中華人民共和國在大陸成立
1958	中國推動人民公社，西藏及西北各民族紛紛發生叛亂
1966	文化大革命爆發
1976	毛澤東逝世
1989	天安門事件發生，追求民主化的學生遭到鎮壓
2001	美國爆發大規模恐攻事件
2009	新疆維吾爾自治區發生大規模抗議活動，遭到鎮壓
2013	從春季到秋季，新疆維吾爾自治區西部和南部，發生多起維吾爾人遭政府射殺的事件。十月二十八日，一家維吾爾人駕駛車輛衝撞天安門，引發大火，並造成四十五人死傷。

注釋

第一章　從蒙古視角出發的伊斯蘭研究

1　馬麗蓉《踩在幾片文化上——張承志新論》，寧夏人民出版社，二○○一年。
2　馬麗蓉《踩在幾片文化上——張承志新論》，寧夏人民出版社，二○○一年。
3　張承志〈二十八年的額吉〉，《夏台之戀》，青海人民出版社，二○○一年，二五五—二六八頁。
4　拉施德丁《史集》（第一卷第一分冊），商務印書館，一九八六年，一四八頁。
5　安德森《增補・想像的共同體》（白石沙耶、白石隆譯），NTT出版，二○○○年。
6　新吉樂圖《民族語言的文法》，風響社，二○○三年，七八—七九頁。據報告，新吉樂圖是屬於同樣住在新疆維吾爾自治區、在政府官方身分認定上分類為吉爾吉斯族，但文化上信仰佛教的「蒙古／吉爾吉斯」集團。新吉樂圖〈伸縮的遠近——蒙古／吉爾吉斯人的現在〉，風間計博、中野麻衣子、山口裕子、吉田匡興編《共享的邏輯與倫理——家族、人民、視線的人類學》，春書房，二○一三年，二四七—二七○頁。
7　新吉樂圖〈伸縮的遠近——蒙古／吉爾吉斯人的現在〉，風間計博、中野麻衣子、山口裕子、吉田匡興編《共享的邏輯與倫理——家族、人民、視線的人類學》，春書房，二○一三年，七八—七九頁。

第二章　蒙古人眼中的「西北穆斯林大叛亂」

1　村上正二〈蒙古史研究的動向〉《史學雜誌》六○卷二號，一九五一年，四四—五四頁。
2　吉田順一〈北亞歷史的發展與魏復古的征服王朝理論〉《遊牧社會史探究》四六，一九七三年，一一七頁。
3　杉山正明《大蒙古的世界——陸與海的巨大帝國》，角川書店，一九九二年。
4　杉山正明《遊牧民的世界史》，日本經濟新聞社，一九九七年。《疾馳的草原征服者》，講談社，二○○五年。

5 片岡一忠《清朝新疆統治研究》，雄山閣，一九九一年。

6 內蒙古社會科學院歷史所《蒙古族通史》編寫組《蒙古族通史》（上、中、下），民族出版社，一九九一年。

7 成田龍一《「歷史」如何被傳述——一九三〇年代「國民故事」之批判》，日本放送出版協會，二〇〇一年。

8 楊海英編《從王朝到「國民國家」——清朝瓦解一百年》，勉誠出版，二〇一一年。

9 伊克昭盟地方志編纂委員會編《伊克昭盟志》（第一、二冊），現代出版社，一九九四年。

10 Čavandung 1982 Üüsin teüke-yin tuqai（蒙古文《烏審旗歷史》），烏審旗蒙古語文辦公室。

11 芬德雷《西北支那的回教徒》（志賀勉譯），滿洲事務導覽所，一九四一年，二九一三一頁。

12 伊克維爾《漢、回、藏於甘肅、西藏國境之文化交涉》，東亞研究所，一九四三年，二一頁。

13 芬德雷《西北支那的回教徒》（志賀勉譯），滿洲事務導覽所，一九四一年，三〇頁。

14 普熱瓦利斯基《蒙古與青海》（上卷），生活社，一九四〇年。

15 Narasun & Erdemtü 1986 Činggis qaγan-u naiman čaγan ordun（蒙古文《成吉思汗的八白宮》）4，內蒙古伊克昭盟檔案館，七三頁。

16 張承志《蒙古大草原遊牧誌》，朝日新聞社，一九八六年。《殉教的中國伊斯蘭——神祕主義教團哲合忍耶的歷史》（梅村坦編譯），亞紀書房，一九九三年。《回教所見的中國》，中央公論社，一九九三年。

17 張承志前引《殉教的中國伊斯蘭》。

18 中國大陸的史家幾乎無一例外，都是基於馬克思主義史觀，將回亂視為「起義」。相對於這種研究，中華民國台灣國立政治大學的張中復，則是把叛亂放在中央歐亞廣大的世界史潮流中，當成穆斯林的鬥爭史來處理。張中復《清代西北回民事變》，台北聯經出版世界公司，二〇〇一年。

19 張承志前引《殉教的中國伊斯蘭》。

20 張承志《殉教的中國伊斯蘭》，一九二頁。

第三章 蒙古穆斯林的今昔

1 孟和〈阿拉善信仰伊斯蘭教的蒙古族〉，《阿拉善盟文史》一，二〇〇五年。

2 Badamhatan, Öbsin Hoton Yastan, 1995: pp.16-19. Bulag, Nationalism and Hybridity in Mongolia, 1998: pp.29-37.

3 范長江《中國的西北角》（松枝茂夫譯），筑摩書房，一九八三年，二四〇頁。

4 《蒙古族社會歷史調查》（國家民委民族問題五種叢書之一），內蒙古人民出版社，一九八六年。

5 《蒙古回部王公表傳》（包文漢、奇·朝克圖整理）第一輯，內蒙古大學出版社，一九九八年。

6 二〇〇五年出版、由孟和所寫的〈阿拉善信仰伊斯蘭教的蒙古族〉（Alaša-yin Islam Sitülegtü Mongγolčud）中，主張胡同人的祖先主要是突厥各民族。

7 馬通《中國西北伊斯蘭教基本特徵》，寧夏人民出版社，二〇〇〇年，五二頁。

8 嘎爾迪〈阿拉善信仰伊斯蘭教的蒙古人之來源〉《衛拉特史論文集》（阿拉善盟公署、內蒙古師範大學編），一九九〇年，三二八一三三六頁。

9 Münke, A, *Alaša-yin Islam Sitülgetü Mongyolčud*, 2005: pp165, Öbür Mongyol-un Arad-un Keblel-ün Qoriya.

10 《蒙古族社會歷史調查》（國家民委民族問題五種叢書之一），內蒙古人民出版社，一九八六年，十二頁。

11 Badamhatan, op. cit. pp.20-21.

12 張承志《殉教的中國伊斯蘭》（梅村坦編譯），亞紀書房，一九九三年，四一一四二頁。

13 Münke, op.cit. pp.169.

14 郝蘇民主編《甘青特有民族文化形態研究》，民族出版社，一九九九年，二五一二六頁。

15 馬通《中國西北伊斯蘭教基本特徵》，寧夏人民出版社，二〇〇〇年，五五一五九頁。

16 馬通《中國西北伊斯蘭教基本特徵》，寧夏人民出版社，二〇〇〇年，九八一九九頁。關於馬萬福前往麥加朝觀的年分，馬通在另一個地方（頁二七五），將之記載為一八八八年。

17 馬通《中國西北伊斯蘭教基本特徵》，寧夏人民出版社，二〇〇〇年，五八、九九頁。

18 崔永紅、張得祖、杜常順主編《青海通史》，青海人民出版社，一九九九年，四三九頁。

19 《蒙古族社會歷史調查》（國家民委民族問題五種叢書之一），內蒙古人民出版社，一五四頁。

第四章　寧夏──伊斯蘭大海殘留的蒙古歷史

1 《嘉靖萬曆固原州志》，寧夏人民出版社，一九八五年。

2 《元史》，中華書局，一九九二年，二四頁。

3 松田孝一〈元朝時期的分封制──以安西王的事例為中心〉《史學雜誌》八八卷八號，一九七九年，三八一四二頁。周清樹〈從察汗腦兒看元代的伊克昭盟地區〉《元蒙史札》，二〇〇一（一九八〇）年，二七一一二八九頁。

4 松田孝一〈元朝時期的分封制──以安西王的事例為中心〉《史學雜誌》八八卷八號，一九七九年，四五一四六頁。

5 這裡的譯文是直接引用自松田孝一〈元朝時期的分封制──以安西王的事例為中心〉《史學雜誌》八八卷八號，一九七九年，四七頁。

6 張承志《回教所見的中國》，中央公論社，一九九三年，三八頁。

7 杉山正明《蒙古帝國與大元兀魯思》，京都大學學術出版會，二〇〇四年，三一六頁。

8 詩詞的譯文取自竹內實、武田泰淳《毛澤東──他的詩與人生》，文藝春秋新社，一九六五年。

9 埃德加·斯諾《紅星照耀中國》（上，松岡洋子譯），筑摩書房，一九九五年，二八三一二八四頁。

10 埃德加·斯諾《紅星照耀中國》（下，松岡洋子譯），筑摩書房，一九九五年，二八頁。

11 關於日軍在中國對穆斯林進行地下活動的研究，請參考坂本勉編《日中戰爭與伊斯蘭》，（慶應義塾大學出版會，二〇〇八年）、山崎典子〈日本的回教工作〉中國穆斯林研究會編《理解中國穆斯林的六十章》，（明石書店，二〇一二年）、澤井充生〈日本的回民工作與民族調查〉，（首都大學東京《人文學報》四六八卷，二〇一三年）等作品。

12 內田勇四郎《內蒙古的獨立運動》，朝日新聞西部本社，一九八四年，一二○一一二八頁。森久男《日本陸軍與內蒙工作》，講談社，二○○九年。

13 埃德加・斯諾《紅星照耀中國》（下，松岡洋子譯），筑摩書房，一九九五年，七○一七一頁。

14 張承志《回教所見的中國》，中央公論社，一九九三年，一七六頁。

15 丁宏、張國傑《百年中國穆斯林》，寧夏人民出版社，二○○二年，六九頁。

16 馬青年〈在回民獨立師的戰鬥日子裡〉《銀川文史資料》第四輯，一九八八年，一頁。

17 陳育寧主編《寧夏通史》，寧夏人民出版社，一九九三年，一七六—一七七頁。

18 陳育寧主編《寧夏通史》，寧夏人民出版社，一九九三年，一八○頁。

19 陳育寧主編《寧夏通史》，寧夏人民出版社，一九九三年，一七七—一七八頁。

20 馬林《歷史的神奇與神奇的歷史——五世達賴喇嘛傳》，青海人民出版社，二○○六年。

21 蓋山林《文明消失的現代啟悟》，內蒙古大學出版社，二○○二年，三七七頁。

22 《新華每日電訊》，二○○三年十二月二十二日。

23 大野旭（楊海英）《阿爾寨石窟一號窟出土蒙古語古文件之相關歷史人類學研究》（科研報告書 NO.15520514），二○○五年。巴圖吉日嘎拉、楊海英《阿爾塞石窟——成吉思汗的佛教紀念堂興衰史》，風響社，二○○五年。

24 R.A. 尼克森《伊斯蘭神祕主義——蘇非主義入門》，平凡社，一九九七年，四二—四三頁。

25 R.A. 尼克森《伊斯蘭神祕主義——蘇非主義入門》，平凡社，一九九七年，四四頁。

26 濱田正美〈蘇非教團——從宗教權威到政治權力〉《作為文明的伊斯蘭》（後藤明編），悠思社，一九九四年，二五八—二五九頁。

27 勉維霖《中國回族伊斯蘭宗教制度概論》，寧夏人民出版社，一九九九年，三三四—三三七頁。

28 臨夏國拱北簡史編委會編《臨夏國拱北簡史》，一九九七年，三頁。

29 關於人名，本書雖然盡可能貼近阿拉伯語的原音，但仍有困難之處。之所以如此，是因為這些人名全都是用現代漢語來標記。在沒有辦法貼近阿拉伯語原音的情況下，我是盡量採取重視中國西北地區穆斯林發音的原則。

30 勉維霖《中國回族伊斯蘭宗教制度概論》，寧夏人民出版社，一九九九年，二四五—二六二頁。濱田正美〈門宦〉《伊斯蘭辭典》，岩波書店，二○○二年，一○一一頁。我在這本書的舊版（風響社版）中，對中國四大蘇非教團之一，按照從前的研究稱為「庫布拉維」。不過之後中西龍也發表了新著《與中華對話的伊斯蘭》，中西與庫布忍耶派張門門宦的現任領袖張開基直接交流，得到「不該稱為庫布拉維，而是稱為庫布忍耶」的情報。我因為在調查的時候沒有機會與張開基見面，所以在此按照中西的見解加以訂正。中西龍也《與中華對話的伊斯蘭》，京都大學學術出版會，二○一三年，三八頁。

31 勉維霖《中國回族伊斯蘭宗教制度概論》，寧夏人民出版社，一九九九年，二四五頁、二五八頁。又，關於中國西北地區蘇非主義與新疆的關係，佐口透依據《高宗實錄》、《欽定蘭州記略》與《欽定石峰堡記略》等，認為蘇非主義的傳播與蘇非教團的形成，是隨著清朝控制東突厥斯坦，導致西方伊斯蘭對中國伊斯蘭社會產生宗教影響的結果。佐口透〈中國伊斯蘭的神祕主義〉《東方學》九，一九五四年，七八—一八一頁。

32 勉維霖《中國回族伊斯蘭宗教制度概論》，寧夏人民出版社，一九九九年，三三九—

三四七頁。

33 根據某位歐洲傳教士的記錄，十九世紀末，撒拉族內部曾經因為該如何焚香，引發了新舊兩派之爭，最後甚至演變成叛亂。片岡一忠〈關於光緒二十一、二十二年的甘肅回亂（上）《大阪教育大學紀要》（第 II 部門‧社會科學、生活科學），一九七八、七九年，六五頁。

34 此處除了勉維霖之外，也參照何克儉、楊萬寶編《回族穆斯林常用語手冊》，寧夏人民出版社，二〇〇三年，三四一三五頁。

35 勉維霖《中國回族伊斯蘭宗教制度概論》，寧夏人民出版社，一九九九年，三三五一三三七頁。

36 尼克森稱 Dhikr 為「思念的集中 recollection」。R.A. 尼克森《伊斯蘭神祕主義——蘇非主義入門》，平凡社，一九九七年，六三頁。

37 馬通《中國伊斯蘭教派與門宦制度史略》，寧夏人民出版社，二〇〇〇年，七五一七六頁。

38 馬通《中國伊斯蘭教派與門宦制度史略》，寧夏人民出版社，二〇〇〇年，七五頁。

39 馬通《中國伊斯蘭教派與門宦制度史略》，寧夏人民出版社，二〇〇〇年，七七頁。

40 張承志《殉教的中國伊斯蘭——神祕主義教團哲合忍耶的歷史》，亞紀書房，一九九三年，一九頁，三六一三七頁。

41 關於寧夏回族自治區的蘇非主義，Gladney（1991）也有提及。Gladney, *Muslim Chinese: Ethinc Nationalism in the People's Repulic,* 1991, pp.117-169.

42 馬通《中國伊斯蘭教派與門宦制度史略》，寧夏人民出版社，二〇〇〇年，二一八頁。

43 馬通《中國伊斯蘭教派與門宦制度史略》，寧夏人民出版社，二〇〇〇年，二一八頁。

44 馬通《中國伊斯蘭教派與門宦制度史略》，寧夏人民出版社，二〇〇〇年，二一八頁。

45 臨夏國拱北簡史編委會編《臨夏國拱北簡史》，一九九七年，三頁。

46 高橋健太郎〈洪崗子拱北調查報告〉（科研費計畫「中國穆斯林的宗教、商業網路與伊斯蘭復興，相關之跨學際共同研究」發表概要。二〇〇五年十一月二十三日，於駒澤大學）。

47 水鏡君‧瑪利亞‧雅紹克《中國清真女寺史》，二〇〇二年，一四三頁。

48 馬通《中國伊斯蘭教派與門宦制度史略》，寧夏人民出版社，二〇〇〇年，二二一頁。

49 楊建新《地緣政治中的西北邊疆安全》，二〇〇四年，三三三頁。

50 馬大正《國家利益高於一切》，新疆人民出版社，二〇〇三年，五五一五六頁。在 Gladney（1991：pp.2-7）中也有詳細記述。

51 馬萬鈞〈海固回民事變述略〉《銀川文史資料》第四輯，一九八八年，五九一六三頁。

52 張承志《殉教的中國伊斯蘭——神祕主義教團哲合忍耶的歷史》，亞紀書房，一九九三年，一五三頁。

53 李寧主編《寧夏吊莊移民》，民族出版社，二〇〇三年。

54 韓小忙、孫昌盛、陳悅新《西夏美術史》，文物出版社，二〇〇一年，三二六頁。

55 韋州過去雖然也曾建有中國最美麗的清真寺，但在文化大革命中遭到破壞。Gladney（1991），pp.10.

56 薩利赫〈呼和浩特市清真女寺教長寇秀珍師娘〉《呼和浩特回族史料》第六集，二〇〇四年，一五四一一六五頁。

57 松本真澄《有關近現代中國的國民整合原理、暨中國伊斯蘭改革派的政治各關係之歷史學研究》（科研報告書），二〇〇三年，七七一九五頁。

58 松本真澄《有關近現代中國的國民整合原理、暨中國伊斯蘭改革派的政治各關係之歷史學研究》（科研報告書），二〇〇三年，八九頁。

59 松本真澄《有關近現代中國的國民整合原理、暨中國伊斯蘭改革派的政治各關係之歷史學研究》（科研報告書），二〇〇三年，九〇頁。

60 松本也注意到韋州的藥物。松本真澄《有關近現代中國的國民整合原理、暨中國伊斯蘭改革派的政治各關係之歷史學研究》（科研報告書），二〇〇三年，八九頁。

61 舉例來說，在《明史》〈列傳‧卷二百二十八‧列傳第一百十六〉中，有以下的敘述：「賊計延綏、榆林兵出內虛，勾黃臺吉妻，令其子捨達大、從子火落赤、土昧鐵雷掠舊安邊、磚井堡以牽我兵。承恩復以閒合寇兵，伏延漢渠，掠糧車二百。學曾自花馬池還靈州，被圍，救至而解。貴等數攻城不能克，賊殺慶王妃，盡掠其宮人金帛。牛秉忠戰傷右股，乃復退師。」

62 蓋山林《文明消失的現代啟悟》，內蒙古大學出版社，二〇〇二年，二七二頁。

63 蓋山林《文明消失的現代啟悟》，內蒙古大學出版社，二〇〇二年，二七二頁。

64 埃德加‧斯諾《紅星照耀中國》（下，松岡洋子譯），筑摩書房，一九九五年，九三頁。

65 汪明〈寧夏鹽務概述〉《銀川文史資料》第三輯，一九八六年，三七一四六頁。埃德加‧斯諾《紅星照耀中國》（下，松岡洋子譯），筑摩書房，一九九五年，三四四頁。

第五章　青海——踏上民族形成之路

1 楊海英〈黃土高原的伊斯蘭（一）〉《靜岡大學人文論集》五五‧一，二〇〇四年，一五九頁。

2 井上治《呼圖格台‧徹辰‧洪台吉之研究》，風間書房，二〇〇二年。

3 據吉澤誠一郎所言，寺名「仰華」的華，可能是跟佛教的「華嚴」等概念有關。吉澤誠一郎〈新書介紹：楊海英著《蒙古與伊斯蘭中國——回溯民族形成的歷史人類學之旅》〉《史學雜誌》一一六卷一〇號，二〇〇七年，九五一九六頁。

4 宮脇淳子《最後的遊牧帝國》，講談社，一九九五年，一三五一一三九頁。同《蒙古的歷史》，刀水書房，二〇〇二年，一九三一一九六頁。

5 崔永紅、張得祖、杜常順主編《青海通史》，青海人民出版社，一九九九年，三六二一三六三頁。

6 崔永紅、張得祖、杜常順主編《青海通史》，青海人民出版社，一九九九年，三六三頁。

7 陳慶英主編《中國藏族部落》，中國藏學出版社，二〇〇四年，三一五一三一七頁。

8 陳慶英主編《中國藏族部落》，中國藏學出版社，二〇〇四年，七六一頁。

9 海北藏族自治州地方志編纂委員會編《海北藏族自治州志》（上），甘肅人民出版社，一九九九年，二一八頁。

10 楊海英〈伊斯蘭與蒙古之間——中國內蒙古自治區的胡同人〉《中國21》一九，二〇〇四年，一〇九一一二二頁。

11 嘎爾迪〈阿拉善信仰伊斯蘭教的蒙古人之來源〉《衛拉特史論文集》第三期，一九九〇年，三二八一三三六頁。同樣的圖馬特人，據說也居住在新疆維吾爾自治區的巴音郭楞蒙古自治州博湖縣。

12 海北藏族自治州地方志編纂委員會編《海北藏族自治州志》（上），甘肅人民出版社，一九九九年，五二一五四頁。

13 韓建業《撒拉族語言文化論》，青海人民出版社，二〇〇四年，三一七頁。

14 關於新疆維吾爾自治區撒拉語的實際狀態，請參考許伊娜《新疆—青海撒拉語維吾爾語詞彙比較》（新疆大學出版社，二〇〇一年），許伊娜、吳宏偉《新疆撒拉語》（新疆大學出版社，二〇〇五年）。

15 韓建業《撒拉族語言文化論》，青海人民出版社，二〇〇四年，三一七頁。韓建業、馬成俊〈撒拉族的文化形態〉，郝蘇民主編《甘青特有民族文化形態研究》，民族出版社，一九九九年，一〇八頁。

16 芬德雷《西北支那的回教徒》（志賀勉譯），滿洲事務導覽所，一九四一年，一七一一八頁。

17 伊克維爾《漢、回、藏於甘肅、西藏國境之文化交涉》，東亞研究所，一九四三年，一二一一三頁。

18 佐口透〈撒拉種族史的各問題〉《金澤大學法文學部論集》（史學篇）一四，一九六六年，二〇一四四頁。又，關於「工」的歷史變遷，請參照片岡一忠〈撒拉族史研究序說〉《大阪教育大學紀要》（第II部門）第二八卷，一九八〇年，八五一〇九頁。

19 拉鐵摩爾《通往西域的沙漠之路》，白水社，一九八一年，一一四頁。

20 Kakuk,S. Textes Salars. *Acta Orientalia* XIII, pp.95-117.

21 韓建業《撒拉族語言文化論》，青海人民出版社，二〇〇四年，三一七頁。

22 Fletcher,J., The Naqshbandiyya in Northwest China. In *Studies on Chinese and Islamic Inner Asia*, pp.13-14.

23 馬通《中國伊斯蘭教派門宦溯源》，寧夏人民出版社，二〇〇〇年，五二頁。

24 Fletcher, op.cit., p.19.

25 馬通《中國伊斯蘭教派與門宦制度史略》，寧夏人民出版社，二〇〇〇年，一六四頁。

26 哈特曼《支那的回教》（土方定一譯），興亞院政務部，一九四一年，四一頁。

27 循化撒拉族自治縣志編纂委員會編《循化撒拉族自治縣志》，中華書局，二〇〇一年，四七頁、一四九頁、六〇〇頁。

28 楊海英〈黃土高原的伊斯蘭（一）〉《靜岡大學人文論集》五五·一，二〇〇四年，八六頁。

29 馬通《中國伊斯蘭教派與門宦制度史略》，寧夏人民出版社，二〇〇〇年，二六〇頁。

30 以上除了韓撒拉告訴我的情報以外，也參照從他那裡獲得的未公開資料「嘎德忍耶四門全堂之簡介」。

31 陳慶英主編《中國藏族部落》，中國藏學出版社，二〇〇四年，三八五一三八六頁。

32 化隆回族自治縣地方志編纂委員會編《化隆縣志》，陝西人民出版社，一九九四年，一一二頁。

33 化隆回族自治縣地方志編纂委員會編《化隆縣志》，陝西人民出版社，一九九四年，五五三頁。崔永紅、張得祖、杜常順《青海通史》，五二九頁。

34 伊克維爾《漢、回、藏於甘肅、西藏國境之文化交涉》，東亞研究所，一九四三年，一三頁。

35 馬學仁〈從藏族走向回族的穆斯林〉《西北民族研究》二，二〇〇〇年，一五一一一五九頁。馬海雲、高橋健太郎〈伊斯蘭文化在藏區：卡日崗穆斯林研究〉《回族學論壇·第一輯：回族學與二十一世紀中國》，二〇〇三年，二九一一三一二頁。劉夏蓓〈一個特殊回族群體的人類學調查〉《回族研究》四，二〇〇四年，七一一七六頁。

36 劉漢太、都幸福《中國打擊「東突」報告》，新疆人民出版社，二〇〇三年，二一九

一二三三頁。

37　新吉樂圖《民族語言的文法》，風響社，二〇〇三年，一七五―二四三頁。

38　陳慶英主編《中國藏族部落》，中國藏學出版社，二〇〇四年，三九一頁。

39　北村甫〈前言〉北村甫、長野泰彥《現代藏語分類辭典》，汲古書院，一九九〇年，二頁。又，一九九〇年擔任我研究所副指導教授的長野泰彥先生，在授課時也有強調這點。

40　馬蘊石、馬敘五〈清代伊斯蘭教學者―馬來遲〉《臨夏文史資料選輯》五，一九八九年，九九―一一〇二頁。白壽彝《回族人物志―清代》，寧夏人民出版社，一九九二年，一六頁。馬通《中國西北伊斯蘭教基本特徵》，寧夏人民出版社，二〇〇〇年，七七頁。王建平〈馬來遲和馬明心：東西方資料的比較研究〉《首屆回族歷史與文化國際學術討論會論文集》，寧夏人民出版社，二〇〇三年，一四三頁。

41　化隆回族自治縣地方志編纂委員會編《化隆縣志》，陝西人民出版社，一九九四年，六七三頁。

42　馬海雲、高橋健太郎〈伊斯蘭文化在藏區：卡日崗穆斯林研究〉《回族學論壇・第一輯：回族學與二十一世紀中國》，二〇〇三年，二九一―三一二頁。

43　馬海雲、高橋健太郎〈伊斯蘭文化在藏區：卡日崗穆斯林研究〉《回族學論壇・第一輯：回族學與二十一世紀中國》，二〇〇三年，二九八―二九九頁，三〇八頁。

44　同仁縣志編纂委員會編《同仁縣志》（上），三秦出版社，二〇〇一年，三頁。

45　芬德雷《西北支那的回教徒》（志賀勉譯），滿洲事務導覽所，一九四一年，一九頁。引用部分已將舊假名變更為現代用語。

46　同仁縣志編纂委員會編《同仁縣志》（上），三秦出版社，二〇〇一年，二五頁。崔永紅、張得祖、杜常順主編《青海通史》，青海人民出版社，一九九九年，四七二―四七三頁。

47　同仁縣志編纂委員會編《同仁縣志》（下），三秦出版社，二〇〇一年，六六一、六九八―七〇〇頁。

48　芬德雷《西北支那的回教徒》（志賀勉譯），滿洲事務導覽所，一九四一年，五六頁。

49　楊海英〈黃土高原的伊斯蘭（一）〉《靜岡大學人文論集》五五・一，二〇〇四年，七七頁。

50　同仁縣志編纂委員會編《同仁縣志》（下），三秦出版社，二〇〇一年，九二六―九二九頁，九三八―九四〇頁。

51　馬通《中國西北伊斯蘭教基本特徵》，寧夏人民出版社，二〇〇〇年，一六三―一六四頁。

52　楊海英〈黃土高原的伊斯蘭（一）〉《靜岡大學人文論集》五五・一，二〇〇四年，八〇頁。

53　王建平〈馬來遲和馬明心：東西方資料的比較研究〉《首屆回族歷史與文化國際學術討論會論文集》，寧夏人民出版社，二〇〇三年，一四三頁。

54　楊海英、兒玉香菜子〈解讀中國少數民族統計〉《靜岡大學人文學部人文論集》五四・一，二〇〇三年，六六頁。

55　化隆回族自治縣地方志編纂委員會編《化隆縣志》，陝西人民出版社，一九九四年，一七一―一九頁。同仁縣志編纂委員會編《同仁縣志》（下），三秦出版社，二〇〇一年，八四二―八四三頁。

56　同仁縣志編纂委員會編《同仁縣志》（下），三秦出版社，二〇〇一年，八四二―

八四三頁。

57 馬通《中國伊斯蘭教派與門宦制度史略》，寧夏人民出版社，二○○○年，二四七頁。

58 馬通《中國伊斯蘭教派與門宦制度史略》，寧夏人民出版社，二○○○年，二四九頁。

第六章　保安族的蘇非主義

1 宇野伸浩、松岡倫、松田孝一〈元朝後期哈拉和林城哈納卡建設紀念碑・波斯語碑文之研究〉《內亞言語研究》XIV，一九九九年，一一六四頁。

2 張承志〈回民的黃土高原〉《中華散文珍藏本——張承志卷》，人民文學出版社，一九九七年，二○六一二一三頁。

3 張承志《殉教的中國伊斯蘭——神祕主義教團哲合忍耶的歷史》（梅村坦編譯），亞紀書房，一九九三年，八頁。

4 《保安族簡史》，甘肅人民出版社，一九八四年，二、一○一一五頁。《東鄉族簡史》，甘肅人民出版社，一九八一年，一○一二六頁。

5 杉山正明、北川誠一《大蒙古的時代》，中央公論社，一九九七年，二九三一四五一頁。

6 楊海英〈二○○二年夏・中國內蒙古自治區鄂爾多斯市與阿拉善盟調查報告〉《靜岡大學人文學部人文論集》五三・二，二○○三年，二九一五一頁。〈伊斯蘭與蒙古之間——中國內蒙古自治區的胡同人〉《中國 21》一九，二○○四年，一○九一一二二頁。

7 馬志勇〈體現創新意識・增強學術品位〉《河州民族論集》（二），二○○○年，二四九一二五八頁。

8 張承志在《蒙古大草原遊牧誌》（朝日新聞社，一九八六）中，從學術角度回顧了自己下放時代的生活。

9 張堡〈沉默的文化・悲烈的歷史——由《哲合忍耶》引出的話題和文化思考〉王吉泰著《哲合忍耶》，廣州出版社，二○○一年，一六一頁。

10 〈張承志研究・寄自黃土高原的信〉《回族研究》三，二○○二年，二○一二三頁。

11 《回族研究》三，二○○二年，三九頁。

12 寧夏社會科學院編輯的學術雜誌《回族研究》，幾乎每回都有「張承志研究」專欄。也有人靠著研究張承志作品獲得博士學位，比方說馬麗蓉的《踩在幾片文化上——張承志新論》就是一個好例子。

13 張承志《殉教的中國伊斯蘭——神祕主義教團哲合忍耶的歷史》（梅村坦編譯），亞紀書房，iv。

14 張承志《殉教的中國伊斯蘭——神祕主義教團哲合忍耶的歷史》（梅村坦編譯），亞紀書房，八頁。

15 張承志《殉教的中國伊斯蘭——神祕主義教團哲合忍耶的歷史》（梅村坦編譯），亞紀書房，九頁。

16 芬德雷《西北支那的回教徒》（志賀勉譯），滿洲事務導覽所，一九四一年，四二一四三頁。

17 范長江《中國的西北角》（松枝茂夫譯），筑摩書房，一九八三年，七三一七四頁。

18 臨夏市地方志編纂委員會《臨夏市志》，甘肅人民出版社，一九九五年，六四五一六四六頁。

19 范長江《中國的西北角》（松枝茂夫譯），筑摩書房，一九八三年，七一頁。

20 《東鄉族自治縣概況》編寫組編《東鄉族自治縣概況》，甘肅文化出版社，一九八六年，一頁。

21 張承志《殉教的中國伊斯蘭——神祕主義教團哲合忍耶的歷史》（梅村坦編譯），亞紀書房，四二頁。

22 二〇〇二年底，日圓和人民幣的匯率，一萬圓約等於人民幣七百元。

23 《積石山保安族東鄉族撒拉族自治縣志》編寫組編《積石山保安族東鄉族撒拉族自治縣志》，甘肅文化出版社，一九九八年，四〇九頁。

24 張承志〈大河家〉《粗飲茶》，春風文藝出版社，二〇〇三年，八一一一頁。

25 白壽彝《回族人物志》（近代），寧夏人民出版社，一九九七年，四一一一四五頁。

26 張承志《回教所見的中國——民族、宗教、國家》，中央公論社，一九九三年，一〇三頁。

27 片岡一忠〈關於光緒二十一、二十二年的甘肅回亂（上）〉，《大阪教育大學紀要》（第 II 部門），一九七八一一九七九年，五五頁。

28 馬文淵〈遷徙〉《中國保安族》，一九九九年，一三頁。

29 丁生智〈關於保安族的變遷〉《中國保安族》，甘肅人民出版社，一九九九年，一七一二〇頁。

30 佐藤暢治〈從來自藏語安多方言的借用語，看保安族與藏族的民族接觸〉《Nidaba》（二五，一九九六年，二八一三七頁）；〈保安語同仁方言中自動詞主語的格標示〉《東亞語言研究》（一，一九九七年，一八一二七頁）；〈保安語同仁方言在年都乎之複數標示問題點〉《東亞語言研究》（二，一九九八年，三四一四三頁）；〈保安語的變遷與社會變化——問題點與今後的課題〉《東亞語言研究》（四，二〇〇〇年，六一一六九頁）；〈年都乎保安語的若干特徵〉《東亞語言研究》（五，二〇〇一年，四三一五一頁）。我在進行田野調查前，承蒙佐藤先生提供了這些資料，在此深表感謝。

31 佐藤暢治〈年都乎保安語的若干特徵〉《東亞語言研究》（五，二〇〇一年，四三頁）。

32 佐藤暢治〈從來自藏語安多方言的借用語，看保安族與藏族的民族接觸〉《Nidaba》二五，一九九六年。

33 雖說是駐軍，但據說只有長官住在城內，士兵則居住在周邊的村落裡（丁生智〈關於保安族的變遷〉《中國保安族》，甘肅人民出版社，一九九九年，一七頁）。

34 馬文淵〈遷徙〉《中國保安族》，一九九九年，一四一一六頁。

35 丁生智記錄了以下的資訊：一八七四年（同治十三年），保安人呼應西北回亂；他們藉此機會將漢人逐出，並占領了藏人的居住地。但是，隨後他們落居下風，反而遭到藏人、漢人、土族人聯手放逐（丁生智〈關於保安族的變遷〉《中國保安族》，甘肅人民出版社，一九九九年，二〇頁）。

36 保安族的丁生智，提及了皈依佛教的保安人風俗習慣（丁生智〈關於保安族的變遷〉《中國保安族》，甘肅人民出版社，一九九九年，一九頁）。又，中國語言學者陳乃雄，在論及和大河家鎮保安語視為同一語言、青海同仁地區的「五屯話」時，記述了以下的傳說：「五屯人原本信仰伊斯蘭，但後來有一部分人皈依了藏傳佛教。不曾皈依的人後來移居他處，皈依且留在當地的人，就形成了今日的五屯人。」（陳乃雄〈關於五屯話〉《亞非言語文化研究》三一，一九八六年，三四頁）

37 丁生智〈關於保安族的變遷〉《中國保安族》，甘肅人民出版社，一九九九年。

38 馬少青〈隆務河緬懷〉《積石山的路》，甘肅人民出版社，一九九九年，二七一三〇頁。

39 馬世仁〈絲綢路上的保安族商隊〉《中國保安族》，四九一五一頁。

40 馬少青〈保安腰刀和蛋皮核桃〉《積石山的路》，甘肅人民出版社，一九九九年，一一三頁。

41 馬世仁〈保安腰刀〉，《中國保安族》，四四一四八頁。除此之外，佐藤暢治《瀕危語言「保安語」的調查研究「保安的民族文化——保安腰刀」》（二〇〇二年）中，也有詳盡的介紹。

42 馬世仁〈保安族銀匠〉《中國保安族》，四一一四三頁。

43 馬通《中國伊斯蘭教派與門宦制度史略》，寧夏人民出版社，二〇〇〇年，三頁。

44 馬少青〈崖頭門宦〉《中國保安族》，一九二一一九四頁。在他的《積石山的路》，九二一九三頁中，也收錄了大致相同的文章。

45 馬通《中國伊斯蘭教派與門宦制度史略》，寧夏人民出版社，二〇〇〇年，二五四頁。

46 馬通《中國伊斯蘭教派與門宦制度史略》，寧夏人民出版社，二〇〇〇年，二五四頁。

47 《積石山保安族東鄉族撒拉族自治縣志》編寫組編《積石山保安族東鄉族撒拉族自治縣志》，甘肅文化出版社，一九九八年，四一〇頁。

48 馬通《中國伊斯蘭教派與門宦制度史略》，寧夏人民出版社，二〇〇〇年，二五八頁。

49 馬通說，馬占鰲是因為懺悔殺害過去一起參與反清活動的同伴，所以才派馬如彪等人前往麥加朝覲（馬通《中國伊斯蘭教派與門宦制度史略》，寧夏人民出版社，二〇〇〇年，一七〇一一七一頁）。

50 馬通《中國伊斯蘭教派與門宦制度史略》，寧夏人民出版社，二〇〇〇年，二五九頁。

51 《積石山保安族東鄉族撒拉族自治縣志》編寫組編《積石山保安族東鄉族撒拉族自治縣志》，甘肅文化出版社，一九九八年，四一〇頁。

52 馬通《中國伊斯蘭教派與門宦制度史略》，寧夏人民出版社，二〇〇〇年，二五九頁。

53 馬通《中國伊斯蘭教派與門宦制度史略》，寧夏人民出版社，二〇〇〇年，二五九頁。

54 馬通《中國伊斯蘭教派與門宦制度史略》，寧夏人民出版社，二〇〇〇年，二五八頁。

55 馬少青〈崖頭門宦〉《中國保安族》，一九四頁。

56 馬邦才〈高趙家門宦〉，《中國保安族》，一八七一一九一頁。

57 馬邦才〈高趙家門宦〉，《中國保安族》，一八七頁。

58 馬邦才〈高趙家門宦〉，《中國保安族》，一八七頁。

59 馬邦才〈高趙家門宦〉，《中國保安族》，一八七一一八八頁。

60 許憲隆《諸馬軍閥集團與西北穆斯林社會》，寧夏人民出版社，二〇〇一年，一三四頁。

61 馬邦才〈高趙家門宦〉，《中國保安族》，一八八一一八九頁。

62 馬邦才〈高趙家門宦〉，《中國保安族》，一八九一一九〇頁。

63 馬邦才〈高趙家門宦〉，《中國保安族》，一八九一一九〇頁。

64 馬邦才〈高趙家門宦〉，《中國保安族》，一九〇一一九一頁。

65 馬世仁曾經針對曾祖父的古老《古蘭經》，寫下一篇詳盡的回憶文。前引《中國保安族》，一九五一一九八頁。

66 許憲隆《諸馬軍閥集團與西北穆斯林社會》，寧夏人民出版社，二〇〇一年，一三四頁。

67 馬通《中國伊斯蘭教派與門宦制度史略》，寧夏人民出版社，二〇〇〇年，二五六頁。

68 馬通《中國伊斯蘭教派與門宦制度史略》，寧夏人民出版社，二〇〇〇年，二五六頁。

69 馬通《中國伊斯蘭教派與門宦制度史略》，寧夏人民出版社，二〇〇〇年，二五六一二五七頁。

70 《積石山保安族東鄉族撒拉族自治縣志》編寫組編《積石山保安族東鄉族撒拉族自治

縣志》，甘肅文化出版社，一九九八年，四九二—四九四頁。

71 馬通《中國伊斯蘭教派與門宦制度史略》，寧夏人民出版社，二○○○年，二五六—
二五七頁。

72 張承志〈黃土與金子——一部宗教史讀後〉《綠風土》（東岳文庫），山東文藝出版社，
二○○一年，二二一—二二二頁。

第七章　東鄉族社會裡的伊斯蘭

1 范長江《中國的西北角》（松枝茂夫譯），筑摩書房，一九八三年，七二—七三頁。

2 關於中國穆斯林的朝觀，在鐵維英、李學忠《中國穆斯林朝觀紀實》（一九九四年）中，
有詳細的記述。

3 張承志〈北莊的雪景〉《中華散文珍藏本——張承志卷》，人民文學出版社，一八五
—一八七頁。

4 張承志〈北莊的雪景〉《中華散文珍藏本——張承志卷》，人民文學出版社，一八九
—一九一頁。

5 張承志有一本著名的小說《黑駿馬》（長江文藝出版社，一九九三年）。這本小說曾
經被拍成電影，並以《草原之愛——蒙古傳說》之名引進日本。

6 張承志〈祝福北莊〉《粗飲茶》，二○○三年，二一三—二二二頁。

7 馬通《中國伊斯蘭教派與門宦制度史略》，寧夏人民出版社，二○二頁。

8 東鄉自治縣地方史志編纂委員會編《東鄉族自治縣志》，甘肅文化出版社，一九九六
年，四四二—四四四頁。

9 東鄉自治縣地方史志編纂委員會編《東鄉族自治縣志》，甘肅文化出版社，一九九六
年，一二七—一二八頁。

10 張承志《回教所見的中國》，中央公論社，一九九三年，一五七—一六一頁。

11 張承志〈祝福北莊〉《粗飲茶》，二○○三年，二一三—二二二頁。

12 馬志勇《河州民族論集》（二，甘肅文化出版社，二○○○年）與馬自祥、馬兆熙《東
鄉族文化形態與古籍文存》（甘肅人民出版社，二○○○年）中，都有收錄這篇碑文。

13 馬通《中國伊斯蘭教派與門宦制度史略》，寧夏人民出版社，一九八頁。

14 井溝瞎太爺的教名為伊斯瑪儀，當他歸真後，信徒在臨夏的井溝建立拱北，形成井溝
門宦（馬通《中國伊斯蘭教派與門宦制度史略》，寧夏人民出版社，二○四—二○五
頁）。

15 馬通《中國伊斯蘭教派與門宦制度史略》，寧夏人民出版社，一九九頁。我之前寫成「夏
伊夫·烏尼亞」，在此根據中西龍也《與中華對話的伊斯蘭》（京都大學學術出版會，
二○一三年，三六頁）進行更正。

16 馬通《中國伊斯蘭教派與門宦制度史略》，寧夏人民出版社，一九九頁。

17 馬通《中國伊斯蘭教派與門宦制度史略》，寧夏人民出版社，一九九—二○○頁。

18 馬通《中國伊斯蘭教派與門宦制度史略》，寧夏人民出版社，二○○頁。

19 馬通《中國伊斯蘭教派與門宦制度史略》，寧夏人民出版社，二○○—二○一頁。

20 馬通《中國伊斯蘭教派與門宦制度史略》，寧夏人民出版社，二○一一—二○二頁。馬
通說馬紹宗之所以不去莎車道堂，原因是他實際上並非教主，只是教團的負責人而已，
但馬進成還是稱他為教主。

21 馬通《中國伊斯蘭教派與門宦制度史略》，寧夏人民出版社，二○二頁。

22 馬通《中國伊斯蘭教派與門宦制度史略》，寧夏人民出版社，二〇七頁。

23 東鄉自治縣地方史志編纂委員會編《東鄉族自治縣志》，甘肅文化出版社，一九九六年，五七六頁。

24 根據一九一〇年代在西北中國傳教的中國內地會教士芬德雷所提供的情報，這次叛亂其實是馬安良在背後煽動（芬德雷《西北支那的回教徒》，九〇一九一頁）。又，關於這次叛亂的全貌，可以參照片岡一忠〈關於光緒二十一、二十二年的甘肅回亂〉（上、下）。

25 美國的亨斯博格說，一九一一年的辛亥革命對中國西北穆斯林來說，未必是件充滿吸引力的舉動。之所以如此，是因為回民對這場帶有漢族民族革命性質的反清革命，是否真能解決清代漢族對回民的歧視問題，抱持著深刻的疑問之故（亨斯博格《馬步芳在青海》（Merrill Ruth Hunsberger, *Ma Bufang in Qinghai Province*），青海人民出版社，二二一二四頁）。

26 馬通《中國伊斯蘭教派與門宦制度史略》，寧夏人民出版社，二〇八頁。

27 東鄉自治縣地方史志編纂委員會編《東鄉族自治縣志》，甘肅文化出版社，一九九六年，五七七頁。

28 片岡一忠〈關於光緒二十一、二十二年的甘肅回亂（下）〉，一三四頁。

29 白壽彝〈馬占鰲墓碑〉《回族人物志》，寧夏人民出版社，一九九七年，三六二頁。

30 馬國泰編《聖源堂光輝史—胡門門宦》，一九九八年，九〇一九一頁。

31 馬自祥、馬兆熙《東鄉族文化型態與古籍文存》，甘肅人民出版社，二〇〇〇年，一二三一一二七頁。

32 馬國泰〈序〉《艾布則吉的路道就是古教》（第二冊），一頁。

33 馬通《中國伊斯蘭教派與門宦制度史略》，寧夏人民出版社，二一四頁。

34 馬國泰〈序〉《艾布則吉的路道就是古教》（第二冊），二頁。

35 馬國泰編《聖源堂光輝史—胡門門宦》，一九九八年，一〇一一九頁。

36 濱田正美〈蘇非教團——從宗教權威到政治權力〉《講座・伊斯蘭世界二：作為文明的伊斯蘭》，悠思社，一九九四年，二六三頁。

37 馬國泰《艾布則吉的路道就是古教》，一〇一頁。

38 馬國泰編《聖源堂光輝史—胡門門宦》，一九九八年，三二一三三頁。

39 馬國泰編《聖源堂光輝史—胡門門宦》，一九九八年，一一五頁。

40 馬志勇〈胡門拱北乾隆五十年碑文研究〉前引《河州民族論集》二，一八二一一八九頁。相對於馬志勇認為拱北的建設時期為一七八五年，《聖源堂光輝史》則說是自一八〇一年開始籌備，一八〇六年左右落成（三〇一三三頁）。

41 馬國泰編《聖源堂光輝史—胡門門宦》，一九九八年，一一五頁。

42 馬國泰編《聖源堂光輝史—胡門門宦》，一九九八年，三五一三六頁。

43 馬國泰編《聖源堂光輝史—胡門門宦》，一九九八年，二七一二八頁。

44 馬國泰編《聖源堂光輝史—胡門門宦》，一九九八年，三七一三九頁，九二頁。

45 馬國泰編《聖源堂光輝史—胡門門宦》，一九九八年，三九一五一頁，八八頁。

46 馬國泰編《聖源堂光輝史—胡門門宦》，一九九八年，六二一六三頁。又，《聖源堂光輝史》在另外的地方則是寫說，馬國泰是在一九五八年九月二十四日遭到逮捕。

47 馬國泰編《聖源堂光輝史—胡門門宦》，一九九八年，六四頁。

48 馬國泰編《聖源堂光輝史—胡門門宦》，一九九八年，六六頁，七六一七九頁。

49 馬國泰編《聖源堂光輝史—胡門門宦》，一九九八年，五二頁。

50 馬國泰編《聖源堂光輝史—胡門門宦》，一九九八年，五三一五四頁。馬通《中國伊斯蘭教派與門宦制度史略》，寧夏人民出版社，二一六頁。

51 馬通《中國伊斯蘭教派與門宦制度史略》，寧夏人民出版社，二〇五頁。

52 馬通《中國伊斯蘭教派與門宦制度史略》，寧夏人民出版社，二一七頁。

53 馬通《中國伊斯蘭教派與門宦制度史略》，寧夏人民出版社，二三〇頁。

54 馬通《中國伊斯蘭教派與門宦制度史略》，寧夏人民出版社，二三七一二三八頁。

55 馬通《中國伊斯蘭教派與門宦制度史略》，寧夏人民出版社，二三九頁。

56 臨夏國拱北簡史編委會編《臨夏國拱北簡史》，四一五頁。

57 馬通《中國伊斯蘭教派與門宦制度史略》，寧夏人民出版社，二三七一二四〇頁。

58 馬通《中國伊斯蘭教派與門宦制度史略》，寧夏人民出版社，二三〇一二三三頁。

59 臨夏國拱北簡史編委會編《臨夏國拱北簡史》，一、九一一三頁。

60 《東鄉族自治縣志》中說，沉眠於池那拉拱北中墓廟的人物是位波斯人（一九九六年，一四四頁）。

61 馬通《中國伊斯蘭教派與門宦制度史略》，寧夏人民出版社，三三四頁。

62 馬通《中國伊斯蘭教派與門宦制度史略》，寧夏人民出版社，三三三一三三四頁。

63 馬通《中國伊斯蘭教派與門宦制度史略》，寧夏人民出版社，三三四一三三五頁。馬自祥、馬兆熙《東鄉族文化型態與古籍文存》，甘肅人民出版社，二〇〇〇年，八八頁。

64 馬自祥、馬兆熙《東鄉族文化型態與古籍文存》，甘肅人民出版社，二〇〇〇年，八八頁。又，庫布忍耶派並不稱其領袖為教主，而是稱之為教長。

65 馬通《中國伊斯蘭教派與門宦制度史略》，寧夏人民出版社，三三五頁。

66 東鄉自治縣地方史志編纂委員會編《東鄉族自治縣志》，甘肅文化出版社，一九九六年，一四四頁。

67 馬自祥、馬兆熙《東鄉族文化型態與古籍文存》，甘肅人民出版社，二〇〇〇年，八〇頁。

68 馬自祥、馬兆熙《東鄉族文化型態與古籍文存》，甘肅人民出版社，二〇〇〇年，八二一八三頁。

69 馬通《中國伊斯蘭教派與門宦制度史略》，寧夏人民出版社，九五頁。

70 勉維霖《中國回族伊斯蘭宗教制度概論》，寧夏人民出版社，一九九七年，三五一一三五四頁。

71 馬通《中國伊斯蘭教派與門宦制度史略》，寧夏人民出版社，九六頁。

72 馬通《中國伊斯蘭教派與門宦制度史略》，寧夏人民出版社，九七頁。

73 馬通《中國伊斯蘭教派與門宦制度史略》，寧夏人民出版社，九八一九九頁。

74 馬通《中國伊斯蘭教派與門宦制度史略》，寧夏人民出版社，九九頁。

75 工是撒拉人社會獨特的親族集團名稱，自古以來便有「十二工」、「八工」等稱呼。佐口透認為，工或許是來自於阿拉伯語中意指「部族」的qaum這個語彙。（佐口透〈撒拉種族史的各種問題——資料與文獻〉，《金澤大學法文學部論集》史學篇一四，一九六七年，二〇一四頁。片岡一忠〈撒拉族史研究序說〉，《大阪教育大學紀要》第II部門第二八卷二、三號，一九八〇年，八五一一〇九頁）。

76 馬通《中國伊斯蘭教派與門宦制度史略》，寧夏人民出版社，一〇一頁。

77 馬通《中國伊斯蘭教派與門宦制度史略》，寧夏人民出版社，一〇二一一〇五頁。

78 馬通《中國伊斯蘭教派與門宦制度史略》，寧夏人民出版社，一〇五一六頁。

79 張承志《回教所見的中國》，中央公論社，一九九三年，一一五頁。

80 張承志《回教所見的中國》，中央公論社，一九九三年，一七六頁。

81 楊海英〈伊斯蘭與蒙古之間——中國內蒙古自治區的胡同人〉《中國21》一九，二〇〇四年，一〇九一一二二頁。

82 勉維霖《中國回族伊斯蘭宗教制度概論》，寧夏人民出版社，一九九七年，三七二頁。

83 張承志《回教所見的中國》，中央公論社，一九九三年，一五八頁。

84 張承志《回教所見的中國》，中央公論社，一九九三年，一五八一一六〇頁。

85 張承志《回教所見的中國》，中央公論社，一九九三年，一七二一一七五頁。《殉教的中國伊斯蘭》，八八一九一頁，二八六一二八八頁。

86 馬通《中國伊斯蘭教派與門宦制度史略》，寧夏人民出版社，三一九一三二〇頁。

87 張承志〈二十八年的額吉〉，《一冊山河》，作家出版社，二〇〇一年，九二頁。

第八章 蒙古系穆斯林的脈動

1 《東鄉族簡史》編寫組編《東鄉族簡史》，甘肅人民出版社，一九八三年，一三一一一九頁。

2 《東鄉族自治縣概況》編寫組編《東鄉族自治縣概況》，甘肅文化出版社，一九八六年，一六一一八頁。

3 劉桂枝〈西北地區七個民族ABO血型分布特點及分析〉，二〇〇四（一九九六）年，馬志勇編《東鄉族源》，蘭州大學出版社，一三四一一三九頁。

4 馬志勇編《東鄉族源》，蘭州大學出版社，四六一四七頁。

5 小松久男〈撒爾塔〉《伊斯蘭辭典》，岩波書店，二〇〇二年，四二一頁。

6 關於東鄉族的名稱變更運動，請參照楊海英〈欠缺原居地民族的苦惱——從中國東鄉族的民族名稱變更運動觀之〉（窪田幸子、野林厚志編《誰是「原住民」？》，世界思想社，二〇〇九年，二七三一二九二頁）。

蒙古與伊斯蘭中國

一段貼近民族心靈的旅程

（モンゴルとイスラーム的中國）

作者｜楊海英　譯者｜鄭天恩
主編｜洪源鴻　責任編輯｜洪源鴻、黃曉彤
行銷企劃總監｜蔡慧華
封面設計｜莊謹銘　內頁排版｜宸遠彩藝

社長｜郭重興　發行人兼出版總監｜曾大福
出版發行｜八旗文化／遠足文化事業股份有限公司
地址｜新北市新店區民權路 108-2 號 9 樓
電話｜02-22181417　傳真｜02-86671065
客服專線｜0800-221029　E-mail｜gusa0601@gmail.com
Facebook｜facebook.com/gusapublishing　Blog｜gusapublishing.blogspot.com
法律顧問｜華洋法律事務所／蘇文生律師
印刷｜成陽彩色印刷股份有限公司

出版｜2022 年 3 月（初版一刷）
定價｜500 元

ISBN｜9789860763959（平裝）
　　　9789860763973（ePub）
　　　9789860763966（PDF）

MONGOL TO ISLAM-TEKI CHUGOKU by Yang Haiying
Copyright © 2014 Yang Haiying
All rights reserved.
Original Japanese edition published by Fukyosha Publishing Inc. in 2007.
Republished as paperback edition by Bungeishunju Ltd., Japan in 2014.
Chinese (in complex character only) translation rights in Taiwan reserved by Gusa
Publishing, a division of Walkers Cultural Co., Ltd., under the license granted by
Yang Haiying, Japan arranged with Bungeishunju Ltd., Japan through
BARDON-CHINESE MEDIA Agency, Taiwan.

蒙古與伊斯蘭中國：一段貼近民族心靈的旅程
楊海英著／鄭天恩譯／初版／新北市／八旗文化出版／遠足文化事業股份有限
公司發行／民 111.03
譯自：モンゴルとイスラーム的中國
ISBN：978-986-0763-95-9（平裝）

1. 種族　2. 伊斯蘭教　3. 歷史　4. 蒙古

675.12　　　　　　　　　　　　　　　　　　　　　　　　　111000954